公文写作真简单

"0基础"快速成为公文写作高手

刘越 ◎ 编著

东方出版社
The Oriental Press

图书在版编目（CIP）数据

公文写作真简单 / 刘越编著 . —北京：东方出版社，2022.6
ISBN 978-7-5207-1763-2

Ⅰ.①公… Ⅱ.①刘… Ⅲ.①公文—写作 Ⅳ.C931.46

中国版本图书馆 CIP 数据核字（2020）第 237919 号

公文写作真简单
（GONGWEN XIEZUO ZHEN JIANDAN）

作　　者：	刘　越
责任编辑：	辛春来
出　　版：	东方出版社
发　　行：	人民东方出版传媒有限公司
地　　址：	北京市西城区北三环中路 6 号
邮　　编：	100120
印　　刷：	鑫艺佳利（天津）印刷有限公司
版　　次：	2022 年 6 月第 1 版
印　　次：	2022 年 6 月第 1 次印刷
开　　本：	710 毫米 ×1000 毫米　1/16
印　　张：	19.25
字　　数：	240 千字
书　　号：	ISBN 978-7-5207-1763-2
定　　价：	59.80 元
发行电话：	（010）85924663　85924644　85924641

版权所有，违者必究

如有印装质量问题，我社负责调换，请拨打电话：（010）85924602　85924603

前 言

公文写作是一种高级思维活动,是让众多机关干部"头痛"的一件难事。以往的公文写作教材,大都是就写作讲写作,或者简单地汇编一些范文,实际效果并不明显,没有从根本上解决如何从对公文的"感性认识"上升到"理性认识"的问题。

针对公文写作这一难题,本书引入了中医的"复方"疗法,同时开出"三种药",也就是本书的"三条线":一条主线、两条辅线。

一条主线就是:公文写作的"写法线",采取图文并茂的形式,全面系统地讲解如何谋篇布局、段落的有机组成、段落与段落之间是什么关系、机关常用公文的基本写作方法。同时,对一些经典范文进行了详细解析,对公文写作必须掌握的几种思维方法以及日常工作中如何进行有针对性的思维训练等内容进行了全面系统的讲解。

两条辅线,一条是"经验线",从众多写作理论中,抽取出最精练、最管用、最有效的经典论述,方便读者学习领悟,主要包括:名人关于写作的经典言论、在各级机关中工作的大量写作能手和一线工作者关于公文写作的实践经验和国内外有关名人作家关于文章写作的经典论述等内容;第二条线是"哲学线",即:选取哲学中关于发散思维、逻辑思维、系统思维、归纳思维等有助于公文写作的哲学经典言论,也分散到本书的部分章节,目的是帮助广大读者掌握分析、判断、推理等公文写作必备的思维方法。此外,为确保能够真正治好公文写作难这一"顽疾",我们注重加大"药量",每一类都列举 3 个样例,一些重点部分还举了 10 个或 15

个样例，进行详细的讲解介绍，以期达到治病的药效。

需要指出的是：本书另一亮点，就是"图文并茂""形象直观""以图达意"。因为，笔者在把实践中得来的写作经验理论化后，并没有停下探索的步伐，又把人们不容易听懂的写作理论进行图形化、可视化，通过"图文并茂""形象直观"的表现形式，以便真正揭开公文写作的神秘面纱。相信本书的出版，能在一定程度上破解长期以来的"公文材料写作之苦"，使本书成为大家在材料写作上的得力助手，真正把公文写得"又好又快"，得到领导和同事们的认可。

特别需要说明的是：本书讲的只是一种方法，总结的一些经验、列举的一些样例，均是为了帮助读者掌握写作方法，意在"抛砖引玉"。如果不加思考，一味地"生搬硬套"，写成"千篇一律"的"八股文"，那就有悖于本书的初衷了。

刘　越
2021 年 12 月

目录 CONTENTS

001 图示说明

005 第一章　框架结构

第一节　公文框架结构　　　007
第 1 种：先后　　　007
第 2 种：总分　　　011
第 3 种：递减　　　015
第 4 种：并列　　　018
第 5 种：总分总　　　022
第 6 种：答题式　　　027

第二节　段落框架结构　　　032
第 1 种：递减　　　032
第 2 种：并列　　　036
第 3 种：先后　　　040

045　第二章　句子的写法

第一节　简单句子的组成方法　　　　　　　　　　047

第 1 类：观点 + 方法　　　　　　　　　　　　　　047

第 2 类：观点 + 强调　　　　　　　　　　　　　　050

第 3 类：概念 + 解释　　　　　　　　　　　　　　053

第 4 类：概念 + 强调　　　　　　　　　　　　　　056

第 5 类：做法 + 效果　　　　　　　　　　　　　　059

第 6 类：条件 + 结果　　　　　　　　　　　　　　062

第 7 类：引子 + 效果　　　　　　　　　　　　　　065

第二节　中级句子的组成方法　　　　　　　　　　069

第 1 类：观点 + 条件 + 办法　　　　　　　　　　069

第 2 类：观点 + 方法 + 效果　　　　　　　　　　072

第 3 类：概念 + 条件 + 结果　　　　　　　　　　075

第 4 类：概念 + 方法 + 结果　　　　　　　　　　078

第 5 类：概念 + 解释 + 目标　　　　　　　　　　081

第 6 类：条件 + 概念 + 解释　　　　　　　　　　084

第 7 类：条件 + 做法 + 效果　　　　　　　　　　087

第 8 类：引子 + 概念 + 解释　　　　　　　　　　091

第 9 类：引子 + 内容 + 结果　　　　　　　　　　094

第 10 类：引子 + 做法 + 效果　　　　　　　　　097

第三节　复杂句子的组成方法　　　　　　　　　　101

第 1 类：观点 + 解释 + 方法 + 强调　　　　　　101

第 2 类：引子 + 观点 + 方法 + 结果　　　　　　104

第 3 类：引子 + 概念 + 解释 + 效果　　　　　　107

第 4 类：概念 + 解释 + 强调 + 效果　　　　　　110

115 第三章 段落的写法

第一节 简单段落的组成方法　　117
第 1 类：标题 + 方法　　117
第 2 类：标题 + 做法　　120
第 3 类：标题 + 效果　　123
第 4 类：标题 + 要求　　127

第二节 中级段落的组成方法　　131
第 1 类：标题 + 引用 + 强调　　131
第 2 类：标题 + 事例 + 强调　　135
第 3 类：标题 + 强调 + 要求　　138
第 4 类：标题 + 解释 + 成效　　141
第 5 类：标题 + 解释 + 事例　　144
第 6 类：标题 + 解释 + 方法　　148
第 7 类：标题 + 强调 + 方法　　152

第三节 复杂段落的组成方法　　156
第 1 类：标题 + 强调 + 方法 + 强调　　156
第 2 类：标题 + 做法 + 成效　　159
第 3 类：标题 + 做法 + 事例　　162
第 4 类：标题 + 强调或 + 引用或 + 事例或 + 强调…… + 要求　　165

169 第四章　常用材料的写法

第一节　报告的写法　　　　　　　　　171
第一大块的写法　　　　　　　　　　　171
第二大块的写法　　　　　　　　　　　173
第三大块的写法　　　　　　　　　　　174
段落内各句的写法　　　　　　　　　　175

第二节　意见的写法 　　　　　　　　　180
第一大块的写法　　　　　　　　　　　180
第二大块的写法　　　　　　　　　　　181
第三大块的写法　　　　　　　　　　　182
第四大块的写法　　　　　　　　　　　183
段落内各句的写法　　　　　　　　　　184

第三节　工作总结的写法 　　　　　　　191
第一大块的写法　　　　　　　　　　　191
第二大块的写法　　　　　　　　　　　192
第三大块的写法　　　　　　　　　　　193
段落内各句的写法　　　　　　　　　　195

第四节　领导讲话的写法　　　　　200
第一大块的写法　　　　　201
第二大块的写法　　　　　202
第三大块的写法　　　　　203
第四大块的写法　　　　　204
段落内各句的写法　　　　　205

第五节　工作要点的写法　　　　　211
第一大块的写法　　　　　212
第二大块的写法　　　　　213
第三大块的写法　　　　　214
第四大块的写法　　　　　215
第五大块的写法　　　　　216
第六大块的写法　　　　　217
段落内各句的写法　　　　　218

第六节　简报信息的写法　　　　　223
第一段写法　　　　　223
第二段写法　　　　　224
第三段写法　　　　　226
第四段写法　　　　　227

229　第五章　公文材料写作的一般流程

第一步：准备素材——全面掌握情况　　231

第二步：搭设框架——设计写作蓝图　　232

第三步：写好句子——充实公文内容　　233

第四步：核查校对——确保准确严谨　　234

第五步：润色修饰——增强公文文采　　235

第六步：呈报领导——形成工作成果　　236

239　第六章　写好公文材料必备的几种思维

第1种：发散思维　　241

第2种：系统思维　　245

第3种：归纳思维　　250

第4种：逻辑思维　　256

第5种：演绎思维　　261

第6种：美学思维　　266

271 第七章　公文写作思维拓展训练

  第 1 种：发散思维训练　　　　　　　　273
  第 2 种：系统思维训练　　　　　　　　277
  第 3 种：归纳思维训练　　　　　　　　281
  第 4 种：逻辑思维训练　　　　　　　　284
  第 5 种：演绎思维训练　　　　　　　　288

292 附：参考文献

295 后　记

图示说明

为方便读者阅读,本书坚持"图文并茂"、"文图兼备",创新设计了若干形象生动、易于理解的"图形",目的在于把枯燥的、晦涩的公文概念尤其是人们大脑中的思维活动,尽可能地用若干可视的图形来说明,为人们的思维提供若干个可视的图形平台,以此增加可读性,提高学习效果。

1. 观点（概念）

2. 观点（概念）分解箭头

3. 观点（概念）分解图示

4. 单个句子图示：

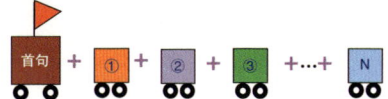

5. 段落内多个句子图示：

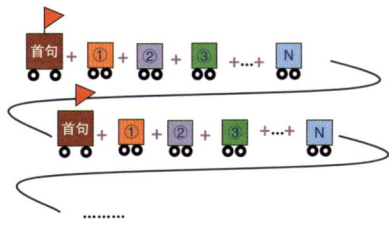

6. 发散思维图示：

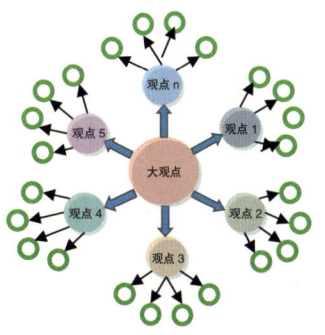

7. 系统思维图示：

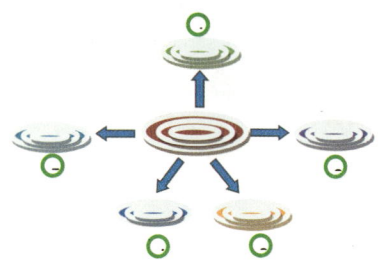

8. 归纳思维图示：

9. 逻辑思维图示：

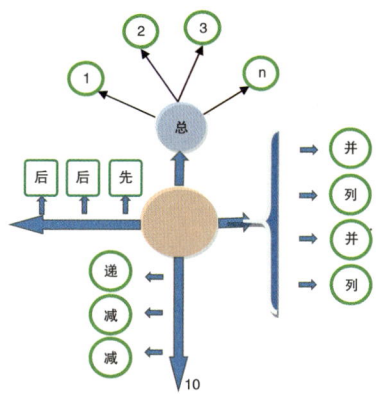

10. 演绎思维图示：

11. 美学思维图示：

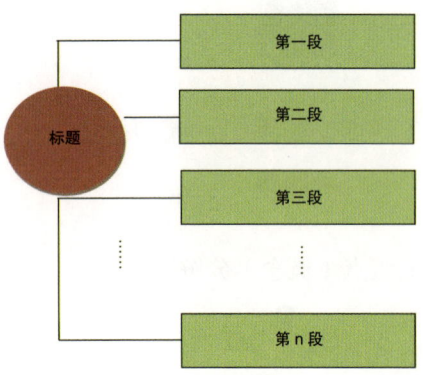

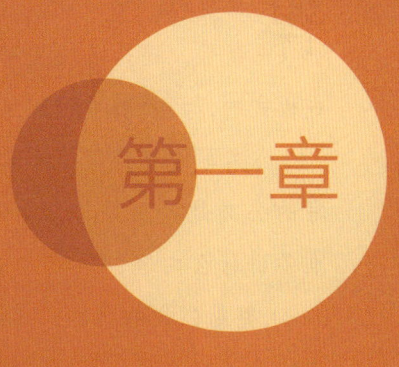

第一章
框架结构

谋篇布局，是写好公文的关键，就好像盖房子一样，是盖成高层，还是盖成平房？是盖成别墅，还是盖成洋房？是盖成板式的，还是盖成框架结构？这都是设计师所要做的工作。

公文写作者是整篇文章的设计师，在写作之前，必须明确要写的公文是什么风格、由几大部分组成，每一部分有几段、都准备讲什么内容，从实践来看，一般设计好以下两个方面即可：（一）整篇公文的结构，即一级标题；（二）一级标题下各段的结构和段落内各部分间的结构，即二级标题和三级标题。就好比设计大楼一样，对于设计师来讲，重点要设计好大楼的整体结构和大楼内各个房间的结构，具体到每家每户房间内的陈设与布置可由使用者根据喜好来定……我们列举一些常用的段落内各句的设计结构，以供广大读者参考。用户的喜好不同，从而造就了千家万户的不同装修风格，就好比即使是同一个主题的文章，每个人写出来的都不一样，都是千变万化的。

第一节 公文框架结构

结构是文章的内部构造,是组织安排材料的方式。……清代戏剧理论家李渔说,写作如同"工师之建宅","基址初平,间架未立,先筹何处建厅,何方开户,栋需何木,梁用何材,必俟成局了然,始可挥斤运斧。倘造成一架,而后再筹一架,则便于前者不便于后者,势必改而就之,未成先毁,犹之筑舍道旁,兼数宅之匠、资,不足供一厅一堂之用矣……"(《闲情偶寄》)就是说,盖房子必须先设计好再动工,如果没有设计好就动工,盖的过程中发现不合适再拆,就会浪费许多人力、物力。同样道理,写文章也必须设计好了再动笔。[①]

那么,对于机关内的公文来讲,一般都是什么样的结构呢?这就是我们本章所要研究的问题——整篇材料的谋篇布局。从写作实践来看,公文一般有以下 6 种布局类型,分别是:先后、总分、递减、并列、总分总、答题式。为便于读者掌握以上 6 种布局设计的具体方法,我们每类列举 3 个事例,用形象直观、层次鲜明的图形进行分析解读。希望通过本章的学习,读者能够全面掌握公文布局的设计原理。

第 1 种:先后

这种类型是公文整体布局最常用的一种,其主要特点是:按照时间先后、程度上的先后或事物内在运行机理上的先后进行布局。这种布局主要应用在领导讲话、工作总结、情况汇报、调研报告、通知等公文中。

具体写法图:

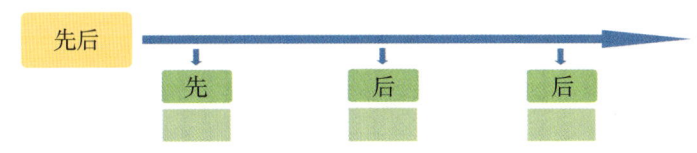

---

① 王凯符、孙移山:《写作概论》,光明日报出版社 1986 年版,第 97 页。

样例 1

在《关于召开××会议的通知》中,共写了四大部分:一、时间和地点。二、参加人员。三、会议内容。四、有关要求。

写法线

这篇《通知》是按照"**逻辑先后**"的顺序展开的:先交代时间、地点,再依次列出参加人员、会议内容和有关要求。具体写法图如下:

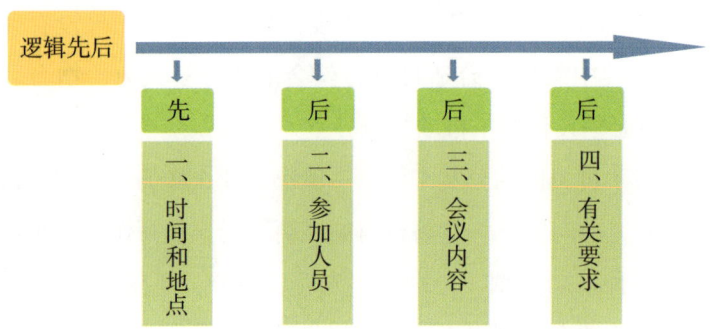

经验线

许多机关工作人员都有这样的感受:在起草公文材料的时候,如果把全文思路厘清、几大块写什么都做到心中有数,就基本上没问题了,剩下的就是把各种内容和素材填写到不同的位置而已。

哲学线

由感性认识提高到理性认识,由经验提高到理论,这就能使认识深入到本质[1]。

样例 2

《在加强基层建设年度工作会上的讲话》中,共写了三大部分:一、

---

[1] 艾思奇:《大众哲学》,民主与建设出版社 2016 年版,第 218 页。

前期活动开局良好、进展顺利。二、当前活动中存在的突出问题。三、统筹抓好下一步各项工作任务。

写法线

这篇《讲话》是按照"时间先后"的顺序展开的，即：先说前期工作，然后叙述当前存在问题，最后强调下一步工作。具体写法图如下：

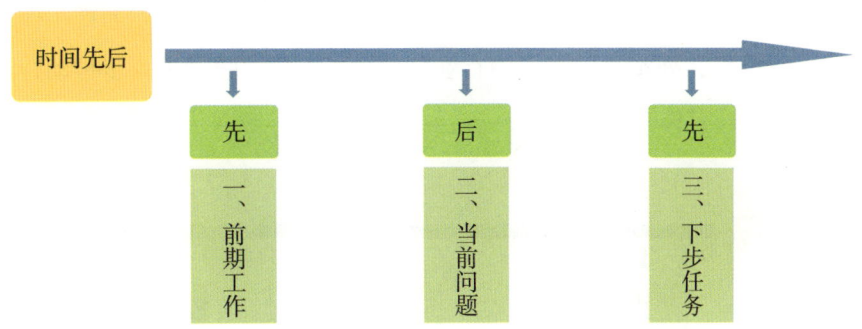

经验线

一篇文章，几大块之间是什么关系，是如何架构的？这是写作者在构思写作时最头痛的事。大多数写作者的操作方法是——写作前先谋篇布局，分几大部分，每段写什么内容，然后围绕要写的公文主题，进行综合分析和判断，从中找出适合本次文章的思路来。

哲学线

按照哲学的观点，客观事物都有它固有的规律，人们要想把工作搞好，取得预想的结果，就必须使自己的思想符合客观规律。规律是稳定的，是反复再现的。认识了规律就可以预见未来，行动就能自觉。[①]

[①] 李瑞环：《学哲学用哲学》，中国人民大学出版社2005年版，第19—20页。

样例 3

《在"百日攻坚"行动调度会上的讲话》中,作者按"时间先后"顺序,写了三大部分:一、前期工作主要特点。二、当前工作中存在的问题和不足。三、进一步推进行动的六点意见。

写法线

这篇《讲话》是按照"时间先后"的顺序展开的:先交代前期工作主要特点;之后,列举当前工作中存在的问题;最后,强调进一步推动行动的六点建议。具体写法图如下:

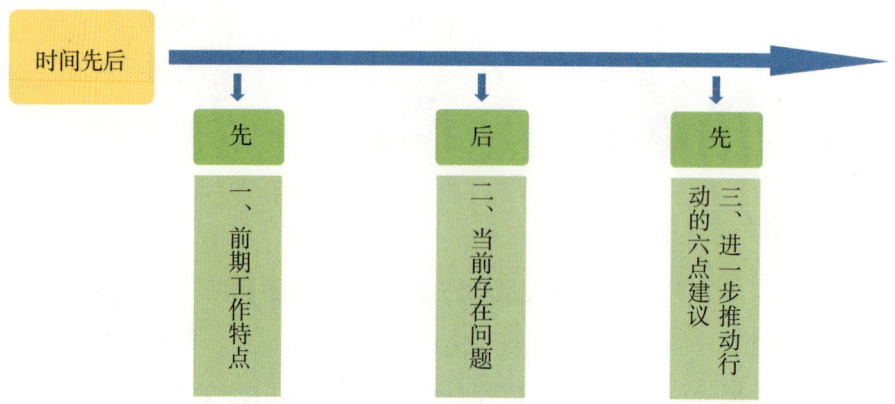

经验线

鲁迅善于积累和利用资料,是很有名的。他所写的数百篇杂文,有相当大的部分是运用报刊上的新闻、通讯、专论甚至广告和标题作材料写成的。[1]

哲学线

任何事物都不是简单的,都包含着自己的矛盾,包含着互相对立的各个方面。如果看不到这些对立的各个方面,而只看到一个方面,而且把这一

---

[1] 刘志信主编:《领导文稿起草工作》,河北人民出版社,2004年版。

个方面误认为是事物的全部，以为事物就是单纯地只有这一个方面，而不在自己的内部包含着矛盾，包含着对立的方面，那就是形而上学的看法。[1]

第 2 种：总分

这种类型也是比较常用的一种文章布局类型，其主要特点是：先总体上说一下思路；之后，分几个方面展开论述。这种类型主要应用在指导意见、实施方案、工作方案等公文中。

具体写法图：

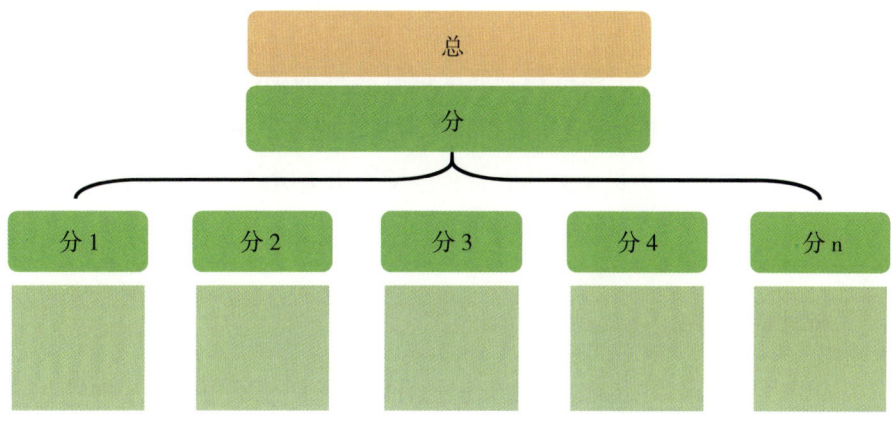

样例 1

在《关于开展××活动的实施意见》中，共有五大部分：一、指导思想。二、主要内容。三、方法步骤。四、保障措施。五、组织领导。

写法线

这篇《意见》是按照"总－分"的结构进行谋篇布局的，即：总说"指导思想"，然后分别列出"主要内容"、"方法步骤"、"保障措施"和"组织领导"。具体写法图如下：

---

[1] 艾思奇《大众哲学》：民主与建设出版社 2016 年版，第 184 页。

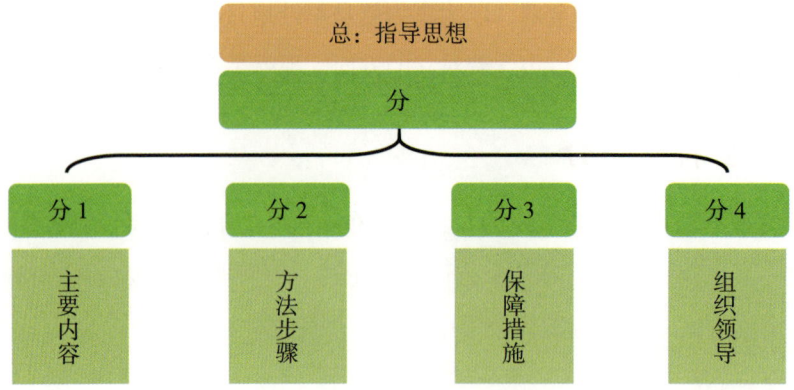

经验线

在写作实践中,一篇材料到底采取什么样的结构呢?一般要根据文种类型、写作习惯和文章表达的需要等因素来确定。正如刘勰在《文心雕龙·通变》中说:"夫设文之体有常,变文之术无穷。"意思是说,就文章的体裁来说是有一定之规的,就文章的变化来说又是无穷无尽的。[①]

哲学线

想象力比知识更重要,因为知识是有限的,而想象力概括这世界上的一切,推动着进步,而且是知识进化的源泉。

样例 2

在《强力开展后进村整治"百日攻坚"实施方案》中,共有四大部分:一、总体要求。二、整治重点。三、实施步骤。四、组织领导。

写法线

这篇《实施方案》是按照"总－分"的结构进行谋篇布局的,即:提出"总体要求",然后分别叙述"整治重点"、"实施步骤"和"组织领导"。

---

① 黄长江:《写作构思与技巧》,北京经济学院出版社1992年版,第211页。

具体写法图如下：

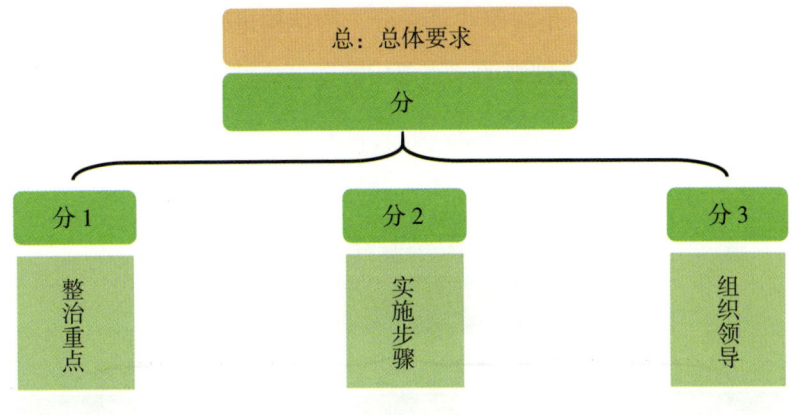

经验线

掌握了写作理论，才能更好地驾驭写作，这是每一个写作者都必须认清的问题。因为，你掌握了规律，就等于掌握了科学方法，你才能从"感性"走向"理性"，才能驾轻就熟地写作，才能最终走出凭感觉写作的低层次状态，也才能凭借着科学的分析、判断，真正靠理性思维判断来写作。从而真正达到"不管是什么材料、不管你心情好坏、不管你熟悉不熟悉，你都能够理性地、快速地写出领导要求的文章来"的状态。

哲学线

哲学是明白学、智慧学，学懂了哲学，脑子就灵，眼睛就亮，办法就多；不管什么时候、干什么工作都会给你方向、给你思路、给你办法。[1]

样例3

在《关于开展××专项行动的工作方案》中，共有四大部分：一、总体要求。二、主要内容。三、方法步骤。四、保障措施。

---

[1] 李瑞环：《学哲学用哲学》，中国人民大学出版社2005年版，第16页。

写法线

这篇《工作方案》是按照"总 – 分"的结构进行谋篇布局的：总的提出"总体要求"，然后分别强调"主要内容"、"方法步骤"和"保障措施"。具体写法图如下：

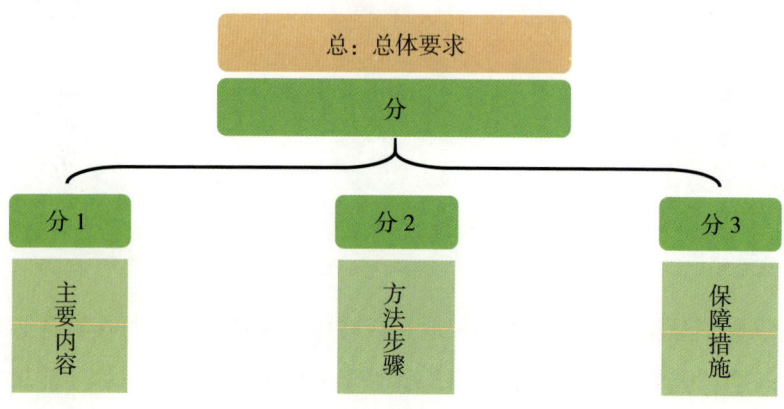

经验线

常写材料的同志都有这种体会，只要层次观点一出来，材料就成了一半。人们在看材料时，也非常注意去看层次观点，有时为看到一个好的层次观点而拍案叫好。时间一长，往往对一篇材料的内容遗忘了，但对它的层次观点却常记不忘。[1]

哲学线

他在给一位友人的信中写道：我近 30 年来，一直在学习马克思主义哲学，并总是试图用马克思主义哲学指导我的工作。马克思主义哲学是智慧的源泉！[2]

---

[1] 赵宗庆：《应用写作的思路与层次观点》，河南大学出版社 1992 年版，第 13 页。
[2] 吴启新：《钱学森传》，人民出版社 2011 年版，第 505 页。

第3种：递减

这种类型也是一种比较常用的文章布局类型，其主要特点是：先说最主要的内容，之后依次介绍其他的内容，总体上是按照程度的轻重进行排序。这种类型主要应用在工作要点、通知、政论、言论、社论、评论、简报、信息等文章中。

具体写法图：

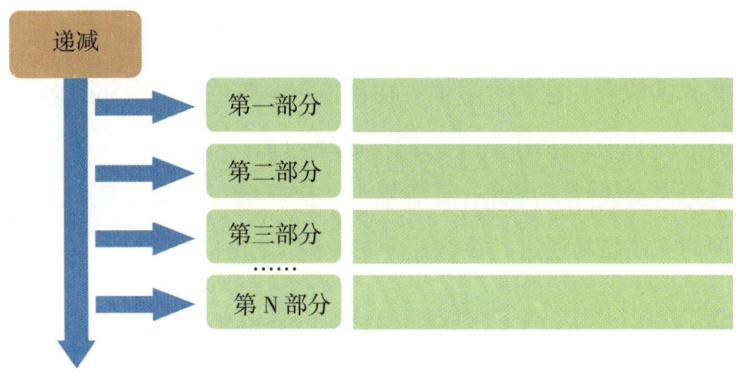

样例 1

某单位《2017 年度 ×× 工作要点》共包括五大部分：一、集中力量抓好年度重大活动。二、突出抓好农村党建工作。三、创新推进城市社区党建。四、统筹抓好各领域党建工作。五、着力强化各级工作责任。

写法线

本篇材料是按照习惯上的"递减"顺序进行谋篇布局的：先说最重要的内容"年度重大活动"；再按照重要程度，依次列出"农村党建"、"社区党建"、"各领域党建"等其他内容。具体写法图如下：

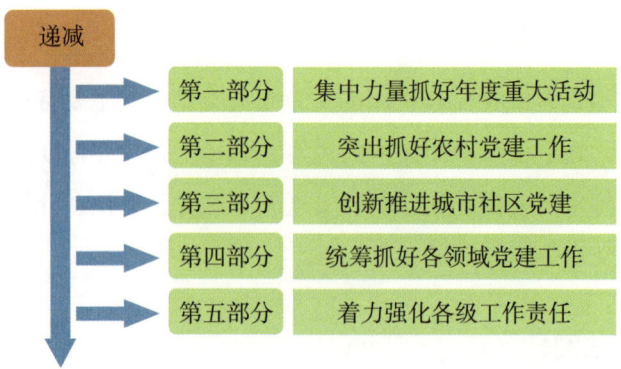

经验线

从写作实践看,这种"习惯"往往是一个单位或一个部门多年形成的"表述习惯",也有的是作者本人的"思维习惯",即:习惯上按照这样的结构进行思考或表述。因此,要想提高文稿质量,一般要遵从这种思维习惯,以便使文稿容易通过,符合这个单位或部门的习惯。

哲学线

理性的东西所以靠得住,正是由于它来源于感性,否则理性的东西就成了无源之水,无本之木,而只是主观自生的靠不住的东西了。[1]

样例 2

在《关于开展××专项整治的通知》中,共包括四大部分:一、着力解决"四风"突出问题。二、全面整治发生在群众身边的不正之风。三、集中开展专项整治攻坚战。四、加大督导检查工作力度。

写法线

本篇材料按照程度上的"递减"顺序进行谋篇布局:先说最重要的内容"着力解决'四风'突出问题";再按照重要程度,依次列出"全面

---

[1]《毛泽东选集》第一卷,人民出版社1991年版,第290页。

整治发生在群众身边的不正之风"、"集中开展专项整治攻坚战"、"加大督导检查工作力度"等其他内容。具体写法如下图：

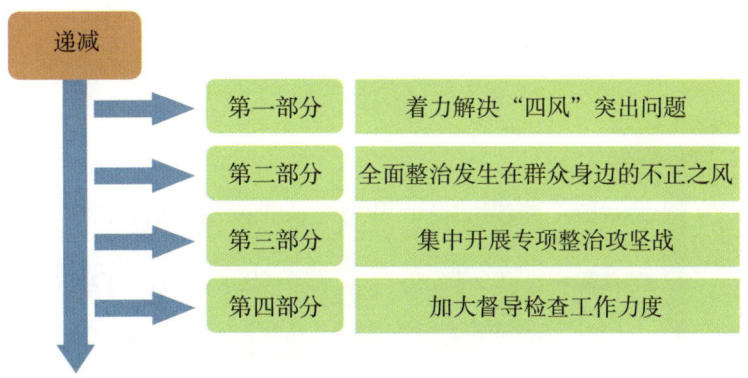

经验线

这种"程度"的区别，一般是由作者根据上级的要求和本级的实际情况，在分析、判断和推理的基础上确定的。

哲学线

概念这种东西已经不是事物的现象，不是事物的各个片面，不是它们的外部联系，而是抓着了事物的本质，事物的全体，事物的内部联系了。[①]

样例 3

信息《抓好农村党建要在四个方面下功夫》共包括四大部分：一、要在抓班子、带队伍上下功夫。二、要在明责任、严制度上下功夫。三、要在谋发展、强保障上下功夫。四、要在严规矩、守法纪上下功夫。

写法线

加强农村党建，最重要的是哪几个方面呢？本篇材料列举了四个方

---

①《毛泽东选集》第一卷，人民出版社1991年版，第285页。

面，分别是"抓班子、带队伍"、"明责任、严制度"、"谋发展、强保障"、"严规矩、守法纪"。从内容上看，"抓班子、带队伍"是最重要的，因而放在了第一大块，其他内容按照重要程度，依次列出。具体写法图如下：

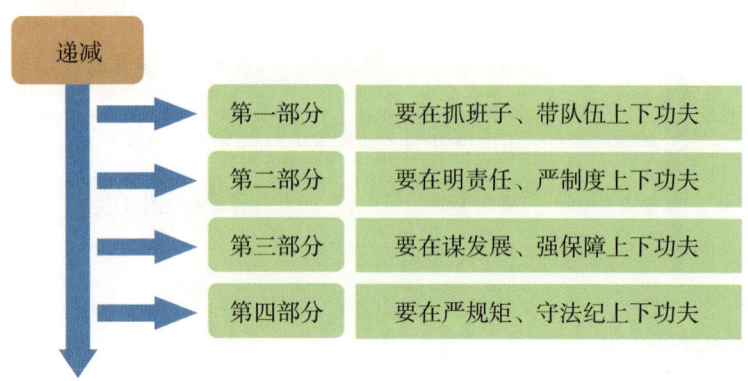

经验线

在实际写作过程中，任何一大部分角度都是多样的，需要作者在进行分析、判断的基础上做出取舍。从众多写作高手的实践来看，这时就需要借助哲学的力量去辩证地、全面地分析，从而确定几个角度。

哲学线

任何一个具体的事物，都不是孤立存在的，对事物的认识，就是认识事物的运动规律。因此，必须把它们之间的关系串好，特别是找出哪个是主要的，哪个是次要的。[1]

第4种：并列

这种类型是一种比较常用的文章布局类型，其主要特点是：几大部分之间是平行展开的，基本上没有先后之分。这种类型主要应用在政论、言

---

[1] 李瑞环：《学哲学用哲学》，中国人民大学出版社 2005 年版，第 195 页。

论、社论、评论、经验公文、简报、信息等文章中。

具体写法图：

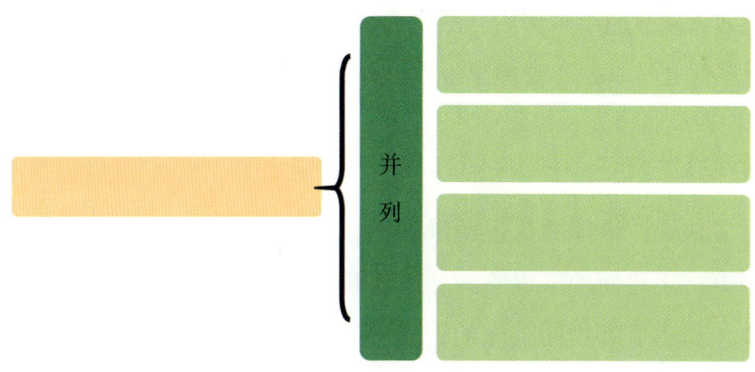

样例 1

在言论文章《抓基层要铆足"四股劲"》中，作者写了四个大方面：一、要心存一股"诚劲"。二、要保持一股"实劲"。三、要弘扬一股"韧劲"。四、要彰显一股"争劲"。

写法线

在本篇材料中，按照"并列"结构，分别论述了"诚劲"、"实劲"、"韧劲"、"争劲"四个方面，这四个方面之间是平行关系，层次上无先后之分。具体写法图如下：

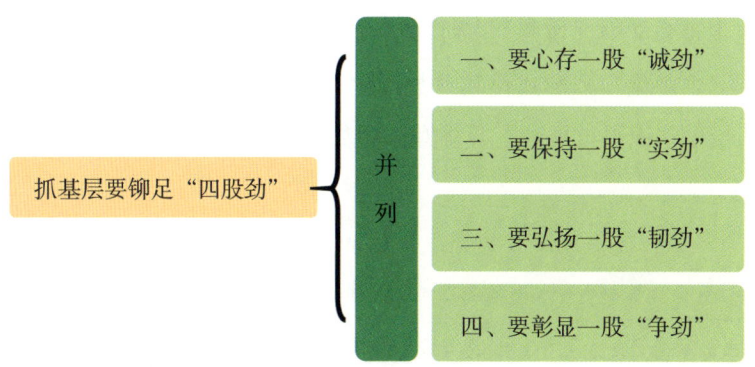

经验线

要想提高写作技能，熟练地驾驭各类文章，必须掌握科学的写作理论，正如画家掌握绘画理论、围棋大师掌握围棋理论、歌唱家掌握歌唱理论、汽车驾驶员掌握驾驶理论等等一样，公务员必须掌握公文写作理论。

哲学线

重复地说，论理的认识所以和感性的认识不同，是因为感性的认识是属于事物之片面的、现象的、外部联系的东西，论理的认识则推进了一大步，到达了事物的全体的、本质的、内部联系的东西，到达了暴露周围世界的内在的矛盾，因而能在周围世界的总体上，在周围世界一切方面的内部联系上去把握周围世界的发展。[①]

样例 2

在言论文章《抓基层要防止和克服六种错误认识》中，作者写了六个大方面：一、要注意防止和克服"一般化"的认识。二、要注意防止和克服"简单化"的认识。三、要注意防止和克服"主观化"的认识。四、要注意防止和克服"形式化"的认识。五、要注意防止和克服"数量化"的认识。六、要注意防止和克服"松散化"的认识。

写法线

在本篇公文中，按照"并列"结构，强调要防止和克服"一般化"、"简单化"、"主观化"、"形式化"、"数量化"、"松散化"六种错误认识，并对这六项错误认识平行展开。具体写法图如下：

[①]《毛泽东选集》第一卷，人民出版社1991年版，第286页。

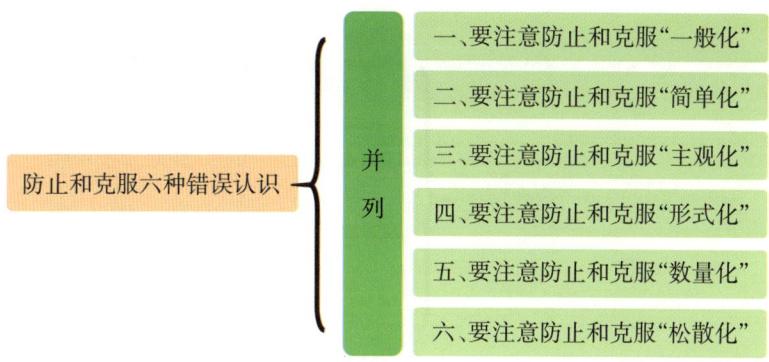

经验线

在写作谋篇布局时,要在把握主要矛盾的同时,注意从不同的角度去思考、架构文章,这样,写出来的文章才能达到写作的要求。

哲学线

事物是依照它本身的规律而发展变化并互相发生作用。[①]

样例 3

在经验材料《大力度推进后进村整顿转化》中,作者写了四个大方面:一、摆上重要位置、书记亲自抓。二、扭住关键环节、实施重点攻坚。三、强化管理服务、激发工作干劲。四、加大督查力度、持续传导压力。

写法线

在本篇《经验材料》中,按照"并列"结构,写了"摆上重要位置……"、"扭住关键环节……"、"强化管理服务……"、"加大督查力度……"四个方面,这四个方面互为平行关系,调换顺序也不影响文章结构。具体写法图如下:

---

① 艾思奇:《大众哲学》,民主与建设出版社,2016年版,第59页。

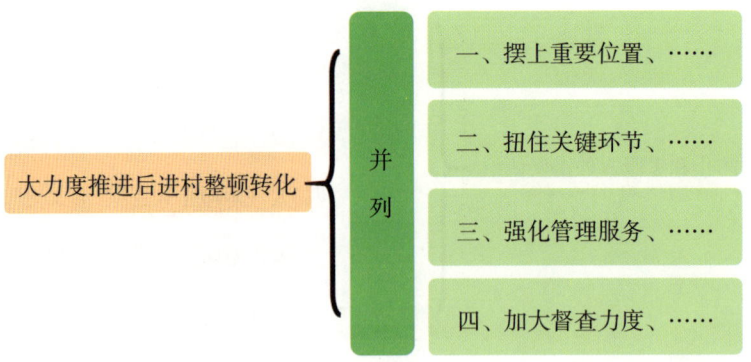

经验线

所谓"言之有序",就是在布局谋篇中做到层次分明、结构完整,让读者明白文章先说了什么,后说了什么,主要在说什么。如果没有布局谋篇的意识,习惯于想到哪儿写到哪儿,行文便会杂乱无章、颠三倒四,不知所云。[①]

哲学线

要开拓信息来源,弄清楚各方面的情况,使材料丰富和合于实践。然后再把材料掰开了,揉碎了,分析综合改造加工。[②]

第 5 种:总分总

这种类型是比较常用的一种布局,其主要特点是:先总说指导思想、基本原则或总体目标、总体要求;然后,分说具体内容、主要内容或重点内容;最后,再总说工作载体、保障措施或组织领导。

---

① 《义务教育课程标准实验教科书语文七年级上册教师教学用书》,人民教育出版社 2013 年版,第 226 页。

② 李瑞环:《学哲学用哲学》,中国人民大学出版社 2005 年版,第 55 页。

具体写法图：

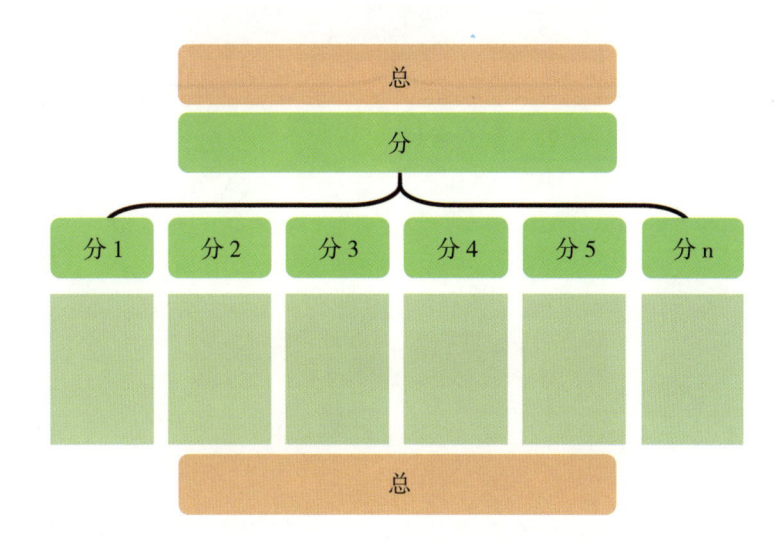

```
        ┌─────────────────────────────┐
        │             总              │
        ├─────────────────────────────┤
        │             分              │
        └──┬────┬────┬────┬────┬────┬─┘
    ┌────┐┌────┐┌────┐┌────┐┌────┐┌────┐
    │分1 ││分2 ││分3 ││分4 ││分5 ││分n │
    └────┘└────┘└────┘└────┘└────┘└────┘
    │    ││    ││    ││    ││    ││    │
    │    ││    ││    ││    ││    ││    │
    │    ││    ││    ││    ││    ││    │
    └────┘└────┘└────┘└────┘└────┘└────┘
        ┌─────────────────────────────┐
        │             总              │
        └─────────────────────────────┘
```

样例 1

在《关于深入推进××试点工作的实施意见》中，共有三大部分：一、总体目标。二、主要任务。共分了八个方面：一是创新治理机制。二是加强流动人员管理。三是促进多元建设。四是开展平安创建。五是开展公益性服务。六是发展特色文化。七是改善人居环境。八是拓宽发展模式。三、工作要求。

写法线

这篇《实施意见》是按照"总－分－总"结构进行谋篇布局的，先总的强调总体目标，然后分项列出"创新……"、"加强……"、"促进……"、"开展……"、"开展……"、"发展……"、"改善……"、"拓宽……"八项主要任务，最后再总的概括工作要求。具体写法图如下：

```
                    ┌─────────────────┐
                    │ 总：总体目标    │
                    └─────────────────┘
                    ┌─────────────────┐
                    │ 分：主要任务    │
                    └─────────────────┘
┌───┬───┬───┬───┬───┬───┬───┬───┐
│分1│分2│分3│分4│分5│分6│分7│分8│
├───┼───┼───┼───┼───┼───┼───┼───┤
│一 │二 │三 │四 │五 │六 │七 │八 │
│是 │是 │是 │是 │是 │是 │是 │是 │
│创 │加 │促 │开 │开 │发 │改 │拓 │
│新 │强 │进 │展 │展 │展 │善 │宽 │
└───┴───┴───┴───┴───┴───┴───┴───┘
                    ┌─────────────────┐
                    │ 总：工作要求    │
                    └─────────────────┘
```

经验线

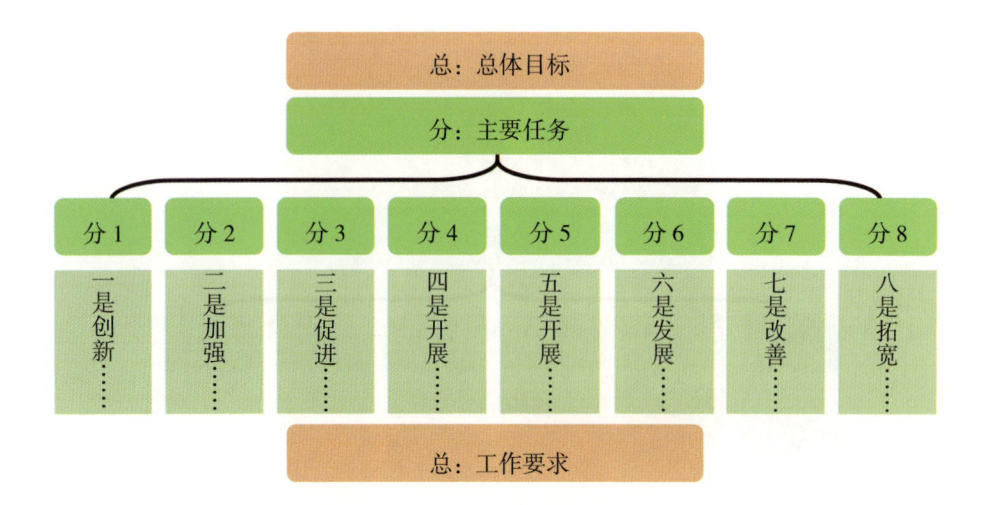

实际写作中，其实角度是很多的，但只要抓住了主要矛盾，找准了几个不错的角度，就能够很好地表达观点。

哲学线

对立统一的规律是一个普遍的事物发展规律。[①]

样例 2

在《关于进一步加强××工作的意见》中，共有三大部分：一、指导思想。二、主要任务。共分了六个方面：一是加强思想政治建设。二是加强各级领导班子建设。三是加强基层党组织建设。四是加强党内各项制度建设。五是加强作风建设。六是加强反腐倡廉建设。三、组织保障。

写法线

这篇《意见》按照"总－分－总"结构进行谋篇布局，先总的提出指导思想，然后分条叙述"加强……"、"加强……"、"加强……"、"加

---

① 艾思奇：《大众哲学》，民主与建设出版社2016年版，第184页。

强……"、"加强……"、"加强……"六项主要任务,最后总说组织保障。具体写法图如下:

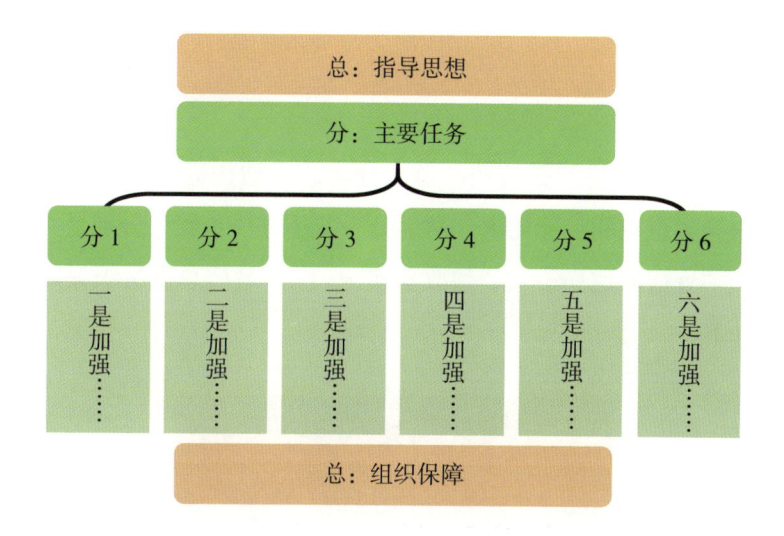

```
总:指导思想
  │
分:主要任务
 ├── 分1: 一是加强……
 ├── 分2: 二是加强……
 ├── 分3: 三是加强……
 ├── 分4: 四是加强……
 ├── 分5: 五是加强……
 └── 分6: 六是加强……
  │
总:组织保障
```

经验线

写作是一门科学,而"科学就在于用理性方法去整理感性材料,归纳、分析、比较、观察和实验是理性方法的主要条件"。在写作过程中,只有将观察到的"素材",用归纳、分析、综合、比较、抽象和概括等思维活动来加工整理,才可能使之成为有用的写作材料。[①]

哲学线

理性认识依赖于感性认识,感性认识有待于发展到理性认识,这就是辩证唯物论的认识论。[②]

样例 3

在《关于开展×××活动的实施意见》中,共有四大部分:一、指

[①] 吴仕钊:《写作的巧力与拙力》,《政工研究文摘》,2007年第1期,第74页。
[②] 《毛泽东选集》第一卷,人民出版社1991年版,第291页。

导思想和目标要求。二、方法步骤，共分三个环节：一是学习教育、听取意见。二是查摆问题、开展批评。三是整改落实、建章立制。三、组织保障。

写法线

这篇《实施意见》是按照"总－分－总"结构进行谋篇布局的，先总的提出指导思想和目标要求；然后分条叙述方法步骤，分别是"学习教育……"、"查摆问题……"、"整改落实……"；最后总说组织保障。具体写法图如下：

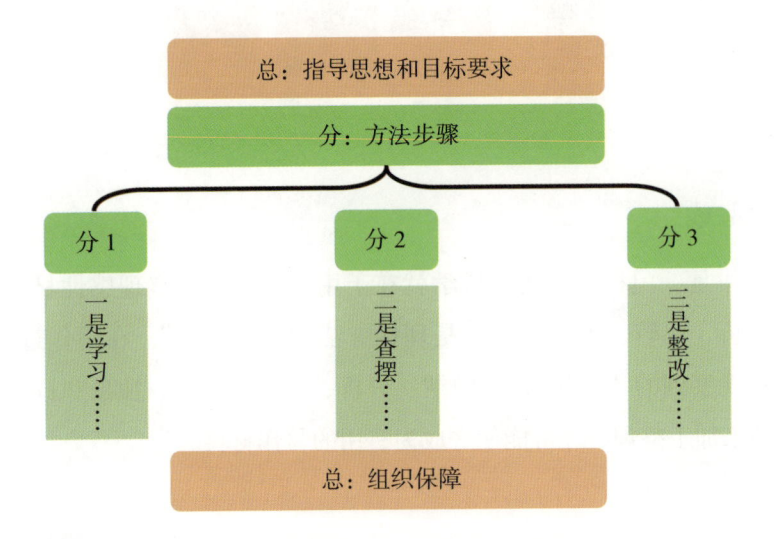

```
        总：指导思想和目标要求
            分：方法步骤
        ┌──────┼──────┐
       分1    分2    分3
      一是    二是    三是
      学习    查摆    整改
      ……      ……      ……
            总：组织保障
```

经验线

从政工写作实践来看，一篇文章的结构，并非单一或单向的，而是复杂的、综合的。我们掌握了这些结构技巧，便可以在写作时灵活运用。[①]

哲学线

我们一边在研究写作，一边在研究哲学，也就是说我们在找方法的方

---

① 徐向东：《政工写作学》，解放军出版社1996年版，第41页。

法，如此，才能更好地完成写作任务。但要反复地研读，而非粗读，要钻进去。

第6种：答题式

这种类型也是比较常用的一种布局，其主要特点是：上级机关给定固定的内容，要求下级机关按照给定的内容顺序进行答题式汇报。这种汇报没有先后之分，也没有主次之分，都是随机的。这种类型主要用在工作例会、综合性汇报会等情形中。

具体写法图：

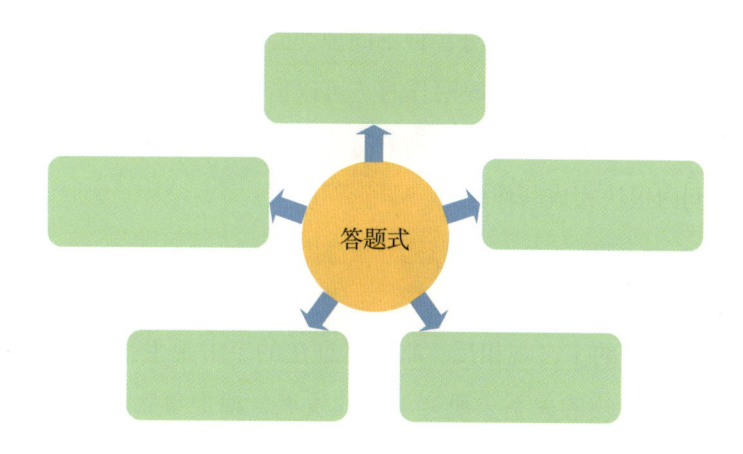

样例1

在《××市第×月份工作例会上的汇报》中，主要汇报了四个方面内容：一、关于后进村整顿情况。二、关于村级经费落实情况。三、关于开展夺旗争先活动情况。四、关于村"两委"换届情况。

写法线

这篇《汇报》按照"答题式"结构进行谋篇布局，即：根据上级要求或会议内容逐项列出"后进村整顿情况"、"村级经费落实情况"、"开展夺旗争先活动情况"、"村'两委'换届情况"等内容。具体写法图如下：

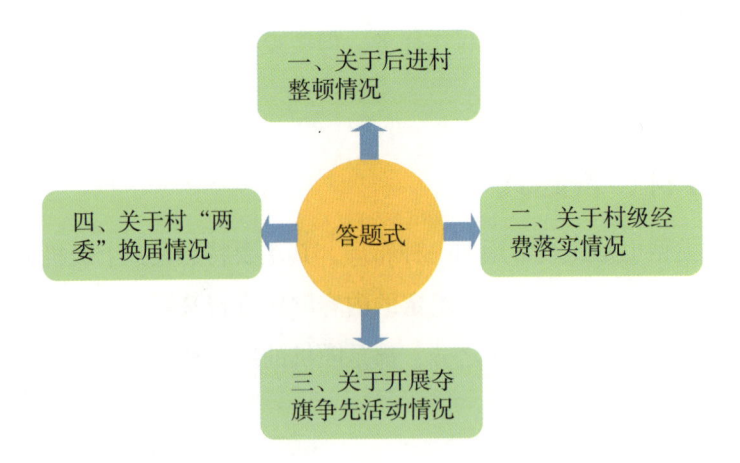

```
           ┌─────────────┐
           │ 一、关于后进村 │
           │   整顿情况   │
           └─────────────┘
                  ↑
┌──────────┐     ○     ┌──────────────┐
│四、关于村"两│ ← 答题式 → │二、关于村级经 │
│委"换届情况 │           │  费落实情况   │
└──────────┘     ↓     └──────────────┘
           ┌─────────────┐
           │三、关于开展夺 │
           │ 旗争先活动情况│
           └─────────────┘
```

经验线

要注重在日常工作中区分各种不同种类的公文，尽可能多收集一些优秀范文，这样，一方面在平时写作时，可以借鉴，达到"货比三家"、"好中选优"的目的，另一方面在遇到紧急写作任务时，进行结构套用，确保在规定时间内很快完成写作任务。

哲学线

和形而上学的宇宙观相反，唯物辩证法的宇宙观主张从事物的内部、从一事物对他事物的关系去研究事物的发展，即把事物的发展看作是事物内部的必然的自己的运动，而每一事物的运动都和它的周围其他事物互相联系着和互相影响着。[①]

样例 2

在《第二季度领导小组办公室工作会上的汇报》中，主要汇报了五个方面内容：一、认真组织开展理论学习。二、深入实施领导干部下基层活动。三、全力整治"四风"问题。四、大力推进基层党的建设。五、积极创新城市社区党建工作。

---

① 《毛泽东选集》第一卷，人民出版社 1991 年版，第 301 页。

写法线

这篇《汇报》按照"答题式"结构进行谋篇布局，根据给定的顺序逐项列出"认真组织……"、"深入实施……"、"全力整治……"、"大力推进……"、"积极创新……"。具体写法图如下：

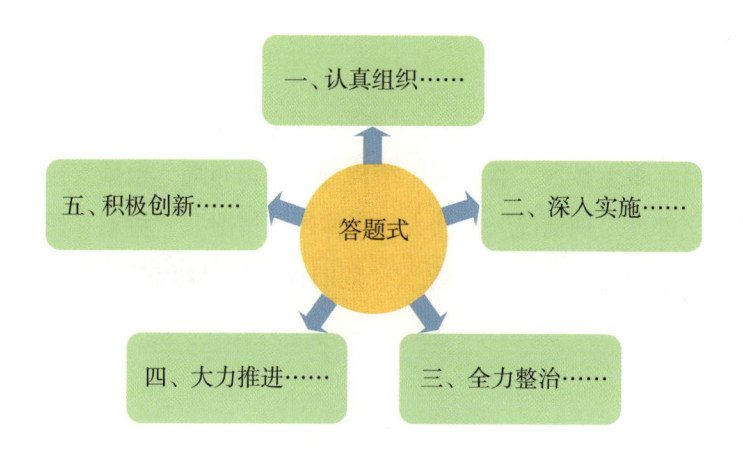

```
          ┌─────────────────┐
          │ 一、认真组织…… │
          └─────────────────┘
                  ↑
┌──────────────┐  ┌─────┐  ┌──────────────────┐
│五、积极创新…│→│答题式│←│二、深入实施……│
└──────────────┘  └─────┘  └──────────────────┘
                  ↙    ↘
    ┌──────────────────┐  ┌──────────────────┐
    │ 四、大力推进…… │  │ 三、全力整治…… │
    └──────────────────┘  └──────────────────┘
```

经验线

结构是文稿的骨架。各类应用文稿尽管体式、内容及用途各不相同，但多数应用文的写作框架相类似，而且有的已经形成一些相对固定的结构"模式"。既是模式，便有一定的可套性。文秘人员在时间紧迫、来不及创新构思的情况下，完全可以从结构布局上参考、借鉴或套用某些现成文稿的框架。[①]

哲学线

万千的学问家和实行家，不懂得这种方法，结果如堕烟海，找不到中心，也就找不到解决矛盾的方法。[②]

---

① 李明伦：《应急写作中的"套用术"》，《政工研究文摘》，2002年第3期，第84页。
② 《毛泽东选集》第一卷，人民出版社1991年版，第322页。

样例 3

在《××会议上的汇报》中,主要汇报五个方面内容:一、关于农村干部大培训情况。二、关于壮大村集体经济情况。三、关于村霸和黑恶势力整治情况。四、关于农村干部再教育情况。五、关于危旧狭小村"两室"整治情况。

写法线

这篇《汇报》按照"答题式"结构进行谋篇布局,根据安排逐项汇报了"农村干部大培训情况"、"壮大村集体经济情况"、"村霸和黑恶势力整治情况"、"农村干部再教育情况"、"危旧狭小村'两室'整治情况"。具体写法图如下:

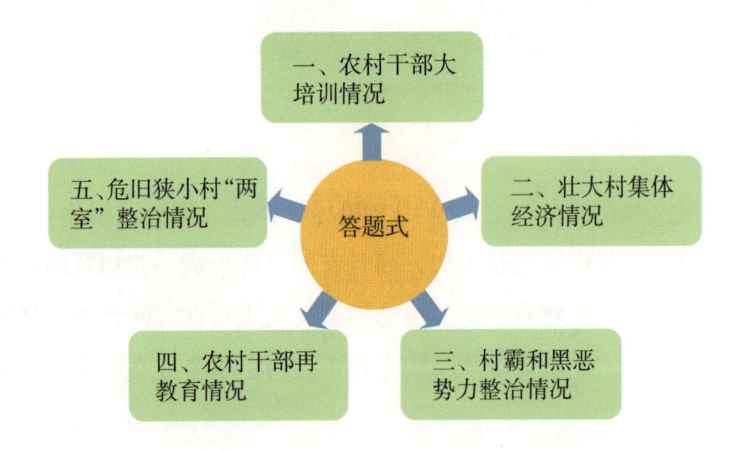

```
                  ┌─────────────┐
                  │ 一、农村干部大 │
                  │   培训情况    │
                  └─────────────┘
                         ↑
    ┌─────────────┐             ┌─────────────┐
    │五、危旧狭小村│             │二、壮大村集体│
    │"两室"整治情况│  ← 答题式 →  │   经济情况    │
    └─────────────┘             └─────────────┘
                         ↓
    ┌─────────────┐             ┌─────────────┐
    │四、农村干部再│             │三、村霸和黑恶│
    │   教育情况    │             │ 势力整治情况 │
    └─────────────┘             └─────────────┘
```

经验线

文章从头至尾的"写作"过程,就是作者"思路"由始至终的"显现"过程,构思,是"贯通"思路;行文,是"展现"思路。全部的文字表述都只不过是思路的一种"物化"形式而已。[1]

---

[1] 刘锡庆:《基础写作学》,中央广播电视大学出版社 1985 年版,第 209 页。

哲学线

列宁这样说过:"实践高于(理论的)认识,因为它不但有普遍性的品格,而且还有直接现实性的品格。①

---

① 《毛泽东选集》第一卷,人民出版社1991年版,第284页。

第二节　段落框架结构

　　一篇公文，都是由若干个部分组成的，有的分三大部分、有的有四大部分或五大部分，等等。而在公文每个部分里，都包括若干个段落，一般由三段、四段、五段或更多的段组成。本章研究的重点，就是这若干个段落是如何写出来的，它们之间是靠一种什么样的关系紧密结合在一起的。从公文的写作实践来看，综合起来，主要有三种布局设计或写法，分别是：递减、并列、先后。

　　在写作实践中，具体使用哪种布局方法，是根据文章的表达需要而定的，适合递进的，就用递进这种布局方法；适合先后的，就用先后这种布局方法；适合并列的，就用并列这种布局方法………总之，要根据文章表达的需要，确定段落布局的类型。为便于读者掌握段落布局设计的具体写法，我们每类列举3个样例，用形象直观、层次鲜明的图形进行分析解读。希望通过本章的学习，读者能够全面掌握段落布局的设计原理。

第1种：递减

　　这种类型是段落里最常用的一种类型，主要特点是：先说最主要的，之后按照程度的轻重，写出后面的内容。每一段之间是程度上的递减关系。此种类型一般在领导讲话、研讨文章、时事评论等材料中使用。

具体写法图：

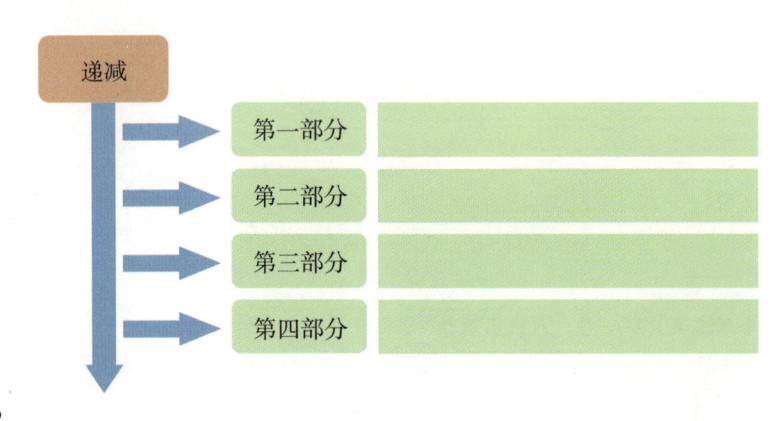

递减
→ 第一部分
→ 第二部分
→ 第三部分
→ 第四部分

样例 1

我认为，前期工作主要有以下四个特点：一是高度重视、启动迅速。二是部门联动、齐抓共管。三是方法多样、载体新颖。四是督导及时、推进有力。

写法线

本文段落之间是按照逻辑上的"递减"结构进行谋篇布局的：先把"高度重视、启动迅速"放在最重要的位置，之后，再根据习惯中的重要程度，依次列出"部门联动、齐抓共管"、"方法多样、载体新颖"、"督导及时、推进有力"等其他内容。具体写法图如下：

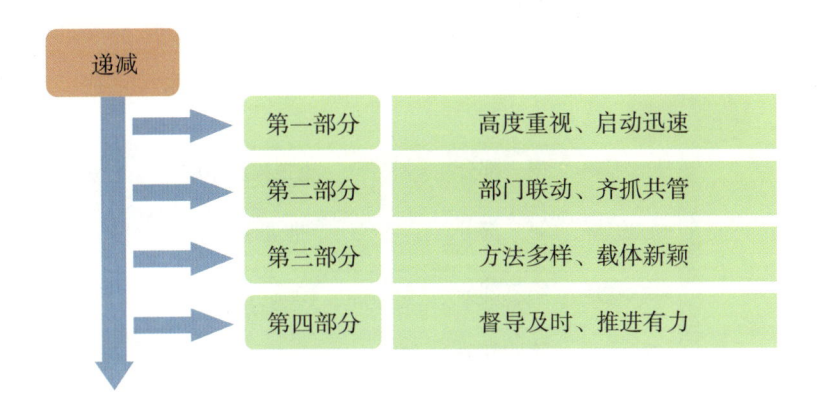

递减		
→	第一部分	高度重视、启动迅速
→	第二部分	部门联动、齐抓共管
→	第三部分	方法多样、载体新颖
→	第四部分	督导及时、推进有力

经验线

在实际写作过程中，很多写作高手或机关中的"笔杆子"都非常注重积累各种材料范例，以备急需。从写作实践来看，某些机关公文的结构是相对固定的，只是内容会随着形势的变化不断变化，因此，完全可以套用。

哲学线

这个辩证法的宇宙观，主要地就是教导人们要善于去观察和分析各种事物的矛盾的运动，并根据这种分析，指出解决矛盾的方法。因此，具体地了解事物矛盾这一个法则，对于我们是非常重要的。[①]

样例 2

在肯定成绩的同时，也要清醒地认识到工作中的问题和不足：一是重视程度不够。二是推进速度慢。三是工作不规范。四是衔接不到位。五是督导不及时。

写法线

本文段落之间是按照工作习惯上的"递减"结构进行谋篇布局的，即：先说问题和不足中最重要的"重视程度不够"，然后，根据行文习惯，依次列出"推进速度慢"、"工作不规范"、"衔接不到位"、"督导不及时"等其他问题。具体写法图如下：

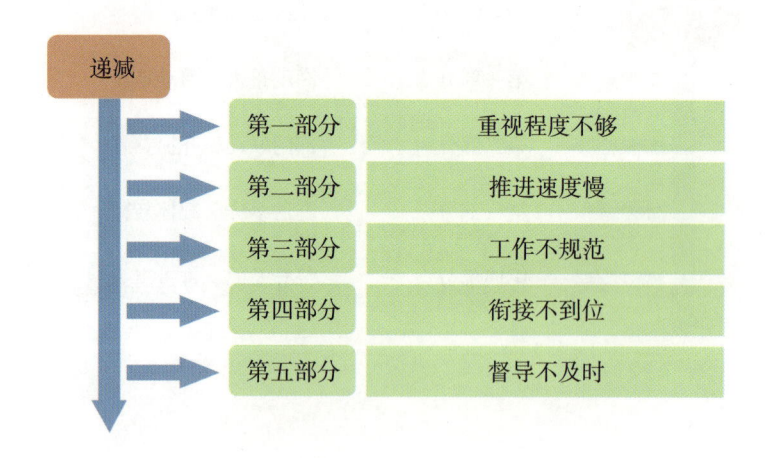

递减
→ 第一部分　重视程度不够
→ 第二部分　推进速度慢
→ 第三部分　工作不规范
→ 第四部分　衔接不到位
→ 第五部分　督导不及时

经验线

如果对领导的意图把握不好，起草就失去了根基，就难以起草出高质量的讲话稿。[②]

[①]《毛泽东选集》第一卷，人民出版社 1991 年版，第 304 页。
[②] 刘志信主编：《领导文稿起草工作》，河北人民出版社 2004 年版，第 334 页。

哲学线

不同质的矛盾,只有用不同质的方法才能解决。例如,无产阶级和资产阶级的矛盾,用社会主义革命的方法去解决;人民大众和封建制度的矛盾,用民主革命的方法去解决;殖民地和帝国主义的矛盾,用民族革命战争的方法去解决……用不同的方法去解决不同的矛盾,这是马克思列宁主义者必须严格地遵守的一个原则。[1]

样例 3

总结前一阶段工作,概括起来,主要有以下五个特点:一是高度重视、行动迅速。二是思路清晰、措施得力。三是部门支持、推进有力。四是载体丰富、富有特点。五是注重宣传、氛围浓厚。

写法线

本文段落之间是按照程度上的"递减"结构进行谋篇布局的。前一阶段工作特点中最重要的是"高度重视、行动迅速",所以率先说明。再根据程度轻重,依次列出"思路清晰、措施得力"、"部门支持、推进有力"、"载体丰富、富有特点"、"注重宣传、氛围浓厚"。具体写法图如下:

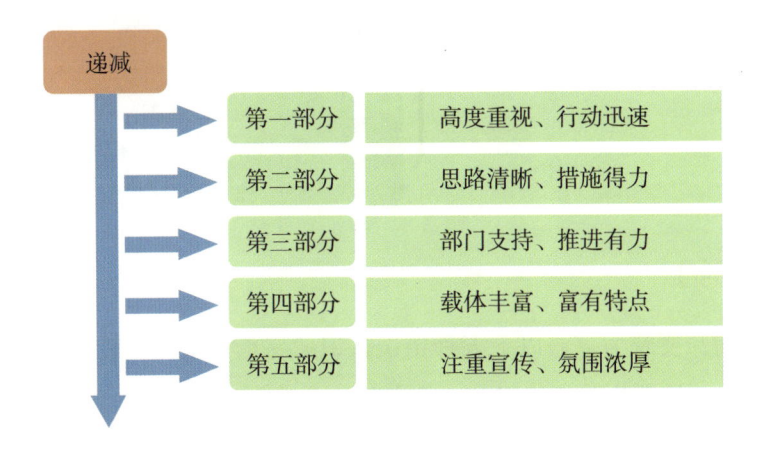

递减		
→	第一部分	高度重视、行动迅速
→	第二部分	思路清晰、措施得力
→	第三部分	部门支持、推进有力
→	第四部分	载体丰富、富有特点
→	第五部分	注重宣传、氛围浓厚

---

[1]《毛泽东选集》第一卷,人民出版社1991年版,第311页。

经验线

应用写作的层次观点和标题……实用性是它的一大功能,如果过多地讲究修辞技巧,就容易造成画蛇添足,失去指导意义。[①]

哲学线

人类认识的历史告诉我们,许多理论的真理性是不完全的,经过实践的检验而纠正了它们的不完全性。[②]

第 2 种:并列

这种类型是段落里比较常见的一种类型,主要特点是:各段之间是平行展开的,没有明显的先后之分、主次之分,先说哪一段,后说哪一段,没有明显的意思差别。

具体写法图:

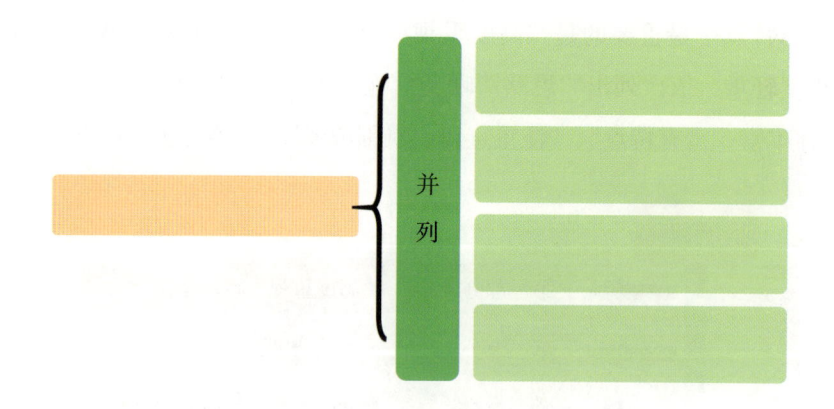

样例 1

当前,要着力克服以下五种错误认识:一是克服"一般化"的认识。二是克服"简单化"的认识。三是克服"主观化"的认识。四是克服"形

[①] 赵宗庆:《应用写作的思路与层次观点》,河南大学出版社 1992 年版,第 44 页。
[②] 《毛泽东选集》第一卷,人民出版社 1991 年版,第 293 页。

式化"的认识。五是克服"数量化"的认识。

写法线

本文段落之间是按照"并列"结构进行谋篇布局的，分别强调要着力克服"一般化"、"简单化"、"主观化"、"形式化"、"数量化"五种错误认识，这五种错误认识属于"平行"关系。具体写法图如下：

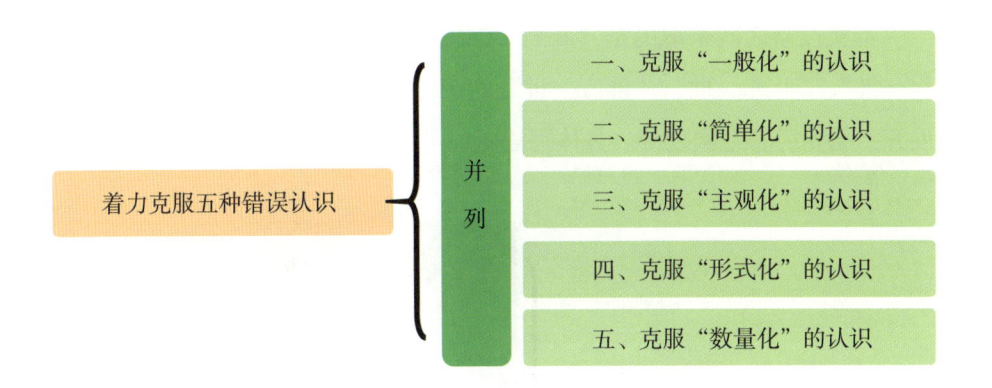

着力克服五种错误认识 —— 并列
- 一、克服"一般化"的认识
- 二、克服"简单化"的认识
- 三、克服"主观化"的认识
- 四、克服"形式化"的认识
- 五、克服"数量化"的认识

经验线

应用写作涉及的文体很多。不同的文稿往往有不同的体式要求。一般来说，同类文稿的体式和写法大同小异，完全可以相互套用。[①]

哲学线

认识的过程，第一步，是开始接触外界事情，属于感觉的阶段。第二步，是综合感觉的材料加以整理和改造，属于概念、判断和推理的阶段。只有感觉的材料十分丰富（不是零碎不全）和合于实际（不是错觉），才能根据这样的材料造出正确的概念和论理来。[②]

[①] 李明伦：《应急写作中的"套用术"》，《政工研究文摘》，2002年第3期，第84页。
[②] 《毛泽东选集》第一卷，人民出版社1991年版，第290页。

样例 2

下面，我重点讲一讲"产业"的问题，这也是今天想给大家讲的核心问题，主要说"四个方面"：一要"淘汰一批"。二要"优化一批"。三要"引进一批"。四要"推广一批"。

写法线

本文段落之间采取的是"并列"结构，分别讲述了"淘汰一批"、"优化一批"、"引进一批"、"推广一批"四个方面，这四个方面在表述上平行展开，无先后、主次之分。具体写法图如下：

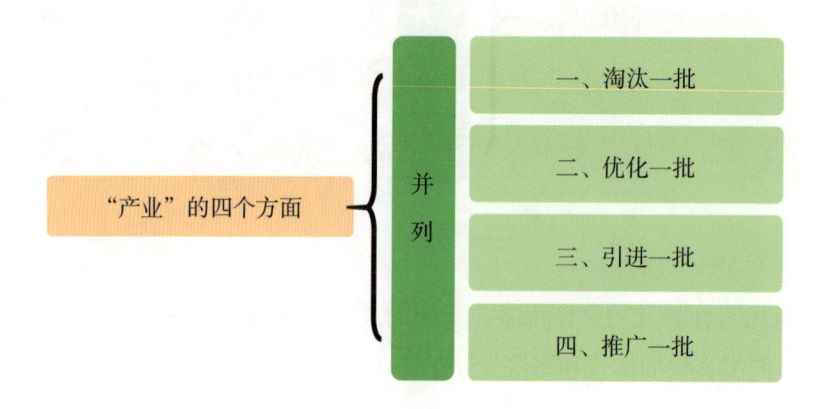

```
                          ┌── 一、淘汰一批
                          │
                     并    ├── 二、优化一批
"产业"的四个方面  ──┤     
                     列    ├── 三、引进一批
                          │
                          └── 四、推广一批
```

经验线

领导意图是领导讲话起草的"纲"，是"基调"，一切的大小观点和材料都必须为此服务。[①]

哲学线

对马克思主义哲学，只有信了才能迷，只有迷了才能钻，只有钻了才能懂，只有懂了才能用，只有用了，在用中尝到了甜头，才会更加信、

[①] 刘志信主编：《领导文稿起草工作》，河北人民出版社，2004年版，第267页。

更加迷、更加钻。[1]

样例 3

当前，基层党组织存在的问题是多方面的，但归结起来，主要存在"四个不足"的问题：一是认识不足。二是争劲不足。三是活力不足。四是聚力不足。

写法线

本文段落之间运用"并列"结构谋篇布局，强调了"认识不足"、"争劲不足"、"活力不足"、"聚力不足"四个问题，这四个问题在文章中属于平行关系，调换位置也不影响表述。具体写法图如下：

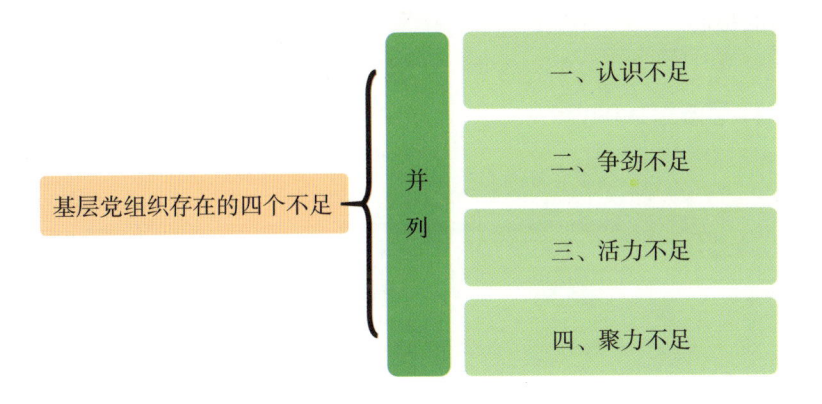

基层党组织存在的四个不足 —— 并列：
- 一、认识不足
- 二、争劲不足
- 三、活力不足
- 四、聚力不足

经验线

有些文稿的写作基础很好，且与应急需用的文稿相类似，在这种情况下，只要从内容详略、布局轻重、次序先后等方面适当加以调整，或者只需在原框架内加进一些新的实例、变换一些反映最新进度的数据，即可整旧如新，应急使用。[2]

---

[1] 李瑞环：《学哲学用哲学》，中国人民大学出版社2005年版，第17页。
[2] 李明伦：《应急写作中的"套用术"》，《政工研究文摘》，2002年第3期，第85页。

哲学线

各种各样的信息，大都是原始的材料。只有经过去粗取精、去伪存真、由此及彼、由表及里的加工制作，才能得出正确的结论。[①]

第 3 种：先后

这种类型的主要特点是，按照时间的先后、逻辑的先后或事物内在发展的先后顺序来进行分段，一般情况下，各段之间的顺序是不能调整的。正如我们在描写一个事物时一样，有的是按照时间先后来进行的，比如：几点做什么、接下来又做什么、最后做什么。也有的是按照事物的内在机理来分段的，比如：第一步做什么、第二步做什么、第三步做什么，等等。进行此类段落布局设计，必须遵循事物的内在规律，这是设计这种类型段落的核心。

具体写法图：

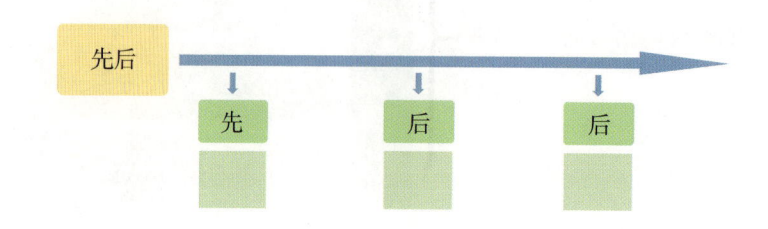

样例 1

做好干部选学工作，需要在实践中不断完善和提高，关键是要突出重点，抓好"供、选、教、管"这四个关键环节：一要在科学"供"上下功夫。二要在自主"选"上下功夫。三要在精心"教"上下功夫。四要在从严"管"上下功夫。

[①] 李瑞环：《学哲学用哲学》，中国人民大学出版社 2005 年版，第 55 页。

写法线

本文段落之间按照"逻辑先后"顺序进行谋篇布局,即:先说"要在科学'供'上下功夫",再说"要在自主'选'上下功夫",然后再依次叙述"要在精心'教'上下功夫"、"要在从严'管'上下功夫"。具体写法图如下:

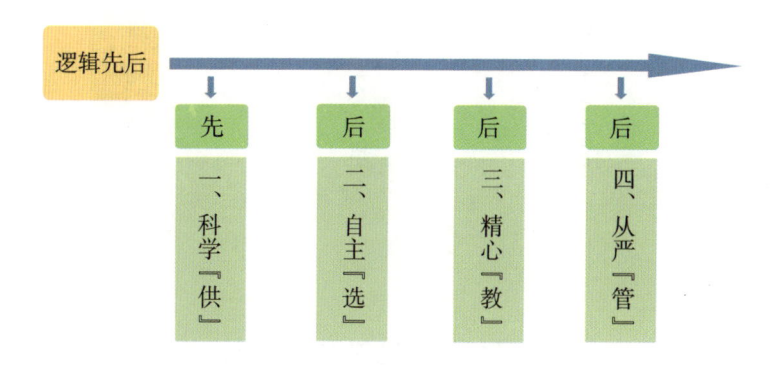

```
逻辑先后 ──────────────────────►
    ↓         ↓         ↓         ↓
    先        后        后        后
 一、        二、       三、       四、
 科学        自主       精心       从严
 "供"       "选"      "教"      "管"
```

经验线

实际上,任何文字材料,不论是文学作品,还是公文,外在表现是"写"出来的,实质上首先是"想"出来的。[①]

哲学线

任何事物都不是孤立存在的,而是互相联系、互相制约的。[②]

样例2

按照"三评一审两公开"的程序,评定基层党组织和党员的星级等次。三评,即自评、考评、测评。一审,即基层党组织和党员的星级评定结果报上一级党组织审核。两公开,即结果公示和公开亮星。

---

① 刘志信主编:《领导文稿起草工作》,河北人民出版社2004年版,第147页。
② 韩树英等:《学习毛泽东哲学思想》,北京出版社1982年版,第164页。

写法线

本文段落之间是按照"逻辑先后"顺序展开的,即:先说"三评",再说"一审",最后说"两公开"。具体写法图如下:

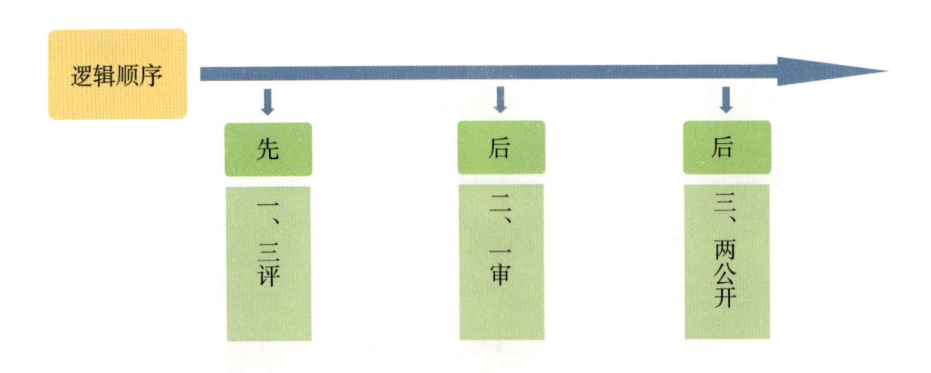

```
逻辑顺序 ──────────────────────────▶
            ↓            ↓            ↓
           先           后           后
        一、三评      二、一审     三、两公开
```

经验线

法国著名作家莫泊桑是短篇小说创作的巨匠,他在谈到作家需要敏锐地观察事物时,曾经说道:"必须详细全面观察你想要表达的一切东西,时间要长,而且要全神贯注,才能从其中发现迄今还没有人看到与说过的那个方面。"①

哲学线

1994年2月7日,钱学森在给钱学敏的信中,谈到了他对马克思主义哲学认知的过程……在30年代中期到40年代初,当我碰到疑难问题时,苦思不得其解,总是形象(直感)思维,甚至是灵感(顿悟)思维解决问题。这是说我头脑中框框太多,不能从理论上触类旁通,得靠形象,甚至靠梦境。这种困境,后来逐渐缓解,不用做梦了,推敲一阵子就能看出问题所在。②

---

① 吴仕钊:《写作的巧力与拙力》,《政工研究文摘》,2007年第1期,第74页。
② 吴启新:《钱学森传》,人民出版社,2011年12月第1版,第494-495页。

样例 3

一百年前，……。新中国成立后，……。改革开放以来，……。进入新的历史时期以后，……。

写法线

本文段落之间是按照"时间先后"顺序展开的，全文内容按照时间逐步推进，即：先叙述"一百年前……"，再说"新中国成立后……"，然后依次叙述"改革开放以来……"、"进入新的历史时期以后……"。具体写法图如下：

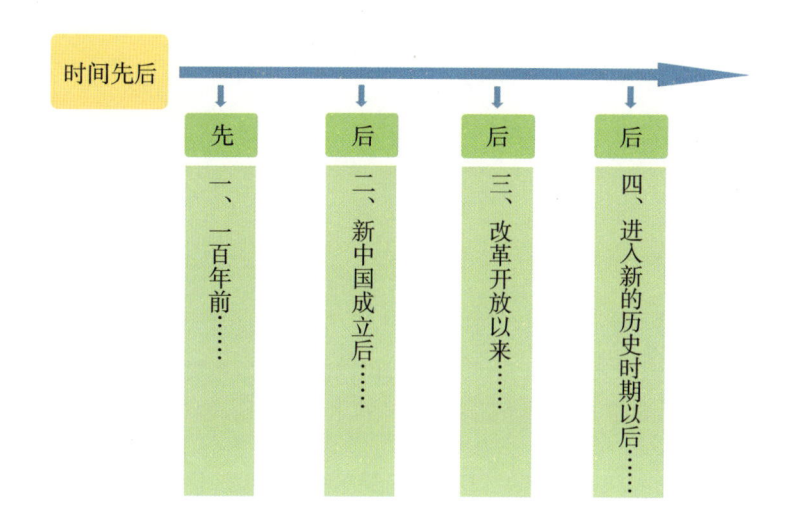

```
时间先后 ──────────────────────►
           ↓        ↓        ↓        ↓
          先       后       后       后
       一、    二、    三、    四、
       一      新      改      进
       百      中      革      入
       年      国      开      新
       前      成      放      的
       ……     立      以      历
              后      来      史
              ……     ……     时
                             期
                             以
                             后
                             ……
```

经验线

为提升文秘人员的综合写作技能，我们采取了各种措施，经常组织文秘人员学习、调研、交流、研讨，注重对上级和外地优秀文稿的研究、分析，对好的结构和语言及时收集记录。现在，办公室文秘人员每人都有 5 本以上摘录笔记，8 本以上报刊剪贴本，并每年撰写 6 篇以上写作心得。[1]

---

[1] 舜太运：《综合文稿创新要找准结合点》，《领导科学》，2007 年第 3 期，第 42 页。

哲学线

世界上的事物是千种万样，从日常生活的小事到国家大事，从地上的河流山川，到天上的日月风云，每一事物，都有它自己的规律，和别的事物的规律不同。我们研究各种事物的规律，可以发现其中有某些规律是各种不同事物的共同的规律，这些共同的规律我们叫作普遍规律。[1]

---

[1] 艾思奇：《大众哲学》，民主与建设出版社2016年版，第61页。

第二章

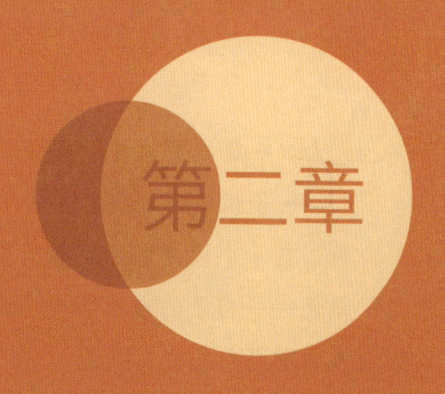

句子的写法

在一篇文章之中，每一个段落都是用"。"隔开的若干个句子组成，这些单独的句子汇聚起来，就成为句群，也就是段，若干个段组成了一篇文章。本章重点研究组成文章的最小的单元——句子的内部结构，通过研究它的内部结构，来探究每一个单句是怎么写出来的。

为此，我们重点对21种常用的句子类型进行了图解，分别是：观点＋方法、观点＋强调、概念＋解释、引子＋效果、做法＋效果等简单的类型，同时还包括一些复杂的类型：观点＋方法＋效果、引子＋概念＋解释、条件＋概念＋解释，等等。为便于读者掌握各类句型的特点，我们每类列举了3个例句，用各种图形来进行分析解读。

第一节　简单句子的组成方法

第1类：观点 + 方法

样例1-1：观点 + ①②③（方法）

建立来自基层一线的党政干部培养链，组织安排年轻干部到基层一线去经受锻炼，引导高校毕业生到农村、企业社区去经受锻炼，加强从基层和生产一线选拔优秀干部充实各级党政机关的工作。

写法线

此类句子的第一句一般是整句的"观点"，用以统领整个句子，后面依次排列的是若干个"方法"，分别用"，"隔开，各个方法之间的关系一般为"并列"或"递减"关系。具体写法图如下：

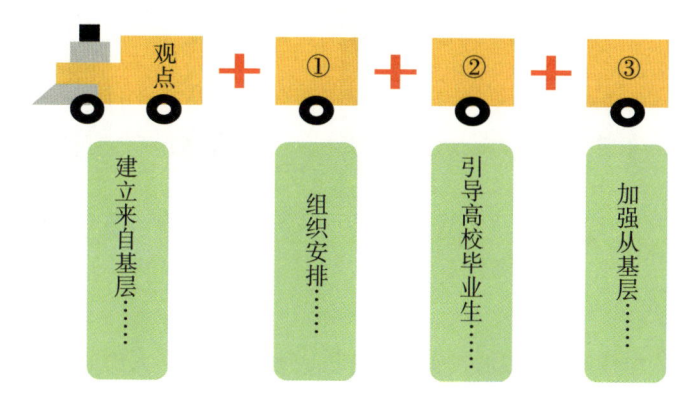

观点 ＋ ① ＋ ② ＋ ③
建立来自基层…… ｜ 组织安排…… ｜ 引导高校毕业生…… ｜ 加强从基层……

经验线

详细地占有材料，抓住要点。材料要收集得愈多愈好，但一定要抓住要点或精点（矛盾的主要方面）。[1]

---

[1]《毛泽东农村调查文集》，人民出版社1982年版，第25页。

哲学线

恩格斯有一句名言：我们的理论不是教条，而是行动的指南。①

样例 1-2：观点 + ①②③（方法）

针对群众反映强烈的突出问题，敢于向旧习惯说不，向潜规则叫板，向违法违纪行为开刀。

写法线

此类句子的第一句一般是整句的"观点"，用以统领整个句子，后面依次排列的是若干个"方法"，分别用"，"隔开，各个方法之间的关系一般为"并列"关系。具体写法图如下：

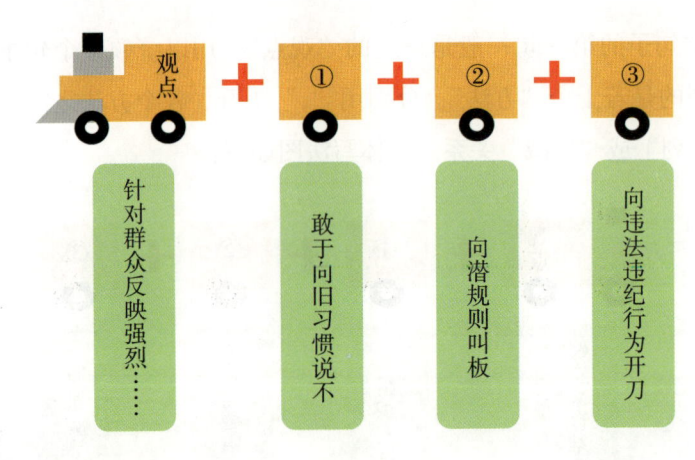

观点 + ① + ② + ③

- 观点：针对群众反映强烈……
- ①：敢于向旧习惯说不
- ②：向潜规则叫板
- ③：向违法违纪行为开刀

经验线

坚持在写作实践中勤拜师、勤请教，善于听取别人的意见，既要善于在失败中吸取教训，更要善于在成功面前虚心求教，欢迎别人对自己的作品"横挑鼻子竖挑眼"。②

---

① 习近平：《之江新语》，浙江人民出版社 2007 年版，第 271 页。
② 徐向东：《政工写作学》，解放军出版社 1996 年版，第 21 页。

哲学线

磨刀不误砍柴工,思想是行动的先导。①

样例1-3:观点 + ①②③(方法)

加强群众工作,抓突出问题解决,抓制度机制建设,抓社会管理创新。
　观点　　　　　①　　　　　　　②　　　　　　　③

写法线

此类句子的第一句一般是整句的"观点",用以统领整个句子,后面依次排列的是若干个"方法",分别用","隔开,各个方法之间的关系一般为"并列"关系。具体写法图如下:

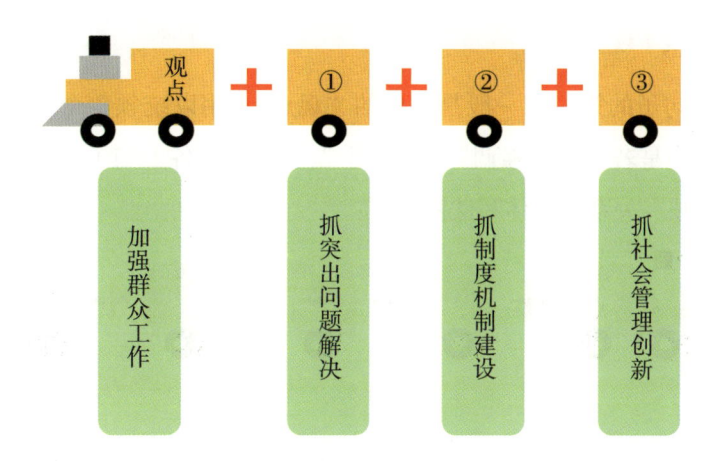

观点 + ① + ② + ③

加强群众工作 | 抓突出问题解决 | 抓制度机制建设 | 抓社会管理创新

经验线

要想掌握先进典型事迹材料的写作要领,提高其写作质量,一个很重要的方法就是分析我们在先进典型事迹材料写作中存在的问题,有针对性地突破和解决。②

---

① 习近平:《之江新语》,浙江人民出版社,2007年8月第1版,第83页。
② 赵宗庆:《党政机关应用材料写作要领》,中国华侨出版社1997年版,第137页。

哲学线

马克思和恩格斯创立的辩证唯物主义和历史唯物主义，科学揭示了自然、社会和人类思维发展的一般规律。①

第 2 类：观点 + 强调

样例 2-1：观点 + ①②③④（强调）

创新、协调、绿色、开放、共享的发展理念（观点），是我们党的重大理论创新成果①，是对我们党关于发展理论的丰富和发展②，是中国特色社会主义理论体系的重要组成部分③，是我国经济社会发展必须长期坚持的重要遵循④。

写法线

此类句子的第一句一般是整句的"观点"，用以统领整个句子，后面依次排列的是若干个"强调"，分别用","隔开，各个句子之间的关系一般为"递减"关系。具体写法图如下：

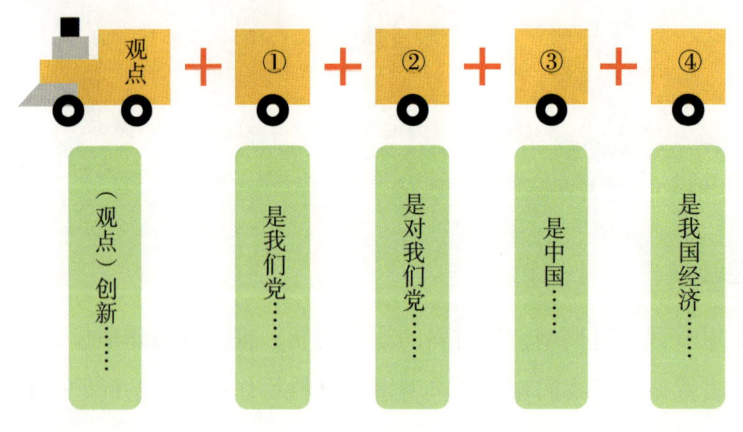

观点 + ① + ② + ③ + ④

- （观点）创新……
- 是我们党……
- 是对我们党……
- 是中国……
- 是我国经济……

经验线

标题好比人的外貌。标题要活泼、生动，也就是要通俗化。②

---

① 陈先达：《马克思主义哲学是大智慧》，人民出版社，2019年版，第1页。
② 叶永烈：《胡乔木》，广西人民出版社2007年版，第139页。

哲学线

一个事物的主要矛盾之所以成为主要矛盾，它总有个原因，或者是因为它决定着全局，或者是规定着其他事物的发展，所以就要看影响全局的因素还存在不存在，规定其他发展的作用还起不起。[①]

样例 2-2：观点 + ①②③④（强调）

要实事求是，有一说一、有二说二，是则是、非则非，不夸大成绩，不掩饰问题。

（观点）① ② ③ ④

写法线

此类句子的第一句一般是整句的"观点"，用以统领整个句子，后面依次排列的是若干个"强调"，分别用"，"隔开，各个句子之间的关系一般为"递减"关系。具体写法图如下：

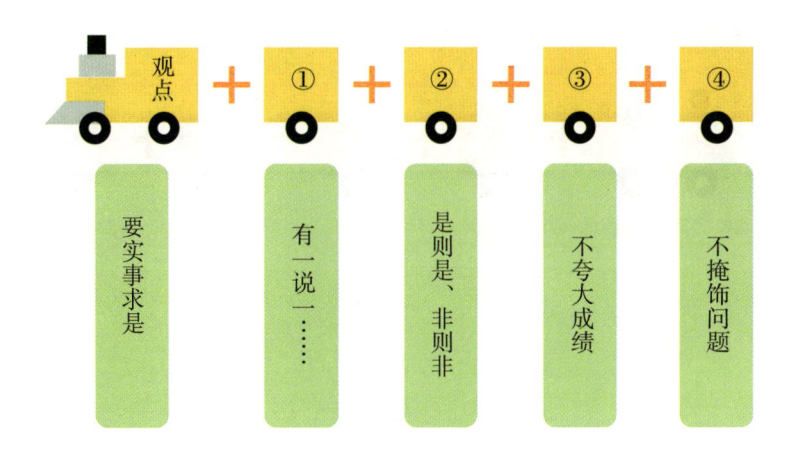

观点：要实事求是
① 有一说一……
② 是则是、非则非
③ 不夸大成绩
④ 不掩饰问题

经验线

领导讲话要深刻阐述和表达思想观点，就要从不同角度，运用不同的材料来加以分析和说明，这样才有说服力。

---

① 李瑞环：《学哲学用哲学》，中国人民大学出版社，2005年9月第1版，第199页。

哲学线

我们有许多成功的工作，凡成功的就一定有许多正确的东西，只有通过认真总结，不占糊涂便宜，从中找出它的根本原因，即事物的本质，打一仗、进一步，使实践更符合客观规律，才会成为社会的精神财富。[1]

样例 2-3：观点 + ①②③④（强调）

要牢记手中的权力是人民赋予的（观点），真正做到权为民所用、利为民所谋、情为民所系①，绝不能漠视群众诉求②，绝不能把群众问题当负担③，更不能侵害群众利益④。

写法线

此类句子的第一句一般是整句的"观点"，用以统领整个句子，后面依次排列的是若干个"强调"，分别用"，"隔开，各个句子之间的关系一般为"递减"关系。具体写法图如下：

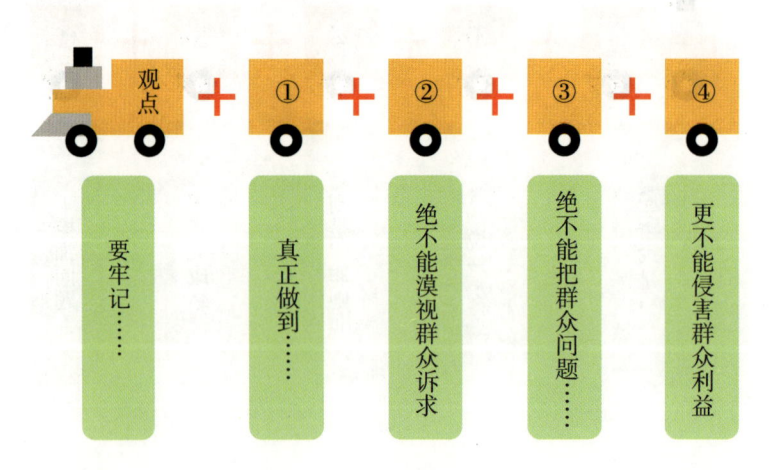

观点 + ① + ② + ③ + ④

观点	①	②	③	④
要牢记……	真正做到……	绝不能漠视群众诉求	绝不能把群众问题……	更不能侵害群众利益

经验线

法国著名作家福楼拜认为：对你所要表现的东西，要长时间很注意地

---

[1] 李瑞环：《学哲学用哲学》，中国人民大学出版社，2005年9月第1版，第123页。

去观察它，以便能发现别人没有发现过和没有写过的特点。

哲学线

正确的哲学思想，是要能够正确地反映整个世界发展的总规律。[①]

第3类：概念+解释

样例3-1：概念+①②③④⑤（解释）

领导干部改进文风，应当走出机关，深入基层，在实际生活中"望闻问切"，在充分占有和分析第一手材料的基础上概括出新思想、新观点、新论断、新举措，使我们的思想和文字体现时代要求，符合实际情况，能够解决问题。

写法线

此类句子的第一句一般是整句的"概念"，用以统领整个句子，后面依次排列的是若干个"解释"，分别用"，"隔开，各个句子之间的关系一般为"递减"关系。具体写法图如下：

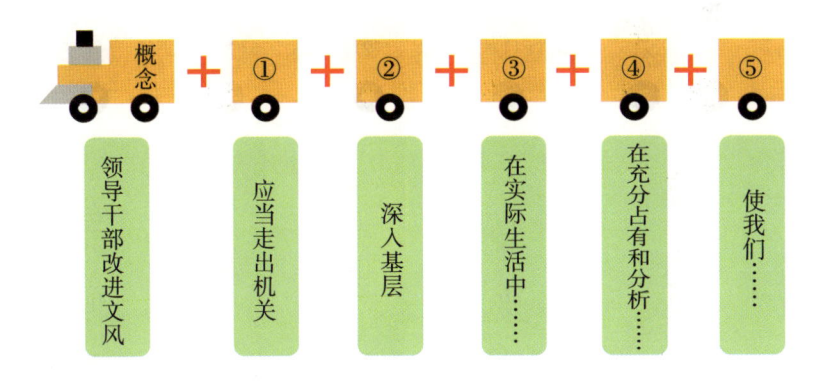

概念 + ① + ② + ③ + ④ + ⑤

概念	①	②	③	④	⑤
领导干部改进文风	应当走出机关	深入基层	在实际生活中……	在充分占有和分析……	使我们……

经验线

用力工作仅能及格，用脑工作才会优秀。一个不善于思考的机关干

---

① 艾思奇：《大众哲学》，民主与建设出版社2016年版，第19页。

部，很难称得上是称职的机关干部。由此可见思考的重要，必须养成认真思考的习惯。①

哲学线

文章系统是由思想和语言两个基本要素互相联系和作用，构成有一定结构和功能的有机整体。系统依赖于要素，它的根据存在于要素及其相互关系中；要素也依赖于系统，它的结构与功能必须适应于系统。②

样例3-2：概念+①②③④（解释）

<u>土地改革的总路线</u>，<u>依靠贫农</u>，<u>团结中农</u>，<u>有步骤地、有分别地消灭封建剥削制度</u>，<u>发展农业生产</u>。

写法线

此类句子的第一句一般是整句的"概念"，用以统领整个句子，后面依次排列的是若干个"解释"，分别用"，"隔开，各个句子之间的关系一般为"递减"关系。具体写法图如下：

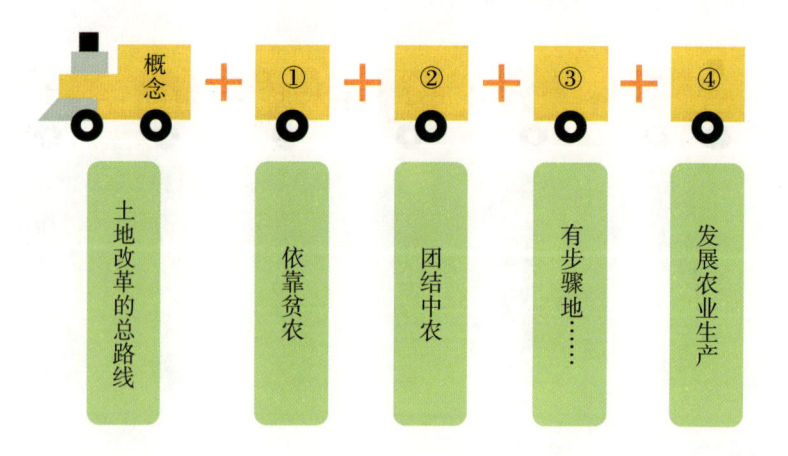

概念 + ① + ② + ③ + ④

| 土地改革的总路线 | 依靠贫农 | 团结中农 | 有步骤地…… | 发展农业生产 |

---

① 肖社初：《习惯的力量是巨大的》(下)，《政工研究文摘》2002年第6期，第74页。
② 周楚汉：《论文章哲学》，《长沙大学学报》2004年第3期。

经验线

能把公文写好，写出水平，也往往具备很好的分析判断能力，因为写作公文的过程，其实就是一个"模拟决策"的过程，而不是一个简单的文字组织的过程。①

哲学线

毛泽东同志说过，马克思主义有几门学问，但基础的东西是哲学。②

样例3-3：概念+①②③（解释）

马克思列宁主义的基本原则，就是要使群众认识自己的利益，并且团结起来，为自己的利益而奋斗。

（概念）①②③

写法线

此类句子的第一句一般是整句的"概念"，用以统领整个句子，后面依次排列的是若干个"解释"，分别用","隔开，各个句子之间的关系一般为"递减"关系。具体写法图如下：

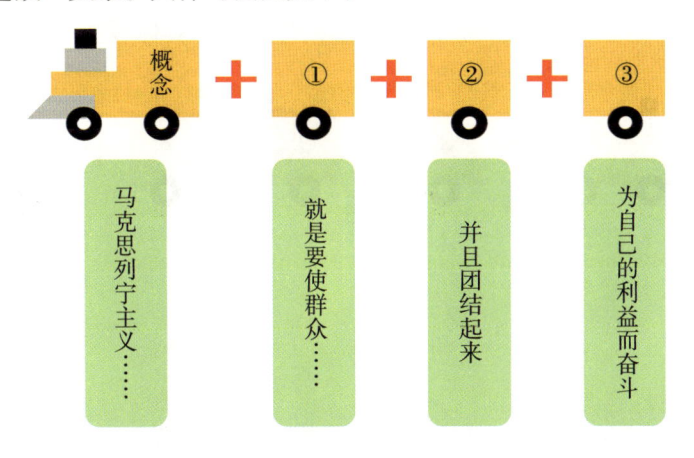

概念 + ① + ② + ③

- 马克思列宁主义……
- 就是要使群众……
- 并且团结起来
- 为自己的利益而奋斗

---

① 胡森林：《公文高手的修炼之道·笔杆子的写作必修课》，人民邮电出版社2018年版，第137页。

② 陈先达：《马克思主义哲学是大智慧》，人民出版社2019年版，第2页。

经验线

工作总结材料的内容一般包括：基本情况，成绩和缺点，经验和教训，存在的问题和今后意见四个方面。[①]

哲学线

我国古代就有一尺之棰，日取其半，万进不竭。与高等数学中的微分、积分是类似的，也就是说，事物是无限可分的。

第 4 类：概念 + 强调

样例 4-1：概念 + ①②③④（强调）

落实全省 ×× 会议精神（概念），必须深入分析新形势新变化①，坚持问题导向②，紧密结合实际③，找准突破口和落脚点④。

写法线

此类句子的第一句一般是整句的"概念"，用以统领整个句子，后面依次排列的是若干个"强调"，分别用"，"隔开。具体写法图如下：

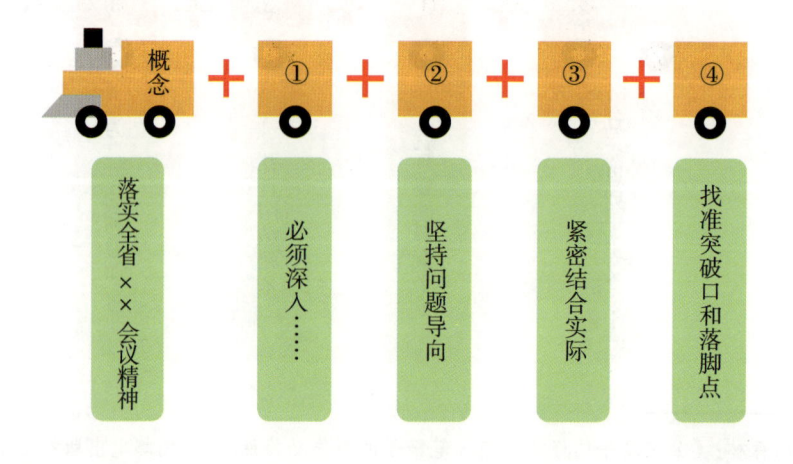

概念 + ① + ② + ③ + ④

概念	①	②	③	④
落实全省××会议精神	必须深入……	坚持问题导向	紧密结合实际	找准突破口和落脚点

---

① 赵宗庆：《党政机关应用材料写作要领》，中国华侨出版社1997年版，第197页。

经验线

一些机关干部在写材料时,都喜欢把大量的素材使劲堆在一起,以为材料越多越好,文章越长越好。这是一种不会选择材料,不会提炼主题的表现。

哲学线

正确的思想方法,就是要研究事物的矛盾和解决矛盾。[1]

样例 4-2:概念 + ①②③(强调)

加强×××建设,必须坚持改革创新、分类指导,必须坚持系统谋划、顶层设计,必须坚持质量至上、效益第一。

写法线

此类句子的第一句一般是整句的"概念",用以统领整个句子,后面依次排列的是若干个"强调",分别用","隔开。具体写法图如下:

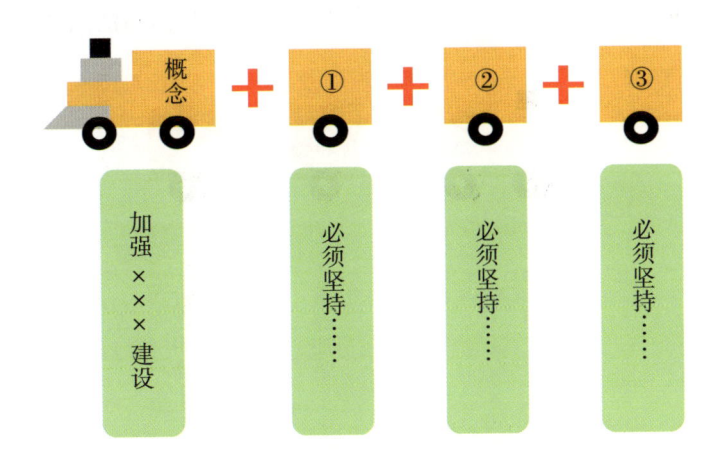

概念 ＋ ① ＋ ② ＋ ③

| 加强×××建设 | 必须坚持…… | 必须坚持…… | 必须坚持…… |

---

[1] 艾思奇:《大众哲学》,民主与建设出版社 2016 年版,第 190 页。

经验线

在掌握了一定的实际操作技能后,再回头读点写作理论,可能效果会更好,因为这次你是带着问题去读,不像刚开始越读越糊涂,总感到摸不到门。

哲学线

哲学是世界观,同时又是思想方法。研究哲学就是要掌握正确的世界观和正确的思想方法。①

样例4-3:概念 + ①② (强调)

学习×××内容,重在加强理论武装、统一思想行动,重在明确基本标准、树立行为规范。

写法线

此类句子的第一句一般是整句的"概念",用以统领整个句子,后面依次排列的是若干个"强调",分别用","隔开。具体写法图如下:

---

① 艾思奇:《大众哲学》,民主与建设出版社2016年版,第17页。

哲学线

把材料和观点割断，讲材料的时候没有观点，讲观点的时候没有材料，材料和观点互不联系，这是很坏的方法。只提出一堆材料，不提出自己的观点，不说明赞成什么、反对什么，这种方法更坏。[①]

经验线

整齐美。这是符合人们传统审美习惯的一种美，它包括语言排列和句式的整齐一致，语句的对称、均衡、和谐等等。[②]

第5类：做法+效果

样例5-1：①（做法）+②③④⑤⑥（效果）

卓有成效的督导工作，有力推动了学习教育和思想认识的深化，有力推动了党内生活的健全和完善，有力推动了"四风"问题的解决，有力推动了改进作风制度机制的建立，为搞好第一批教育实践活动发挥了不可替代的作用。

写法线

此类句子的第一句一般是整句的"做法"，用以统领整个句子，后面依次排列的是若干个"效果"，分别用"，"隔开。具体写法图如下：

---

① 《毛泽东选集》第一卷，人民出版社，1991年版，第299页。
② 刘志信主编：《领导文稿起草工作》，河北人民出版社2020年版，第219页。

① 卓有成效…… ② 有力推动了…… ③ 有力推动了…… ④ 有力推动了…… ⑤ 有力推动了…… ⑥ 为搞好……

经验线

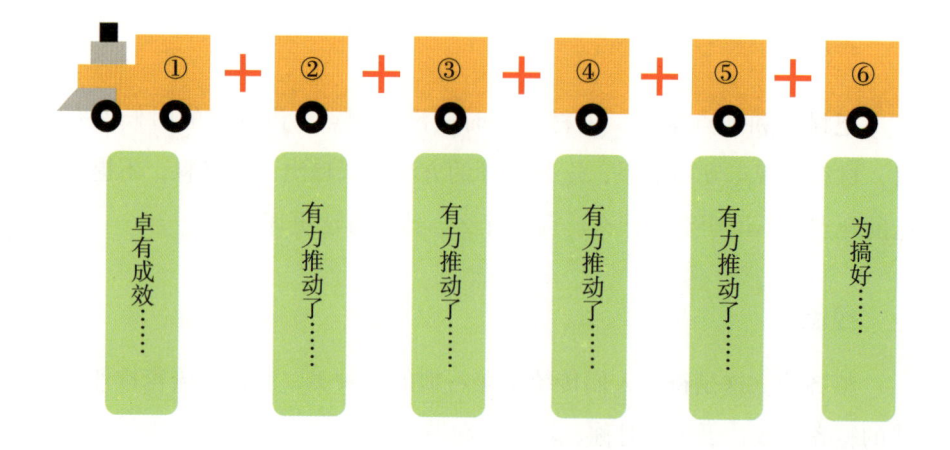

效果也不是一个，而是几个。作为材料来说，我们通过一件事，往往要达到几个效果，正如此句所示。观点和思路，也同样遵循这个规律。

哲学线

哲学不能代替具体的科学，但是哲学可以帮助人们更好地掌握和运用具体科学。[①]

样例 5-2：①②（做法）+③④（效果）

有的督导组对工作基础薄弱的单位采取"开小灶"的方式，一对一重点指导，帮助提高工作水平，推动活动整体协调发展。

写法线

此类句子的第一句一般是整句的"做法"，用以统领整个句子，后面依次排列的是若干个"效果"，分别用"，"隔开。具体写法图如下：

---

① 李瑞环：《学哲学用哲学》，中国人民大学出版社 2005 年版，第 2-3 页。

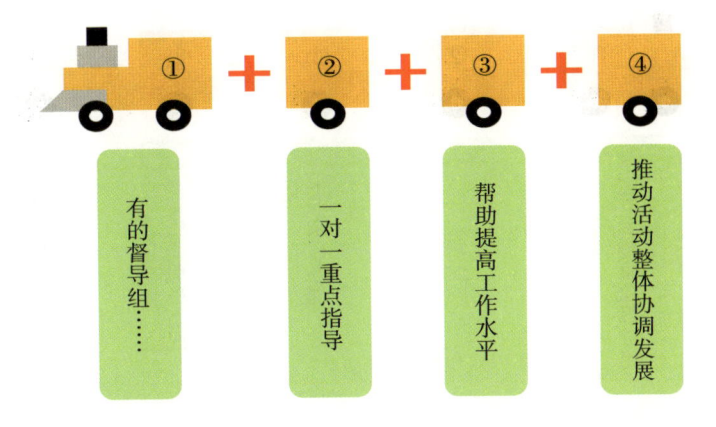

① + ② + ③ + ④

- 有的督导组……
- 一对一重点指导
- 帮助提高工作水平
- 推动活动整体协调发展

经验线

毛泽东同志告诫说，写文章要处理好材料和观点的关系，强调"材料应与观点统一"，要把材料经过大脑的加工，贯通起来，形成自己的系统看法。[①]

哲学线

我认为，当前学哲学仍然可以提倡从学"两论"入手，这同提倡学习马克思主义其他经典著作不矛盾，同强调着重学基本观点也是一致的。[②]

样例5-3：①②③（做法）+④⑤（效果）

赴中管金融企业督导组①，深入营业网点②，采取亲自办理业务、问询等待客户等方式③，直接感受服务情况④，找准存在问题⑤。

写法线

此类句子的第一句一般是整句的"做法"，用以统领整个句子，后面依次排列的是若干个"效果"，分别用"，"隔开。具体写法图如下：

[①] 胡森林：《公文高手的修炼之道、笔杆子的写作必修课》，人民邮电出版社2018年版，第21页。

[②] 李瑞环：《学哲学用哲学》，中国人民大学出版社2005年版，第11页。

① 赴中管金融企业督导组 + ② 深入营业网点 + ③ 采取亲自办理…… + ④ 直接感受服务情况 + ⑤ 找准存在问题

经验线

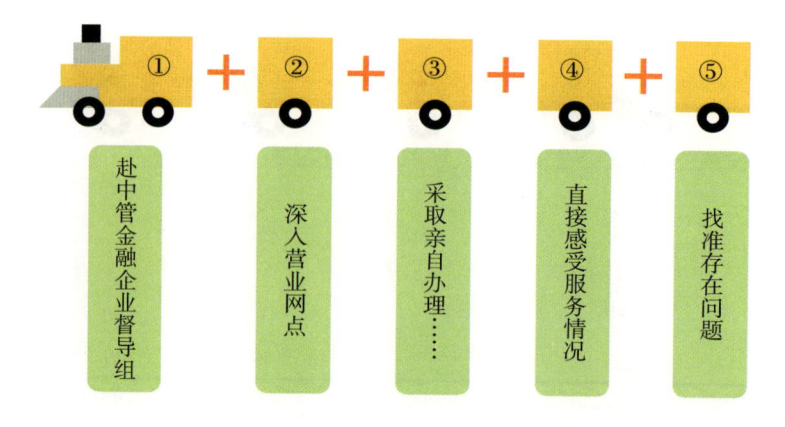

只有理解的东西才能深刻感觉它。这里说明了理性思考的重要作用。引导部属把一般认识上升到理性认识，这是领导讲话的一个很重要的作务。①

哲学线

《实践论》、《矛盾论》集中体现了毛泽东哲学思想。②

第6类：条件+结果

样例6-1：①②③（条件）+④⑤（结果）

党员缺乏革命意志，不履行党员义务，不符合党员条件，党的支部应当对他进行教育，要求他限期改正。

写法线

此类句子的前边几句一般是整句的若干个"条件"，用以限定下文的范围，后面依次排列的是若干个"结果"，分别用"，"隔开。具体写法图如下：

---

① 赵宗庆：《党政机关应用材料写作要领》，中国华侨出版社1997年版，第66页。
② 韩树英等：《学习毛泽东哲学思想》，北京出版社1982年版，第7页。

①党员缺乏革命意志 + ②不履行党员义务 + ③不符合党员条件 + ④党支部应当…… + ⑤要求他限期改正

经验线

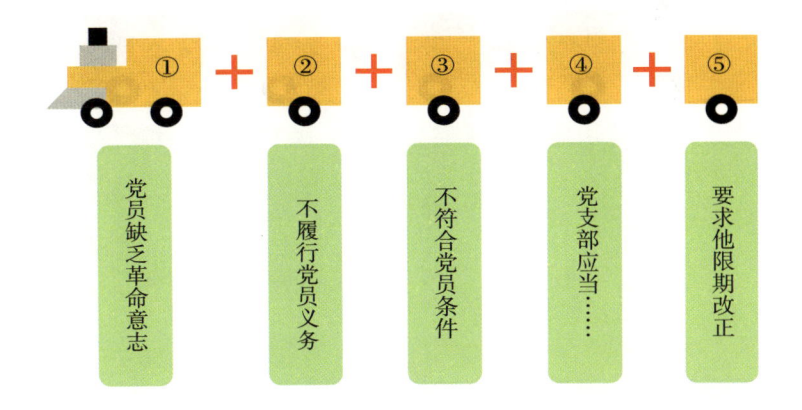

套用和模仿，绝不是将别人的内容原封不动拿来用，而是要有借鉴、仿照、总结和提升的过程。①

哲学线

事物按规律变化，也有一种不可避免的性质，这种性质就叫作必然性。②

样例6-2：①②③（条件）+ ④（结果）

干涉群众生产经营自主权①，致使群众财产遭受较大损失的②，对直接责任者和领导责任者③，给予警告或者严重警告处分④。

写法线

此类句子的前边几句一般是整句的若干个"条件"，用以限定下文的范围，后面依次排列的是若干个"结果"，分别用"，"隔开。具体写法图如下：

---

① 胡森林：《公文高手的修炼之道·笔杆子的写作必修课》，人民邮电出版社2018年版，第118页。

② 艾思奇：《大众哲学》，民主与建设出版社2016年版，第253页。

①干涉群众生产经营…… + ②致使群众财产…… + ③对直接责任者…… + ④给予警告……

经验线

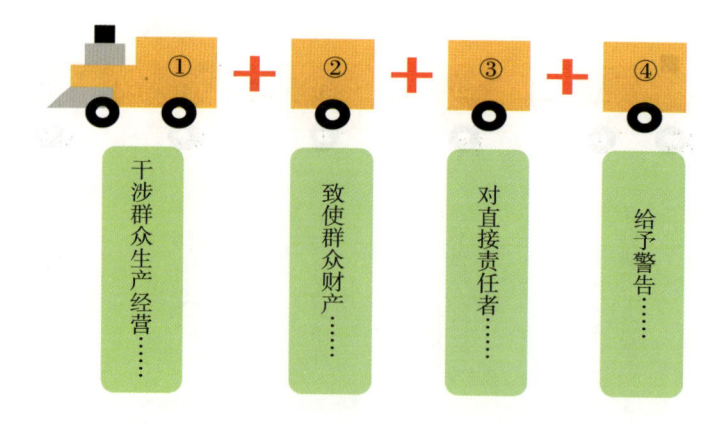

工作人员起草讲话是奉命作文，不是自己写自己的日记。所以，动笔之前就要换位思考，站在领导的角度，想一想应该讲什么、写什么，从语言上、风格上、针对性上认真把握。[①]

哲学线

主观要符合客观，是认识论的唯物论的根本要求。[②]

样例6-3：①（条件）+②③（结果）

符合党员条件的，应当重新登记，并参加新的组织过党的生活。
　　①　　　　　　　②　　　　　　　　　③

写法线

此类句子的前边几句一般是整句的若干个"条件"，用以限定下文的范围，后面依次排列的是若干个"结果"，分别用"，"隔开。具体写法图如下：

[①] 刘志信主编：《领导文稿起草工作》，河北人民出版社2004年版，第148页。
[②] 韩树英等：《学习毛泽东哲学思想》，北京出版社1982年版，第93页。

① ② ③

符合党员条件的　应当重新登记　并参加新的组织……

经验线

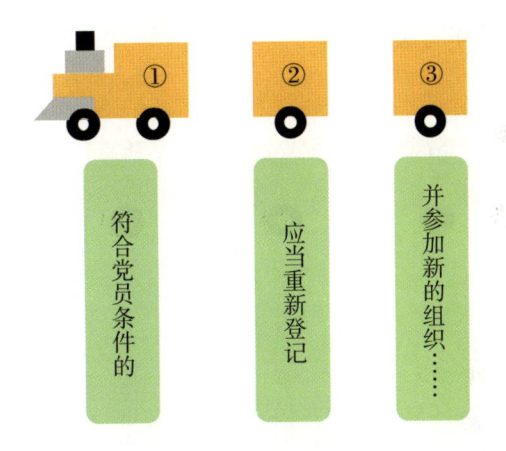

写好典型经验材料，要按照经验观点、经验解说、经验实例三要素布局。也就是把做法写透，并用数字、事例等来证明。

哲学线

要使大脑真正成为加工厂……有的人之所以本事小、办法少、进步慢，主要原因不是脑子笨，而是脑子懒。①

第 7 类：引子 + 效果

样例 7-1：引子 + ①②③（效果）

通过坦诚交流思想，大家卸下包袱、敞开心扉，把心里话说出来、把意见找出来、把责任扛起来，加深了了解、消除了隔阂、增进了团结。

写法线

此类句子的第一句一般是整句的"引子"，用以统领整个句子，后面依次排列的是若干个"效果"，分别用"，"隔开，各个句子之间的关系一

---

① 李瑞环：《学哲学用哲学》，中国人民大学出版社 2005 年版，第 185 页。

般为递减关系。具体写法图如下：

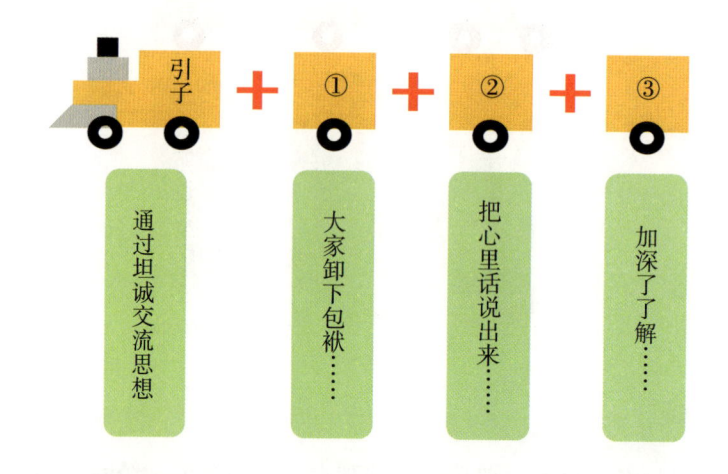

引子 ＋ ① ＋ ② ＋ ③

通过坦诚交流思想

大家卸下包袱……

把心里话说出来……

加深了了解……

经验线

毛泽东经常将几个结构相同、内容相关、语气一致、字数基本相同的词语或句子排列在一起，来叙事、说理、状物、抒情，这种修辞方法，就叫作排比。这样可以更加集中地表达同一类意思，增强语言的气势和威力。[1]

哲学线

在一切实际工作中，只有善于抓住主要矛盾，工作才有中心，才有重点，才有明确的主攻方向。[2]

样例 7-2：引子 ＋ ①②③④（效果）

通过解难题、化民忧，切实解决各级干部"四风"方面存在的突出问题，改进工作作风，提升群众工作能力，密切党群干群关系。

---

[1] 姬瑞环：《毛泽东的写作艺术》，时事出版社 2004 年版，第 216 页。
[2] 韩树英等：《学习毛泽东哲学思想》，北京出版社 1982 年版，第 52 页。

写法线

此类句子的第一句一般是整句的"引子",用以统领整个句子,后面依次排列的是若干个"效果",分别用","隔开,各个句子之间的关系一般为递减关系。具体写法图如下:

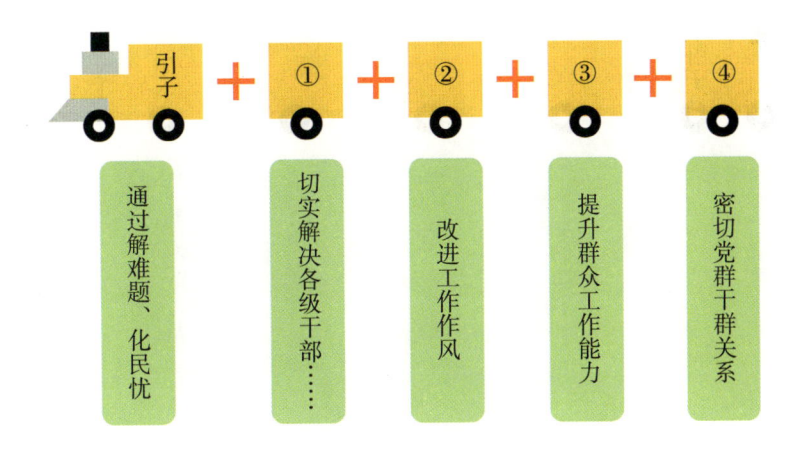

引子 + ① + ② + ③ + ④

① 通过解难题、化民忧
② 切实解决各级干部……
③ 改进工作作风
④ 提升群众工作能力
⑤ 密切党群干群关系

经验线

典型事迹材料的主要写法是观点加例子。

哲学线

规律是事物之间内在的、本质的和必然的联系。这种联系不是偶然的,而是不断重复出现的,它决定着事物发展的趋势。所以,规律具有普遍指导意义。[①]

样例 7-3:引子 + ①②③(效果)

通过第一批活动,干部都在"油锅里面滚了一圈",出了汗、红了脸、排了毒,有的还"脱了一层皮",受到了洗礼,得到了锤炼。

---

① 李瑞环:《学哲学用哲学》,中国人民大学出版社 2005 年版,第 240 页。

写法线

此类句子的第一句一般是整句的"引子",用以统领整个句子,后面依次排列的是若干个"效果",分别用","隔开,各个句子之间的关系一般为递减关系。具体写法图如下:

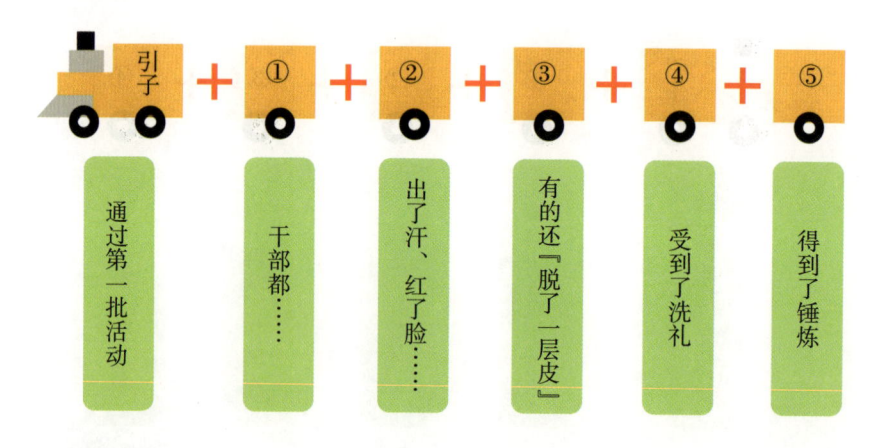

引子(通过第一批活动) + ①(干部都……) + ②(出了汗、红了脸……) + ③(有的还『脱了一层皮』) + ④(受到了洗礼) + ⑤(得到了锤炼)

经验线

文学能培养一个人的人文情怀和丰富的想象力,而哲学就是"方法论"和"磨刀石",它能使你的思维变得更加敏锐和深刻。

哲学线

主要矛盾之所以成为主要矛盾,是因为它决定着全局,带动着其他。抓主要矛盾并不是说其他矛盾就可以不抓,就自然而然地解决了……实践证明,次要矛盾解决不好,也会妨碍主要矛盾的解决,甚至转化为前进的障碍。[①]

---

① 李瑞环:《学哲学用哲学》,中国人民大学出版社 2005 年版,第 246 页。

第二节　中级句子的组成方法

第 1 类：观点 + 条件 + 办法

样例 8-1：观点 + ①（条件）+ ②③④⑤（办法）

<u>严格督导过程</u>，<u>对组织行动不认真的单位和部门</u>，<u>要明确指出</u>，<u>该批评的批评</u>、<u>该整改的整改</u>、<u>该推倒重来的推倒重来</u>。

写法线

此类句子的第一句一般是整句的"观点"，用以统领整个句子，后面依次排列的是若干个"条件"和若干个"办法"，分别用"，"隔开。具体写法图如下：

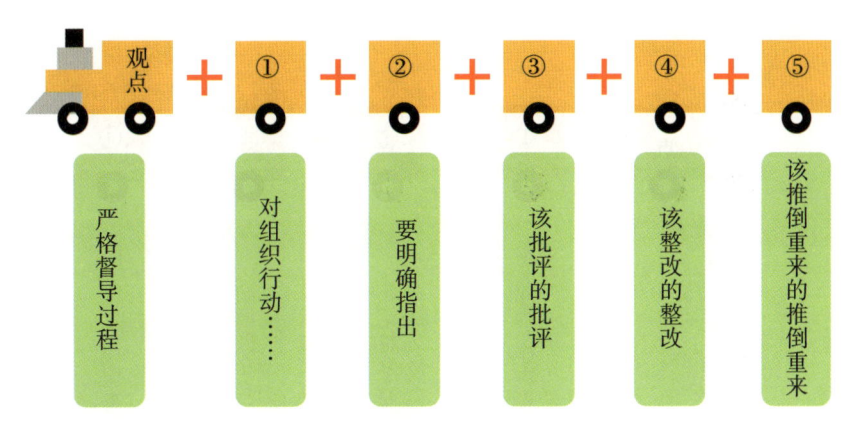

观点：严格督导过程
① 对组织行动……
② 要明确指出
③ 该批评的批评
④ 该整改的整改
⑤ 该推倒重来的推倒重来

经验线

观点需要提炼。它带有倾向性、判断性、结论性，所以它不可能含混不清、模棱两可，而应鲜明、确定，让人一听就明白；它不可能是一般性的文字叙述，而应突出、简练，往往只是一两句简短、精辟的话，让人一听就记住。[1]

---

[1] 谢亦森：《大手笔是怎样炼成的：实践篇》，长江文艺出版社 2013 年版，第 159 页。

哲学线

你要使自己养成这样一种习惯：遇到任何事情，任何问题，都能够认真地作系统周密的调查研究，把它本身的具体规律寻找出来，然后按照这规律去办事，去解决问题，去指导工作，使事办得好，问题解决得顺利，工作做得有成绩，不至于碰钉子，或至少不碰大钉子。[1]

样例 8-2：观点 + ①（条件）+ ②③④（办法）

<u>时刻把人民放在心中最高位置</u>，<u>想问题、作决策、办事情</u>，<u>牢记群众观点</u>、<u>站稳群众立场</u>，<u>时刻把为人民服务作为工作的出发点落脚点</u>。
　　观　点　　　　　　　　①　　　　　　　　②　　　　③　　　　　　　④

写法线

此类句子的第一句一般是整句的"观点"，用以统领整个句子，后面依次排列的是若干个"条件"和若干个"办法"，分别用"，"隔开。具体写法图如下：

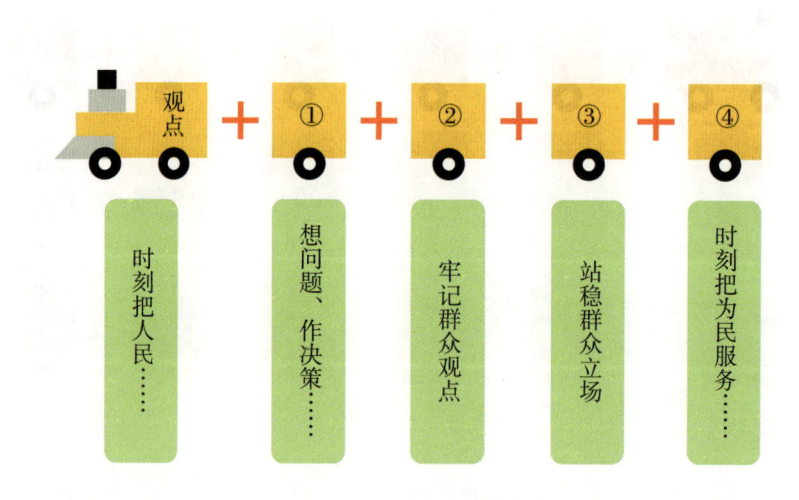

观点 + ① + ② + ③ + ④

观点	①	②	③	④
时刻把人民……	想问题、作决策……	牢记群众观点	站稳群众立场	时刻把为民服务……

经验线

在党政机关应用材料写作中一般存在着这样一种矛盾：一方面你要为

---

[1] 艾思奇：《大众哲学》，民主与建设出版社 2016 年版，第 71 页。

本级党委领导"代言"、"执笔"，这要求你要有符合这一级党委和机关的水平和气质。一方面你本身的地位和职务比较低，表现出"小官"要站在"大官"的位置和角度上想问题。①

哲学线

认识了事物的规律以后，我们就有可能利用这些规律的知识来正确规定我们主观努力的方向，我们就有可能避免碰钉子、走错路，我们就能按照事物自己的规律，采取正确的方法进行工作，使工作容易成功。②

样例 8-3：观点 + ①②③（条件）+ ④（办法）

要强化执纪问责，对执行政策不彻底，对任务落实不到位，对工作不认真的单位和部门，严肃追究相关责任人和主要领导的责任。

观点③　①　②　④

写法线

此类句子的第一句一般是整句的"观点"，用以统领整个句子，后面依次排列的是若干个"条件"和若干个"办法"，分别用"，"隔开。具体写法图如下：

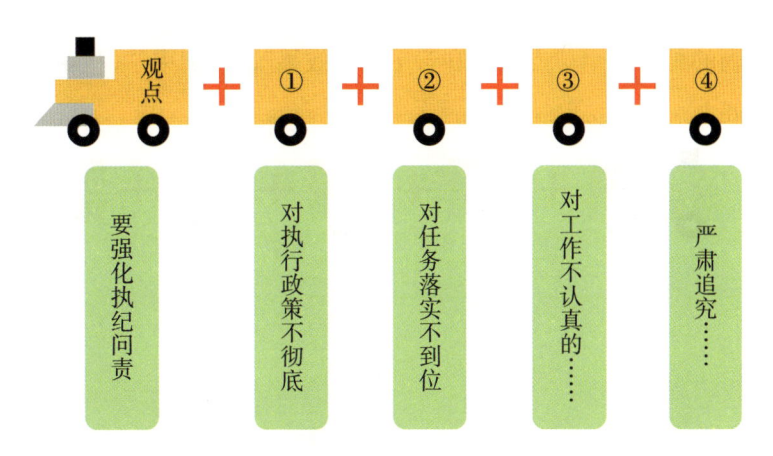

观点 + ① + ② + ③ + ④

| 要强化执纪问责 | 对执行政策不彻底 | 对任务落实不到位 | 对工作不认真的…… | 严肃追究…… |

---

① 赵宗庆：《党政机关应用材料写作要领》，中国华侨出版社 1997 年版，第 42 页。
② 艾思奇：《大众哲学》，民主与建设出版社 2016 年版，第 67 页。

经验线

党政机关应用材料的"新意"主要体现在：反映涌现出的带有某种时代风尚的新生事物；观察问题的新角度；贯彻上级指示中的新认识、新感受；工作中的新经验等。[①]

哲学线

哲学是世界观，同时又是思想方法。研究哲学就是要掌握正确的世界观和正确的思想方法。[②]

第2类：观点+方法+效果

样例9-1：观点+①②③（方法）+④（效果）

把教育实践活动同做好当前工作结合起来，统筹安排好经济发展、民生改善、社会稳定等工作（观点），以活动开展来推动工作落实①，以工作实绩来检验活动成效②，实现两手抓、两不误、两促进、两收获④。

写法线

此类句子的第一句一般是整句的"观点"，用以统领整个句子，后面依次排列的是若干个"方法"和若干个"效果"，分别用"，"隔开。具体写法图如下：

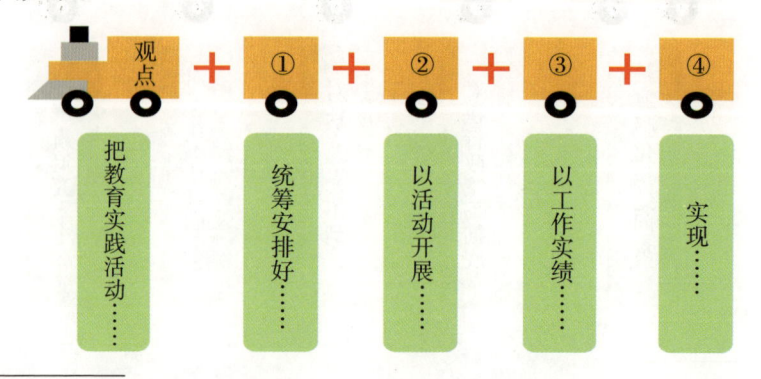

观点	+	①	+	②	+	③	+	④
把教育实践活动……		统筹安排好……		以活动开展……		以工作实绩……		实现……

[①] 赵宗庆著：《党政机关应用材料写作要领》，中国华侨出版社1997年版，第33页。
[②] 艾思奇：《大众哲学》，民主与建设出版社2016年版，第17页。

经验线

观点必须是鲜明的而不是含混的，否则就会像弱将统率不了士卒一样，难以驾驭材料，材料罗列得再多也说明不了什么问题，整篇文章也会散乱无序。而要使观点鲜明，就必须从材料中升华，既源于材料又高于材料，使之具有一定的理性高度，让读者一目了然，并从中受到启迪。①

哲学线

陈云就多次强调，"学习哲学，可以使人开窍。学好哲学，终身受用"。②

样例9-2：观点＋①②③（方法）＋④（效果）

开展教育实践活动，就是要集中一段时间，通过"照镜子、正衣冠、洗洗澡、治治病"，使我们的思想、精神和作风经受洗礼，把党的优良传统和作风进一步恢复起来。

写法线

此类句子的第一句一般是整句的"观点"，用以统领整个句子，后面依次排列的是若干个"方法"和若干个"效果"，分别用"，"隔开。具体写法图如下：

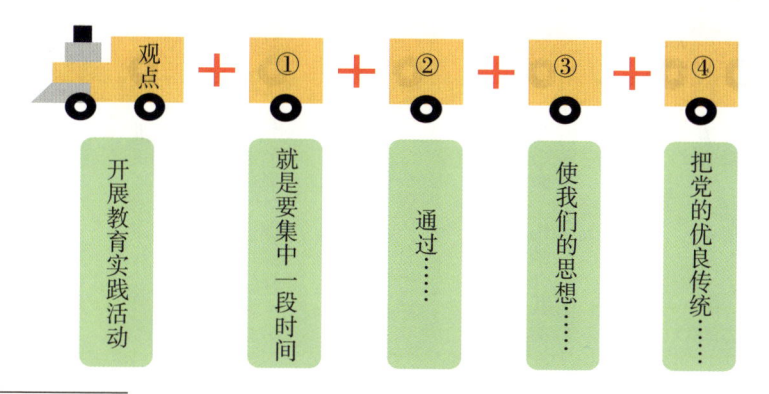

观点＋①＋②＋③＋④

观点	①	②	③	④
开展教育实践活动	就是要集中一段时间	通过……	使我们的思想……	把党的优良传统……

---

① 谢亦森：《大手笔是怎样炼成的：理论篇》，长江文艺出版社2013年版，第39页。
② 陈麟辉：《共产党人的看家本领——〈实践论〉〈矛盾论〉及其当代价值》，上海人民出版社2019年版，第7页。

经验线

应用材料不同于文艺作品，不可能允许有更多的含蓄。它要用明快直露的语言，直接表达新意的主题，所以新的观点和文字语言就是新意主题的载体。[①]

哲学线

毛泽东同志指出，在复杂事物的发展过程中，有许多矛盾存在，其中必有一种矛盾起着主要的、领导的、决定的作用。[②]

样例 9-3：观点 + ①②③（方法）+ ④⑤（效果）

开展学习孔繁森活动，与本职工作结合起来，与年度重点任务结合起来，与加强党性修养结合起来，进一步增强公仆意识，着力解决领导干部党性党风方面存在的突出问题。

（观点①②③④⑤）

写法线

此类句子的第一句一般是整句的"观点"，用以统领整个句子，后面依次排列的是若干个"方法"和若干个"效果"，分别用"，"隔开。具体写法图如下：

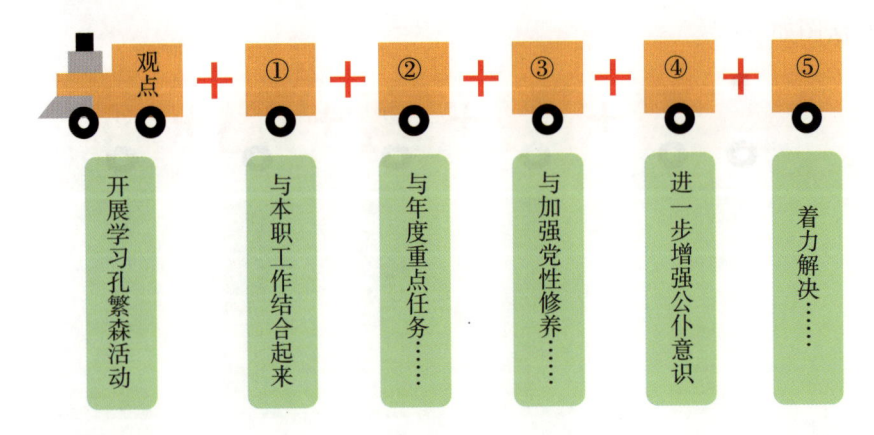

观点 + ① + ② + ③ + ④ + ⑤

观点	①	②	③	④	⑤
开展学习孔繁森活动	与本职工作结合起来	与年度重点任务……	与加强党性修养……	进一步增强公仆意识	着力解决……

---

① 赵宗庆：《党政机关应用材料写作要领》，应用写作培训中心 1997 年，第 39 页。
② 韩树英等：《学习毛泽东哲学思想》，北京出版社 1982 年版，第 51 页。

经验线

公文的层次混乱，主要是由于文稿起草人员的思路不清晰，所拟提纲不科学、不严密、不合理造成的。[①]

哲学线

系统所包含的子系统很多，成千上万，甚至上亿万，所以是"巨系统"。巨系统内子系统的种类繁多，有几十、上百甚至几百种。[②]

第3类：概念 + 条件 + 结果

样例 10-1：概念 + ①（条件）+ ②③④（结果）

<u>每个党员</u>，<u>不论职务高低</u>，<u>都必须</u>编入党的一个支部、小组或其他特定组织，<u>参加党的组织生活</u>，<u>接受党内外群众的监督</u>。
（概念①）（②）（③）（④）

写法线

此类句子的第一句一般是整句的一个"概念"，用以引出下文，后面依次排列的是若干个"条件"和若干个"结果"，分别用"，"隔开。具体写法图如下：

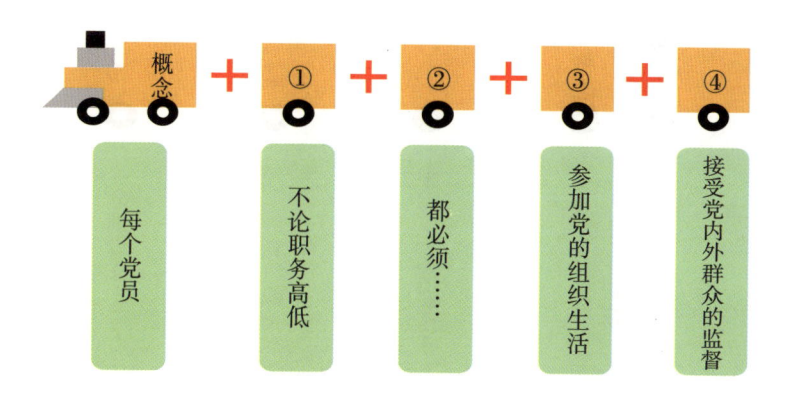

---

① 刘志信主编：《领导文稿起草工作》，河北人民出版社 2004 年版，第 297 页。
② 奚启新：《钱学森传》，人民出版社 2011 年版，第 486 页。

经验线

组写一篇应用文章，是需要大量生动实际的材料的。在文艺作品中，大量生动的事例是用情节的发展，故事的描述把它们串成一个整体的。在应用写作中就不同了，事例要靠观点来串。[1]

哲学线

不学哲学，天赋再好也不能算明白人。不懂哲学的领导者就不可能是一个清醒的领导。我接触过若干个很不错的同志，工作很努力，天赋也很好，就是在这点上不肯下功夫。[2]

样例 10-2：概念 + ①② （条件） + ③ （结果）

党的基层组织，根据工作需要和党员人数，经上级党组织批准，分别设立党的基层委员会、总支部委员会、支部委员会。

（概念）①②（条件）③（结果）

写法线

此类句子的第一句一般是整句的一个"概念"，用以引出下文，后面依次排列的是若干个"条件"和若干个"结果"，分别用"，"隔开。具体写法图如下：

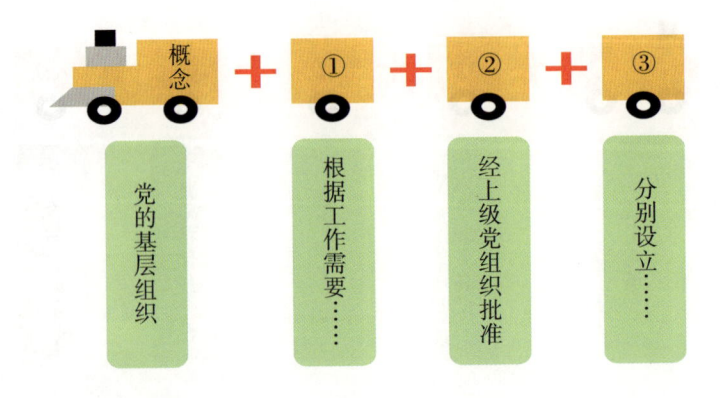

概念 + ① + ② + ③

| 党的基层组织 | 根据工作需要…… | 经上级党组织批准 | 分别设立…… |

---

[1] 赵宗庆：《应用写作的思路与层次观点》，河南大学出版社1992年版，第29页。
[2] 李瑞环：《学哲学用哲学》，中国人民大学出版社2005年版，第2页。

经验线

坚持边阅读边写作，把阅读和写作融为一体，在优秀范文的引导下，在坚持不懈的写作实践中，不断提高写作水平，努力达到"神似"。[1]

哲学线

理解学习贵在独立思考，学用结合，学有所悟，用有所得，要在学习和实践中"众里寻他千百度"，最终"蓦然回首"，在"灯火阑珊处"领悟真谛。[2]

样例10-3：概念＋①②③（条件）＋④（结果）

<u>年满十八岁的中国工人、农民、军人、知识分子和其他社会阶层的先进分子</u>（概念），<u>承认党的纲领和章程</u>①，<u>愿意参加党的一个组织并在其中积极工作</u>②，<u>执行党的决议和按期交纳党费的</u>③，<u>可以申请加入中国共产党</u>④。

写法线

此类句子的第一句一般是整句的一个"概念"，用以引出下文，后面依次排列的是若干个"条件"和若干个"结果"，分别用"，"隔开。具体写法图如下：

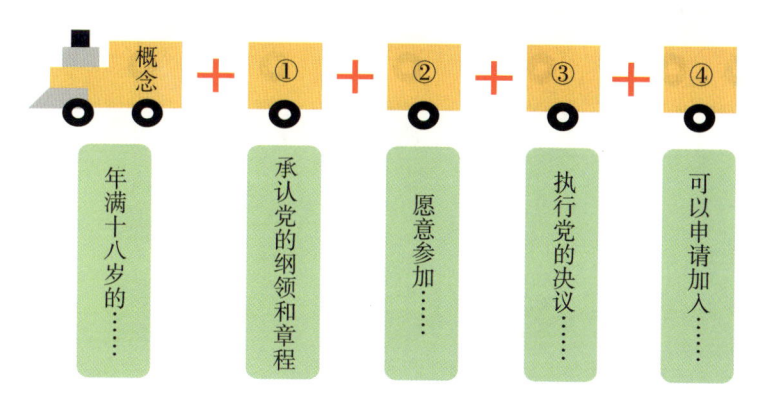

概念 ＋ ① ＋ ② ＋ ③ ＋ ④

概念	①	②	③	④
年满十八岁的……	承认党的纲领和章程……	愿意参加……	执行党的决议……	可以申请加入……

---

[1] 徐向东：《政工写作学》，解放军出版社1996年版，第21页。
[2] 习近平：《之江新语》，浙江人民出版社2007年版，第6页。

经验线

经常起草文稿的人都比较注意搜集、占有相关材料。[1]

哲学线

马克思主义哲学既是世界观，又是方法论，是认识和改造世界的基本原则。[2]

第4类：概念+方法+结果

样例11-1：概念+①②③（方法）+④⑤（结果）

对于后进党组织整顿转换工作，要建立专门台账，下派第一书记，明确完成时限，确保年内全部实现转换，确保基层党组织建设整体提升。
（概念③　方法①　方法②　方法③　结果④　结果⑤）

写法线

此类句子的第一句一般是整句的一个"概念"，用以引出下文，后面依次排列的是若干个"方法"和若干个"结果"，分别用"，"隔开。具体写法图如下：

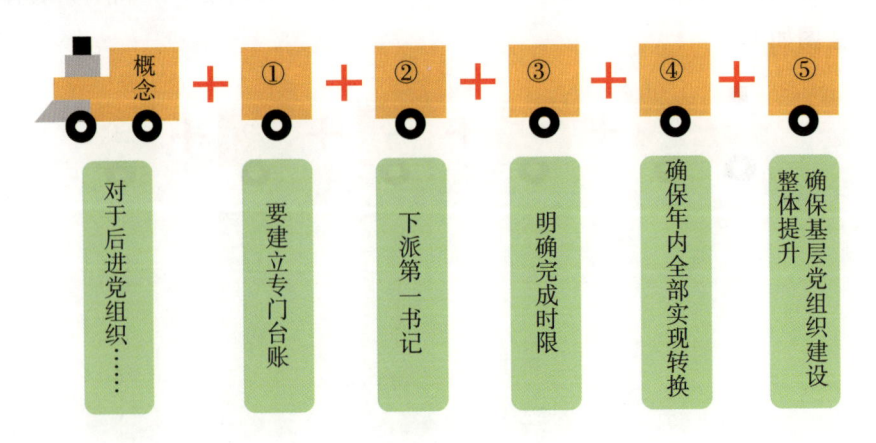

概念 + ① + ② + ③ + ④ + ⑤

对于后进党组织…… | 要建立专门台账 | 下派第一书记 | 明确完成时限 | 确保年内全部实现转换 | 确保基层党组织建设整体提升

---

[1] 刘志信主编：《领导文稿起草工作》，河北人民出版社2004年版，第278页。
[2] 颜晓峰：《思维之道》，中国言实出版社2021年版，第276页。

经验线

当然,从写到改也有技巧问题。不管是哪种形式的讲话稿起草,一般都要求在做好充分准备的基础上,一气呵成,写完草稿后再回头来修改。……如果"瞻前顾后","一步三回头",边写边改,就容易出现通篇文气不一,逻辑性不强和写作进度慢的毛病。[1]

哲学线

在新情况、新问题面前,原有的方法不完全适用,不完全够用了,除了创造新的办法,没有别的办法。[2]

样例 11-2:概念 + ①② (方法) + ③ (结果)

对农村党建来说,就是要落实好全国座谈会精神,按照党在农村的要求,在加强党组织统一领导、健全村务监督等方面取得新进展。

（概念） ① ② ③

写法线

此类句子的第一句一般是整句的一个"概念",用以引出下文,后面依次排列的是若干个"方法"和若干个"结果",分别用","隔开。具体写法图如下:

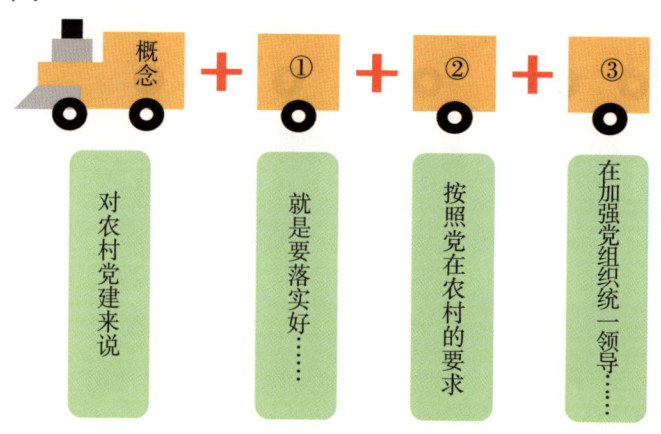

| 概念 | + | ① | + | ② | + | ③ |

- 对农村党建来说
- 就是要落实好……
- 按照党在农村的要求
- 在加强党组织统一领导……

---

[1] 刘志信主编:《领导文稿起草工作》,河北人民出版社 2004 年版,第 284 页。
[2] 颜晓峰:《思维之道》,中国言实出版社 2021 年版,第 281 页。

经验线

从政工写作实践来看,一篇文章的结构,并非单一或单向的,而是复杂的、综合的。我们掌握了这些结构技巧,便可以在写作时灵活运用。①

哲学线

矛盾的对立统一是写文章的规律。客观事物的发展是文章发展的决定条件,没有客观事物的发展绝不会有文章的发展。②

样例 11-3:概念 + ①②③(方法)+ ④(结果)

对社区党建来说,要建立社区服务中心,推广社区互助养老办法,开展事务代办全方位服务,提高社区党组织的服务能力。

写法线

此类句子的第一句一般是整句的一个"概念",用以引出下文,后面依次排列的是若干个"方法"和若干个"结果",分别用","隔开。具体写法图如下:

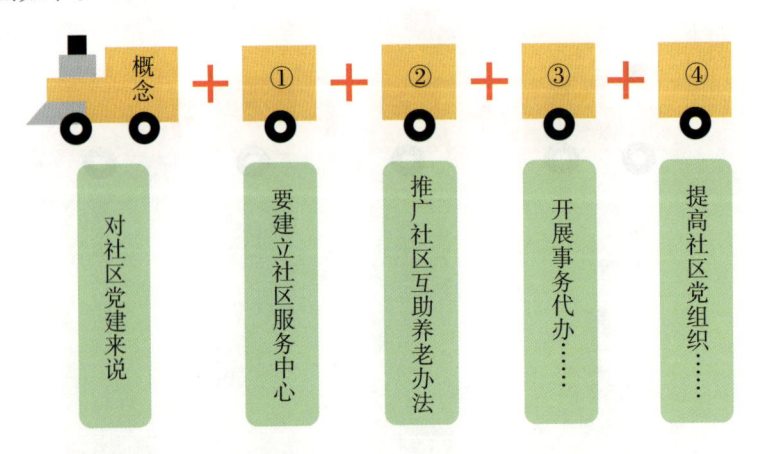

概念 + ① + ② + ③ + ④

对社区党建来说 | 要建立社区服务中心 | 推广社区互助养老办法 | 开展事务代办…… | 提高社区党组织……

---

① 徐向东:《政工写作学》,解放军出版社 1996 年版,第 41 页。
② 陈维新:《文章过程论》,《北京师范大学学报》,1990 年第 3 期,第 82 页。

经验线

毛泽东同志曾经提出:"没有调查就没有发言权。"对于政工写作来讲,没有调查研究,就没有写作权。[1]

哲学线

公文写作具有一般的科学(理性)思维,又有其独特的思维方法。公文写作过程思维目的不是为了求真的目的,公文写作目的不限于求真,而是要依法行动和进行公务活动的"用",即对所认识"真"的规律进行应用或创造,用于对客观事物的改革或变革,使之实现公文作者的意志,这种思维功能是有很强的功利性。[2]

第 5 类:概念 + 解释 + 目标

样例 12-1:概念 + ①②③(解释)+ ④(目标)

<u>统筹城乡一体化</u>,<u>是指把工业与农业、城市与乡村作为一个整体</u>,<u>统筹谋划、综合研究</u>,<u>通过体制改革和政策调整</u>,<u>促进城乡经济社会全面发展</u>。

写法线

此类句子的第一句一般是整句的一个"概念",用以引出下文,后面依次排列的是若干个"解释"和若干个"目标",分别用","隔开。具体写法图如下:

---

[1] 徐向东:《政工写作学》,解放军出版社1996年版,第31页。
[2] 陈江云:《关于公文写作学的哲学基础》,《黎明职业大学学报》,2007年6月第2期。

[概念] + [①] + [②] + [③] + [④]

统筹城乡一体化 / 是指把工业与农业…… / 统筹谋划、综合研究…… / 通过体制改革…… / 促进城乡经济……

经验线

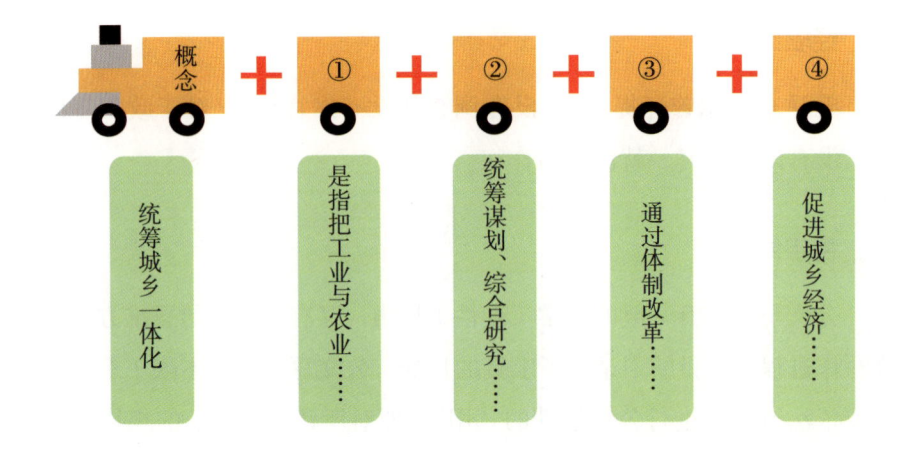

写作是一门科学，而"科学就在于用理性方法去整理感性材料，归纳、分析、比较、观察和实验是理性方法的主要条件"。①

哲学线

所谓形而上学的或庸俗进化论的宇宙观，就是用孤立的、静止的和片面的观点去看世界。②

样例12-2：概念+①②③（解释）+④（效果）

坚持齐抓共管，就是要注意发挥各职能部门的作用，统筹各部门资源，搞好协调联动，形成牵头部门负主责，成员单位搞配合的良好态势。
（概念）　　　　　　　　　　①　　　　　　　　　②
　　　　　③　　　　　　　　　　　　　④

写法线

此类句子的第一句一般是整句的一个"概念"，用以引出下文，后面依次排列的是若干个"解释"和若干个"效果"，分别用"，"隔开。具体写法图如下：

---

① 吴仕钊：《写作的巧力与拙力》，《政工研究文摘》，2007年第1期，第74页。
② 《毛泽东选集》第一卷，人民出版社1991年版，第300页。

概念 + ① + ② + ③ + ④

坚持齐抓共管 | 就是要注意…… | 统筹各部门资源 | 搞好协调联动…… | 形成牵头部门负主责……

经验线

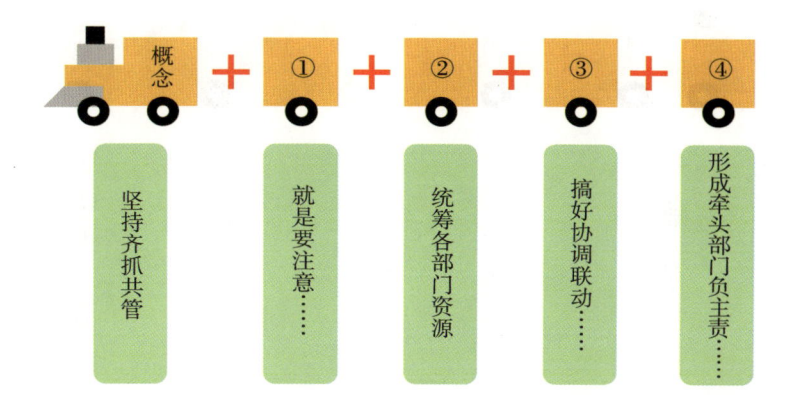

尽可能地占有材料，是写作前准备工作的第一步。正面的、反面的、历史的、现实的、完整的、零碎的材料都要搜集。[①]

哲学线

单单感性认识的积累，并不就是理性认识，而要加上分析比较的思考工夫。[②]

样例 12-3：概念 + ①②③（解释）+ ④（目标）

所谓现场办公，就是要深入基层一线，了解真实情况，现场协调解决问题，不能只挂名不出征。

写法线

此类句子的第一句一般是整句的一个"概念"，用以引出下文，后面依次排列的是若干个"解释"和若干个"强调"，分别用"，"隔开。具体写法图如下：

[①] 刘志信主编：《领导文稿起草工作》，河北人民出版社，2004 年版，第 361 页。
[②] 艾思奇：《大众哲学》，民主与建设出版社 2016 年版，第 102 页。

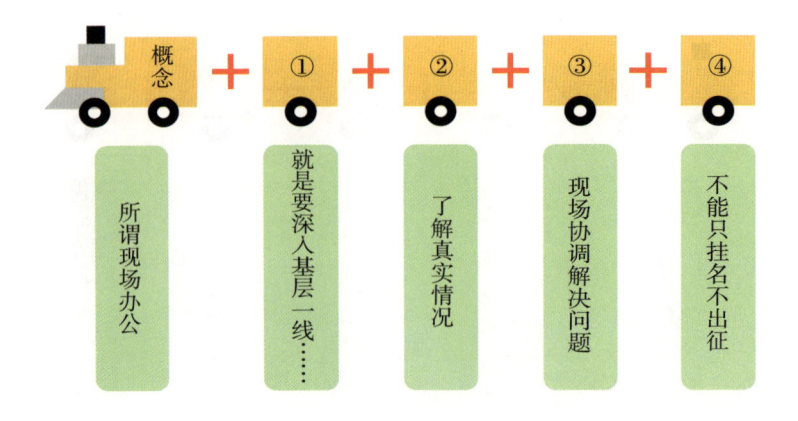

概念 + ① + ② + ③ + ④

- 所谓现场办公
- 就是要深入基层一线……
- 了解真实情况
- 现场协调解决问题
- 不能只挂名不出征

经验线

组工信息稿件的结构，常用的有并列式、"金字塔式"、"倒金字塔式"、分合式、因果式、递进式等。[①]

哲学线

宇宙中的任何事物，都存在于各自的系统之中，同时又被别的更大的系统所包含其中。

第6类：条件+概念+解释

样例13-1：条件+①（概念）+②③④（解释）

对民营企业家而言（条件），所谓"亲"（①），就是积极主动同各级党委和政府及部门多沟通多交流（②），讲真话（③）、说实情、建诤言、满腔热情支持地方发展（④）。

写法线

此类句子的第一句一般是整句的"条件"，用以界定特定的范围，或是给出一个前提条件，接着就是引出"概念"，后面依次排列若干个"解

[①] 中共中央组织部办公厅编著：《组工信息概论》（修订本），党建读物出版社2014年版，第48页。

释"，分别用"，"隔开。具体写法图如下：

条件 ＋ ① ＋ ② ＋ ③ ＋ ④

对民营企业家而言 ｜ 所谓「亲」｜ 就是积极主动…… ｜ 讲真话、说实情…… ｜ 满腔热情支持地方发展

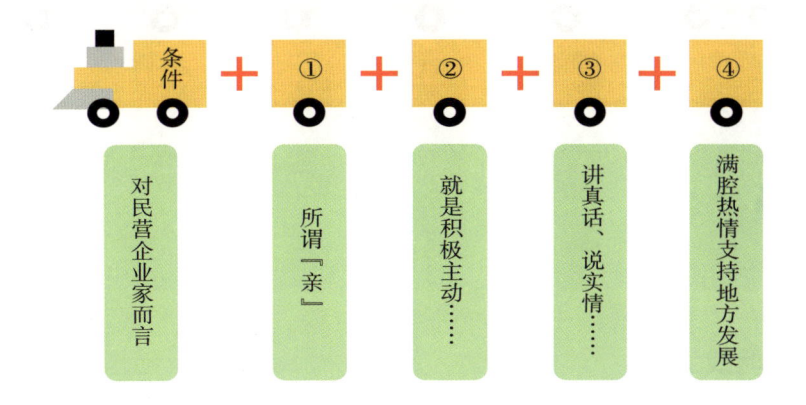

经验线

一般而言，经验材料和研究性文章的结构许多是分一二三四等几大点，不够的话，再分一二三四几小点，圈内人称之为"火车头带火车箱"。

哲学线

领导干部的讲话、文章不单纯是文字问题，而是对事物的看法，对客观规律的认识，对改造世界的意见，不是说着顺嘴就行了。[1]

样例 13-2：条件＋①（概念）＋②③④⑤（解释）

对领导干部而言，所谓"清"，就是同民营企业家的关系要清白、纯洁，不能有贪心私心，不能以权谋私，不能搞权钱交易。
（条件）①②③④⑤

写法线

此类句子的第一句一般是整句的"条件"，用以界定特定的范围，或是给出一个前提条件，接着就是引出"概念"，后面依次排列若干个"解释"，分别用"，"隔开。具体写法图如下：

---

[1] 李瑞环：《学哲学用哲学》，中国人民大学出版社 2005 年版，第 118-119 页。

条件 + ① + ② + ③ + ④ + ⑤

| 对领导干部而言 | 所谓"清" | 就是同民营企业家…… | 不能有贪心私心 | 不能以权谋私 | 不能搞权钱交易 |

经验线

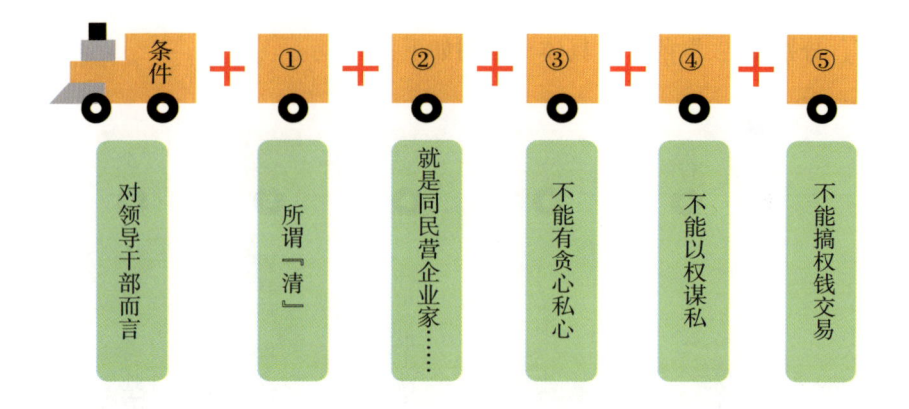

文稿起草人员所需要的知识不是孤立的、单一的，而是综合性的、全方位的。正面的、反面的、历史的、现实的、完整的、零碎的，书刊上的、文件材料上的，等等，都应随时注意积累。[①]

哲学线

时间不同了，条件不同了，对象不同了，因此解决问题的方法也不同。[②]

样例13-3：条件+①（概念）+②③④（解释）

××以来，我们高度重视这方面教育，深入开展专题集中轮训，开展专题特色教育，开展正反典型教育。
（条件）（①）（②）（③）（④）

写法线

此类句子的第一句一般是整句的"条件"，用以界定特定的范围，或是给出一个前提条件，接着就是引出"概念"，后面依次排列若干个"解释"，分别用","隔开。具体写法图如下：

---

① 刘志信主编：《领导文稿起草工作》，河北人民出版社2004年版，第279页。
②《邓小平文选》第二卷，人民出版社1994年版，第119页。

条件 + ① + ② + ③ + ④

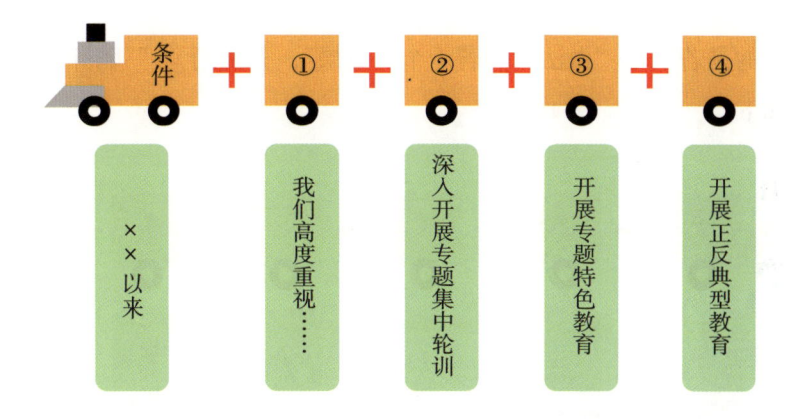

- ××以来
- 我们高度重视……
- 深入开展专题集中轮训
- 开展专题特色教育
- 开展正反典型教育

经验线

写作的规律，只有在多写多练中才能不断加深认识；写作的能力，只有在多写多练中才能逐步提高。[①]

哲学线

辩证法作为思维方法非常重要。[②]

第7类：条件+做法+效果

样例14-1：①（条件）+②③④（做法）+⑤⑥（效果）

<u>要以窗口单位和服务行业为重点</u>①，<u>组织广大党员亮职责、亮承诺、树形象</u>②，<u>争创群众满意窗口</u>③，<u>争创优质服务品牌</u>④，<u>提升服务质量和水平</u>⑤，<u>让广大群众切身感受到活动带来的新变化新面貌</u>⑥。

写法线

此类句子的前边几句一般是整句的"条件"，用以引出下文，后面依

---

① 胡森林：《公文高手的修炼之道·笔杆子的写作必修课》，人民邮电出版社2018年版，第121页。
② 陈先达：《马克思主义哲学是大智慧》，人民出版社2019年版，第13页。

次排列的是若干个"做法"和若干个"效果",分别用","隔开。具体写法图如下:

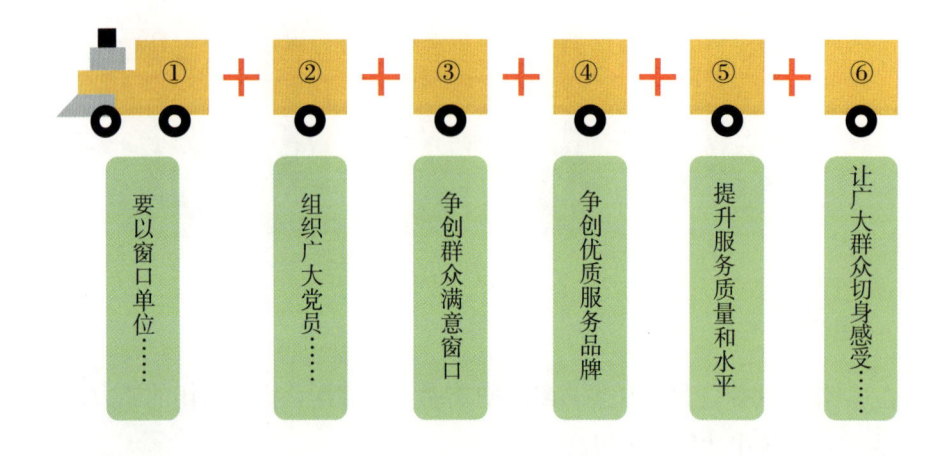

①＋②＋③＋④＋⑤＋⑥

① 要以窗口单位……
② 组织广大党员……
③ 争创群众满意窗口
④ 争创优质服务品牌
⑤ 提升服务质量和水平
⑥ 让广大群众切身感受……

经验线

在选取文章的角度时,一定要紧跟时代,与时代合拍,与内容贴紧,不然你写出来的材料,主题就会不十分鲜明,很难得到领导认可,也很难在各类刊物上发表。

哲学线

我认为就大多数人讲,学哲学主要是学好基本观点,如唯物的观点、实践的观点、辩证的观点、发展的观点、生产力的观点、群众的观点,等等。[①]

样例 14-2:①②③(条件)+④⑤⑥(做法)+⑦⑧(效果)

按照××要求,根据我市××实际,结合当前工作任务,扎实开展××活动,全面落实××要求,认真组织××培训,确保中央要求落到基层,确保活动达到预期效果。

---

① 李瑞环:《学哲学用哲学》,中国人民大学出版社2005年版,第9页。

写法线

此类句子的前边几句一般是整句的"条件",用以引出下文,后面依次排列的是若干个"做法"和若干个"效果",分别用","隔开。具体写法图如下:

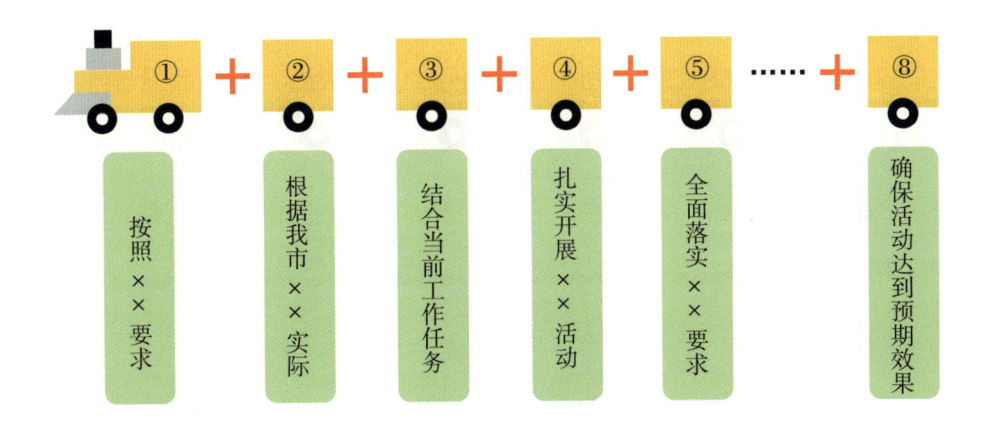

①按照××要求 + ②根据我市××实际 + ③结合当前工作任务 + ④扎实开展××活动 + ⑤全面落实××要求 …… + ⑧确保活动达到预期效果

经验线

起草领导讲话时,必须考虑所提出的解决问题的办法和措施,是否能够为群众所接受、所掌握;是否具有可操作性,便于付诸行动、得到落实。否则,领导讲话稿就失去了指导推动工作的作用。[1]

哲学线

方法是人们为达到一定的目的,而采取的不同的途径、手段和工具。[2]

样例14-3:①(条件)+②③④(做法)+⑤(效果)

各级党组织要把群众工作作为×××活动的重要内容,服务群众、改善民生,做到群众有期盼党组织就有回应,群众有要求党组织就有行动,让帮助群众排忧解难成为党组织和党员的自觉行动和经常性工作。

———————

[1] 刘志信主编:《领导文稿起草工作》,河北人民出版社2004年版,第270页。
[2] 颜晓峰:《思维之道》,中国言实出版社2012年版,第274页。

写法线

此类句子的前边几句一般是整句的"条件",用以引出下文,后面依次排列的是若干个"做法"和若干个"效果",分别用","隔开。具体写法图如下:

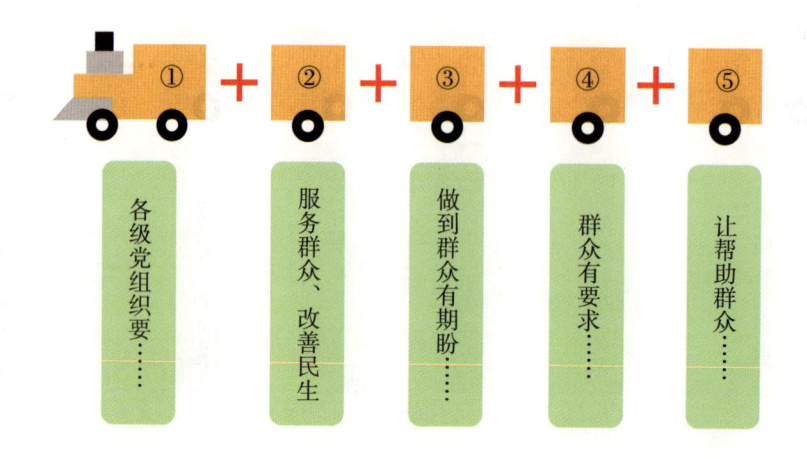

① 各级党组织要…… + ② 服务群众、改善民生…… + ③ 做到群众有期盼…… + ④ 群众有要求…… + ⑤ 让帮助群众……

经验线

对写公文来说,有很多被大家所证明的行之有效的方法,俗称"套路",也有一些实用性的知识技巧,是工作的"锦囊",这些都要多积累,多掌握。[1]

哲学线

所谓综合的方法,就是解决一个问题并不只是一个方法,可以从各个方面、用各种方法来解决,不能"吊死在一棵树上"。[2]

---

[1] 胡森林:《公文高手的修炼之道·笔杆子的写作必修课》,人民邮电出版社 2018 年版,第 156—157 页。

[2] 李瑞环:《学哲学用哲学》,中国人民大学出版社 2005 年版,第 222 页。

第8类：引子+概念+解释

样例 15-1：引子 + ①（概念）+ ②③④⑤（解释）

××强调，"深学"焦裕禄精神，要特别学习弘扬焦裕禄同志"心中装着全体人民、唯独没有他自己"的公仆情怀，学习焦裕禄同志凡事探求就里、"吃别人嚼过的馍没味道"的求实作风，学习弘扬焦裕禄同志"敢叫日月换新天"、"革命者要在困难面前逞英雄"的奋斗精神，学习弘扬焦裕禄同志艰苦朴素、廉洁奉公、"任何候都不搞特殊化"的道德情操。

写法线

此类句子的第一句一般是整句的"引子"，用以承上启下，重点在于启下，即引出下文，接着就是引出"概念"，后面依次排列的是若干个"解释"，分别用"，"隔开。具体写法图如下：

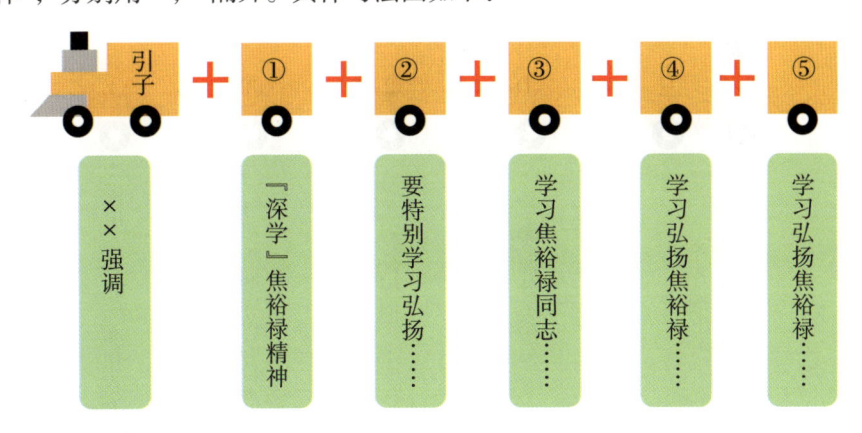

引子（××强调）+ ①（"深学"焦裕禄精神）+ ②（要特别学习弘扬……）+ ③（学习焦裕禄同志……）+ ④（学习弘扬焦裕禄……）+ ⑤（学习弘扬焦裕禄……）

经验线

要广泛收集素材。主要的是与所写文章直接有关的材料，有下列四种：①上级有关文件，报刊的有关社论和评论；②下级报来的有关材料；③以前写的同类文章；④友邻部队、兄弟单位处理同类问题时写下的有关经验和颁发的有关文件。[①]

[①] 徐向东：《政工写作学》，解放军出版社1996年版，第7页。

哲学线

客观事物本身就是多样性的,所以,要想全面地用语言文字来描述清楚一个客观事物,也必须有发散的思维,注意从多个角度,多个层面去描述。

样例 15-2:引子 + ①(概念) + ②③④(解释)

×××指出,所谓分类指导,就是根据不同行业的实际,针对不同岗位的特点,提出不同的标准和要求。

写法线

此类句子的第一句一般是整句的"引子",用以承上启下,重点在于启下,即引出下文,接着就是引出"概念",后面依次排列的是若干个"解释",分别用","隔开。具体写法图如下:

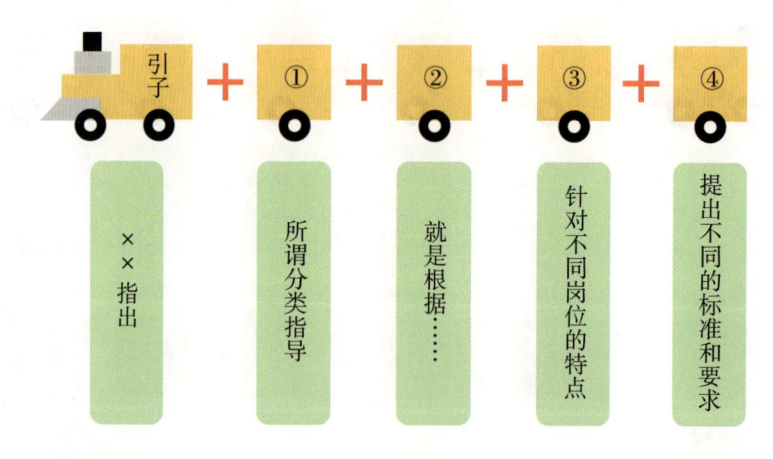

引子 + ① + ② + ③ + ④

××指出 / 所谓分类指导 / 就是根据…… / 针对不同岗位的特点 / 提出不同的标准和要求

经验线

坚持多读、常读政工写作范文,善于模仿第一流的范文进行写作练习,"照葫芦画瓢",首先达到"形似"。[1]

---

[1] 徐向东:《政工写作学》,解放军出版社1996年版,第21页。

哲学线

文章的形成是一个复杂的精神生产过程,是一个"物"→"意"→"文"的"两重转化"的动态过程。①

样例 15-3：引子 + ①（概念）+ ②③（解释）

×××指出,中央企业是全面建成小康社会的重要力量,是中国特色社会主义的重要支柱,是党执政的重要基础。

（引子）（①）（②）（③）

写法线

此类句子的第一句一般是整句的"引子",用以承上启下,重点在于启下,即：引出下文,接着就是引出"概念",后面依次排列的是若干个"解释",分别用","隔开。具体写法图如下：

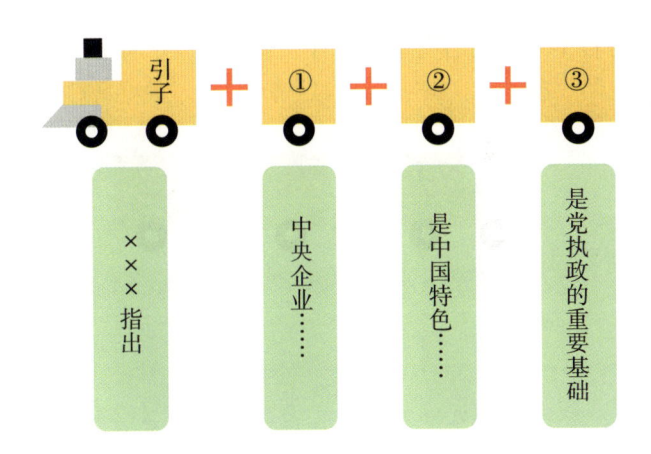

引子 + ① + ② + ③

×××指出 ｜ 中央企业…… ｜ 是中国特色…… ｜ 是党执政的重要基础

经验线

观点和材料的统一,是马克思主义对写文章的一个根本要求；我们所要求的义理,不是搬弄一些空洞的观念,而是观点和材料的统一。②

---

① 杨英健：《跟毛泽东学写作》,中央文献出版社 2002 年版,第 11 页。
② 施东向：《义理、考据和辞章》,《红旗》,1959 年第 14 期。

哲学线

矛盾是普遍的、绝对的，存在于事物发展的一切过程中，又贯串于一切过程的始终。①

第9类：引子+内容+结果

样例16-1：引子+①（内容）+②（结果）

<u>最近</u>，<u>××教育实践活动领导小组印发了《关于推进第二批教育实践活动重点任务落实工作的通知》</u>，<u>对这个行动的任务要求、负责领导、牵头单位、协助单位进行细化分解</u>。

写法线

此类句子的第一句一般是整句的一个"引子"，用以引出下文，后面依次排列的是若干个"内容"和若干个"结果"，分别用"，"隔开。具体写法图如下：

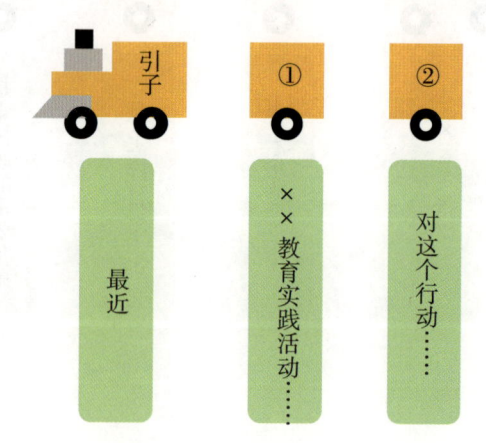

经验线

认真思考不是闭门造车，必须做深入的调查研究。既要吃透上情，又

---

① 《毛泽东选集》第一卷，人民出版社1991年版，第307页。

要摸透下情，更要做好结合的文章。[1]

哲学线

坚持用马克思主义的认识指导公文写作，必须以实践作为检验真理的标准，如实地反映客观事物。[2]

样例16-2：引子+①（内容）+②（结果）

对此，××、××出台了《关于治理"文山会海"的七条规定》，进一步明确了具体标准和整治措施。
（引子）①②

写法线

此类句子的第一句一般是整句的一个"引子"，用以引出下文，后面依次排列的是若干个"内容"和若干个"结果"，分别用"，"隔开。具体写法图如下：

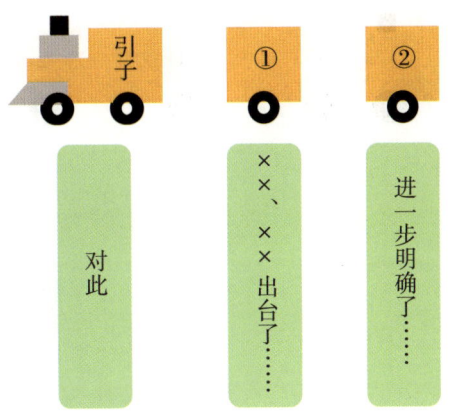

经验线

机关工作面比较宽，有时在一个方面、一个环节上出了问题，一句话、一个字甚至一个标点符号出现差错，就可能影响全局的行动，妨碍工作的

---

[1] 肖社初：《习惯的力量是巨大的》（下），《政工研究文摘》，2002年第6期，第74页。
[2] 刘志信主编：《领导文稿起草工作》，河北人民出版社2004年版，第90页。

落实。①

哲学线

必须在研究管用的方法上下功夫。我们许多事情之所以没有办好，不少问题之所以长期得不到解决，不是因为思路不对，也不是因为原则不好，就是因为缺乏管用的方法。②

样例16-3：引子+①（内容）+②（结果）

近期，××活动办、××宣传部将召开新闻发布会，就第一批便民服务25条措施进行发布。

写法线

此类句子的第一句一般是整句的一个"引子"，用以引出下文，后面依次排列的是若干个"内容"和若干个"结果"，分别用"，"隔开。具体写法图如下：

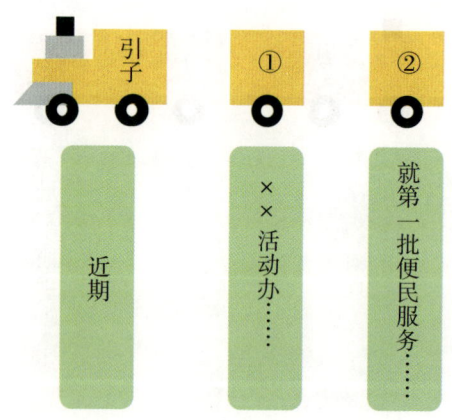

经验线

秘书人员在起草讲话的时候，一定要问一问自己：稿子中所讲的这些道理，与会同志事前懂不懂，如果是绝大多数人都已熟知的道理，那就少

---

① 李信光：《机关工作应力避"差错误漏"》，《政工研究文摘》，2002年第3期，第81页。
② 李瑞环：《学哲学用哲学》，中国人民大学出版社2005年版，第88页。

用一些文字。①

哲学线

在学习理论上，干部要舍得花精力，全面系统学，及时跟进学，深入思考学，联系实际学。②

第 10 类：引子 + 做法 + 效果

样例 17-1：引子 + ①②③（做法）+ ④⑤⑥⑦（效果）

××活动开展以来，着力解决突出问题，不断转变干部作风，切实凝聚强大合力，激发了干部群众干事创业热情，凝聚了加快发展的正能量，促进了项目建设落地生根，实现了以活动促项目、促发展、促改革的目标。

写法线

此类句子的第一句一般是整句的一个"引子"，用以引出下文，后面依次排列的是若干个"做法"和若干个"效果"，分别用"，"隔开。具体写法图如下：

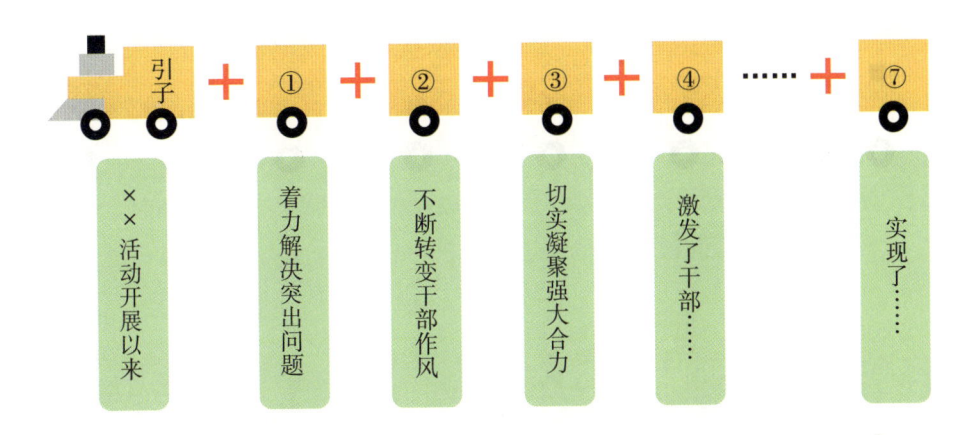

引子 + ① + ② + ③ + ④ …… + ⑦

- 引子：××活动开展以来
- ①着力解决突出问题
- ②不断转变干部作风
- ③切实凝聚强大合力
- ④激发了干部……
- ⑦实现了……

---

① 刘志信主编：《领导文稿起草工作》，河北人民出版社 2004 年版，第 154 页。
② 习近平：《习近平谈治国理政》第三卷，外文出版社 2020 年版，第 519 页。

经验线

毛泽东运用对立统一规律看问题，有两种具体情况：一是习惯于从此一侧面考虑到与其相反的另一侧面；二是认为任何一个事物或问题都具有两重性。①

哲学线

首先要认真学习马克思主义理论，这是我们做好一切工作的看家本领，也是领导干部必须普遍掌握的工作制胜的看家本领。②

样例 17-2：引子 + ①②③（做法）+ ④⑤⑥⑦（效果）

××以来（引子），我们坚定推进全面从严治党①，集中整饬党风②，严厉惩治腐败③，净化党内政治生态④，党内政治生活展现新气象⑤，赢得了党心民心⑥，为开创事业新局面提供了重要保证⑦。

写法线

此类句子的第一句一般是整句的一个"引子"，用以引出下文，后面依次排列的是若干个"做法"和若干个"效果"，分别用"，"隔开。具体写法图如下：

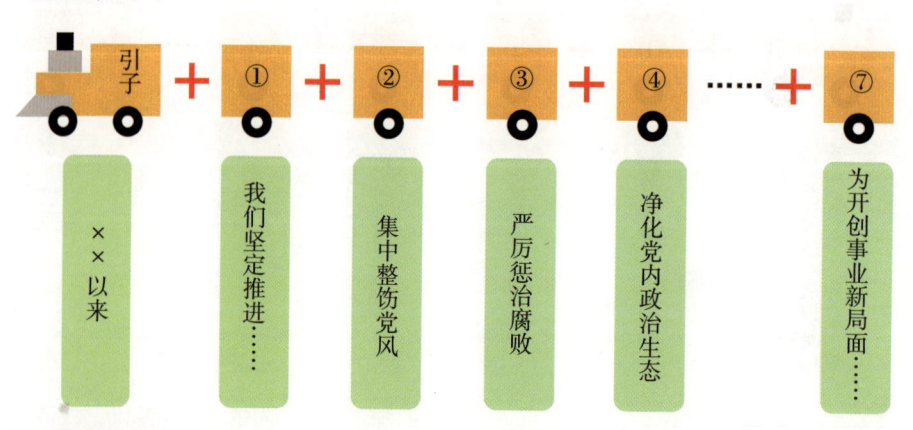

引子 + ① + ② + ③ + ④ …… + ⑦

| ××以来 | 我们坚定推进…… | 集中整饬党风 | 严厉惩治腐败 | 净化党内政治生态 | 为开创事业新局面…… |

---

① 杨英健：《跟毛泽东学写作》，中央文献出版社 2002 年版，第 73 页。
②《习近平谈治国理政》，外文出版社 2014 年版，第 404 页。

经验线

写公文要讲逻辑，重点体现在安排公文内部组织结构，即谋篇布局上。①

哲学线

研究哲学的目的就是要抓紧正确的哲学思想，免除思想上的混乱。②

样例17-3：引子+①②③（做法）+④（效果）

在××活动中，我们积极回应群众诉求，全力化解信访积案，全力推进平安建设，取得了明显效果。

（引子：在××活动中；①我们积极回应群众诉求；②全力化解信访积案；③全力推进平安建设；④取得了明显效果）

写法线

此类句子的第一句一般是整句的一个"引子"，用以引出下文，后面依次排列的是若干个"做法"和若干个"效果"，分别用"，"隔开。具体写法图如下：

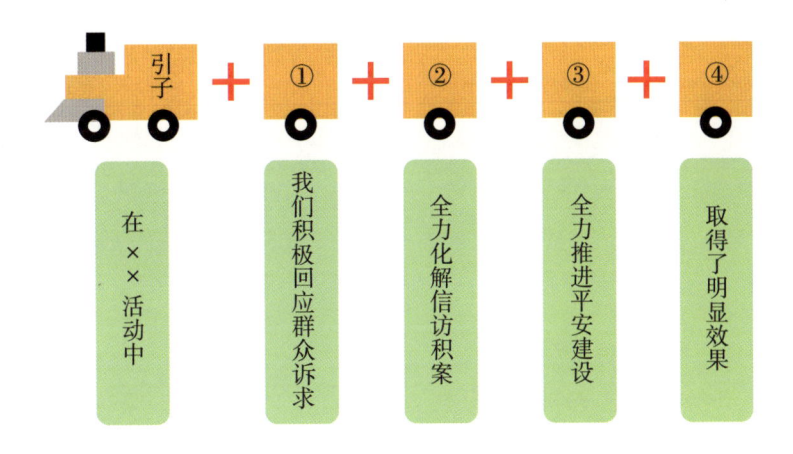

引子 + ① + ② + ③ + ④

- 引子：在××活动中
- ①：我们积极回应群众诉求
- ②：全力化解信访积案
- ③：全力推进平安建设
- ④：取得了明显效果

---

① 刘志信主编：《领导文稿起草工作》，河北人民出版社2017年版，第95页。
② 艾思奇：《大众哲学》，民主与建设出版社2016年版，第10页。

经验线

副职讲话一般不宜确定单位建设总体思路，如果讲，也只能围绕主管或党委的意图讲。①

哲学线

人的思想如果能够与事物的规律一致，如果能认识这规律，适当地运用这规律，它就能发挥很大的力量，利用这些规律知识，去改变世界上的事物，就能创造许多新的事物。②

---

① 江一顺：《起草领导讲话稿要把握好分寸》，《政工研究文摘》，2000年第4期。
② 艾思奇：《大众哲学》，民主与建设出版社2016年版，第68页。

第三节　复杂句子的组成方法

第1类：观点 + 解释 + 方法 + 强调

样例 18-1：观点 + ①②（解释）+ ③④（方法）+ ⑤⑥（强调）

<u>要把抓落实作为关键环节</u>，<u>凡是上级明确规定的</u>，<u>凡是已经定下来的重要事项</u>，<u>就要盯住不放</u>，<u>一件件抓落实</u>，<u>决不能搞形式主义</u>，<u>决不能做表面文章</u>。
（观点）　　　　　　　　　①　　　　　　　②　　　　　　　③　　　　　④　　　　　⑤　　　　　　⑥

写法线

此类句子的第一句一般是整句的一个"观点"，用以引出下文，后面依次排列的是若干个"解释"、若干个"方法"和若干个"强调"，分别用","隔开。具体写法图如下：

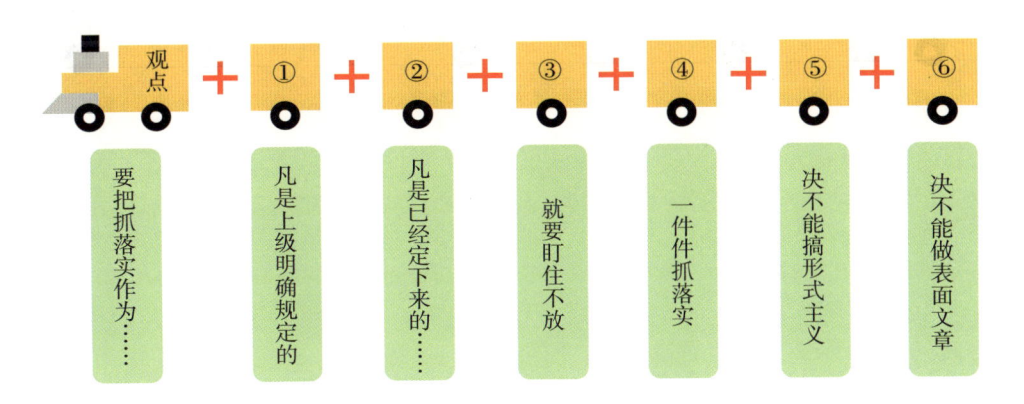

观点 + ① + ② + ③ + ④ + ⑤ + ⑥

观点	①	②	③	④	⑤	⑥
要把抓落实作为……	凡是上级明确规定的	凡是已经定下来的……	就要盯住不放	一件件抓落实	决不能搞形式主义	决不能做表面文章

经验线

俄国著名短篇小说家契诃夫认为：写作的技巧，其实并不是写作的技巧，而是……删掉写得不好的地方的技巧。

101

哲学线

学习哲学对际云的影响很大,后来他多次回忆说:"在延安那段学习对我帮助很大,自从学习哲学以后,讲话做事才有了唯物论、辩证法,可以说终身受用。"①

样例 18-2:观点 + ①② (解释) + ③④ (方法) + ⑤⑥ (强调)

要加强村级阵地建设(观点),尽快把活动场所建起来①,配齐配全各种配套设施②,做好管理服务工作③,强化活动场所整体功能④,不能辛辛苦苦建起来⑤,冷冷清清空在那⑥。

写法线

此类句子的第一句一般是整句的一个"观点",用以引出下文,后面依次排列的是若干个"解释"、若干个"方法"和若干个"强调",分别用","隔开。具体写法图如下:

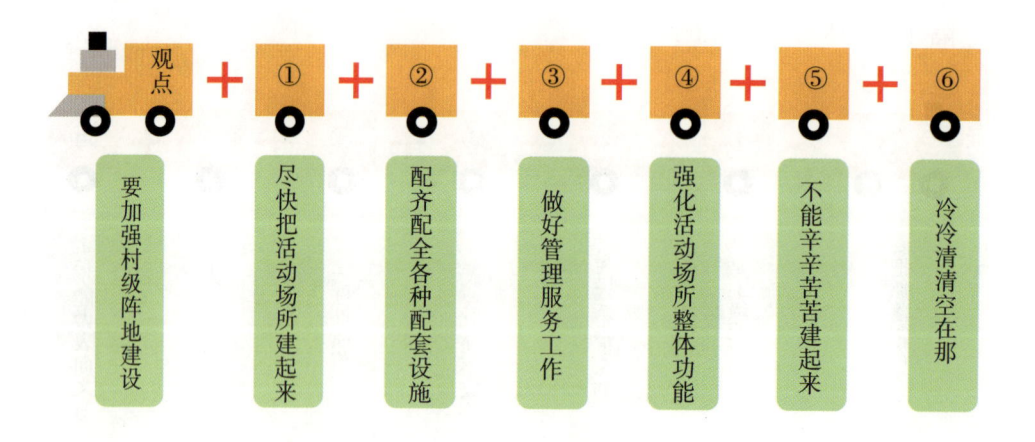

观点 + ① + ② + ③ + ④ + ⑤ + ⑥

观点	①	②	③	④	⑤	⑥
要加强村级阵地建设	尽快把活动场所建起来	配齐配全各种配套设施	做好管理服务工作	强化活动场所整体功能	不能辛辛苦苦建起来	冷冷清清空在那

---

① 陈麟辉:《共产党人的看家本领——〈实践论〉〈矛盾论〉及其当代价值》,上海人民出版社 2019 年版,第 5–6 页。

经验线

恩格斯说过:"一个民族要站在科学的最高峰,就一刻也不能没有理论思维。"著名作家巴尔扎克有句名言,一个能思考的人,才真正是一个力量无边的人。①

哲学线

马克思曾经指出,科学就在于用理性方法去整理感性材料。

样例 18-3:观点 + ①② (解释)+ ③④ (方法)+ ⑤⑥ (强调)

任何时候都把群众利益放在第一位，同群众同甘共苦，保持最密切的联系，坚持权为民所用、情为民所系、利为民所谋，坚持从群众中来、到群众中去，不允许任何党员脱离群众，凌驾于群众之上。

写法线

此类句子的第一句一般是整句的一个"观点",用以引出下文,后面依次排列的是若干个"解释"、若干个"方法"和若干个"强调",分别用","隔开。具体写法图如下:

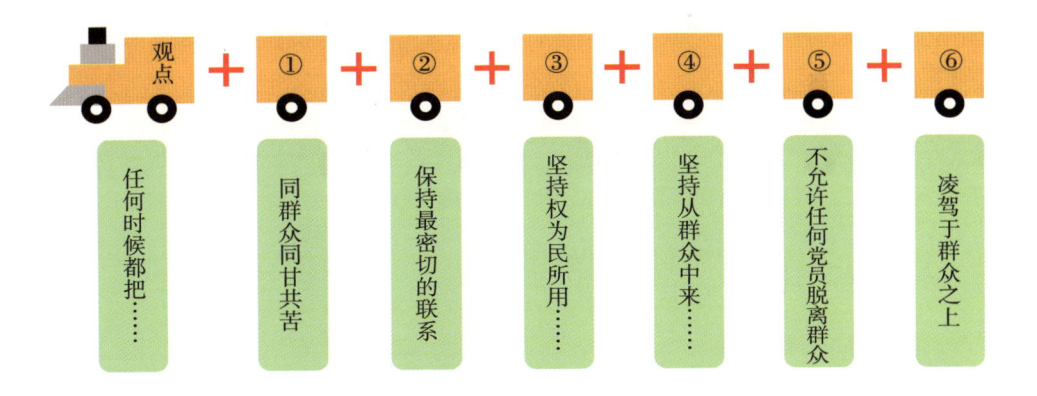

观点	①	②	③	④	⑤	⑥
任何时候都把……	同群众同甘共苦	保持最密切的联系	坚持权为民所用……	坚持从群众中来……	不允许任何党员脱离群众	凌驾于群众之上

---

① 肖社初:《习惯的力量是巨大的》(下),《政工研究文摘》,2002年第6期,第74页。

经验线

在机关公文写作方面，基本标准是主题鲜明、观点正确、内容丰富、结构严谨、文通字顺、简洁明快。

哲学线

研究事物的质量互变时，也要根据条件、地点、时间作不同的具体分析。①

第 2 类：引子 + 观点 + 方法 + 结果

样例 19-1：引子 + ①（观点）+ ②③（方法）+ ④（结果）

×××认为，破解干部能上不能下这一难题，关键是要强化制度思维，规定下的标准、明确下的情形、拓宽下的渠道，形成刚性约束。

写法线

此类句子的第一句一般是整句的"引子"，用以引出下文的观点，之后，依次排列出若干个"方法"，分别用"，"隔开，最后给出要达到的若干个"结果"。具体写法图如下：

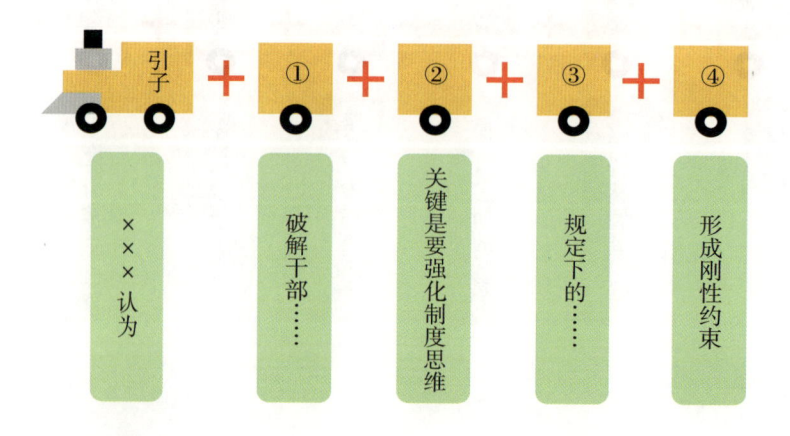

---

① 艾思奇：《大众哲学》，民主与建设出版社 2016 年版，第 181 页。

经验线

角度，通常是指观察事物、表现事物的立足点和着眼点。先进典型事迹材料的表现角度，既是观察、透视典型事迹的取景窗，也是从事迹的某一侧面揭示和表现主题思想的突破口。[1]

哲学线

学习的最大敌人是自我满足，要学有所成，就必须永不自满。[2]

样例 19-2：引子 + ①（观点）+ ②③（方法）+ ④（结果）

<u>《条例》明确规定</u>，<u>要加强宪法法律和党内法规教育</u>，<u>开展中央关于经济、政治、文化、社会、生态文明建设和党的建设等方面重大决策部署的培训</u>，<u>开展总体国家安全观教育和业务知识培训</u>，<u>这些规定具有很强的针对性</u>。

（引子①②③④标注）

写法线

此类句子的第一句一般是整句的"引子"，用以引出下文的观点，之后，依次排列出若干个"方法"，分别用"，"隔开，最后给出要达到的若干个"结果"。具体写法图如下：

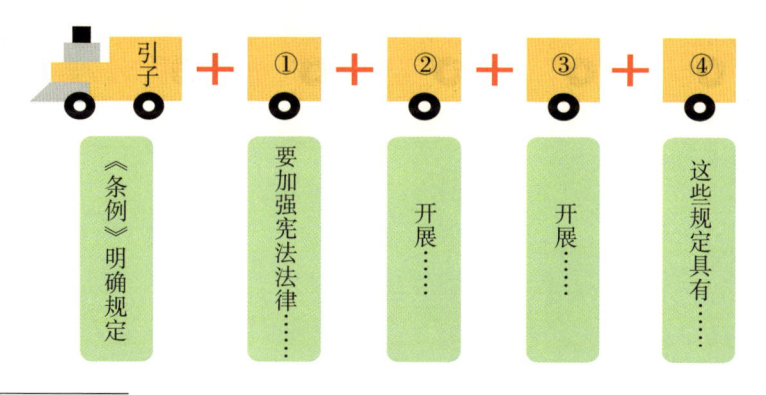

引子 + ① + ② + ③ + ④

引子	①	②	③	④
《条例》明确规定	要加强宪法法律……	开展……	开展……	这些规定具有……

---

① 赵宗庆编著：《党政机关应用材料写作要领》，中国华侨出版社1997年版，第141页。
② 《习近平谈治国理政》第三卷，外文出版社2020年版，第540页。

经验线

政工写作大多是"要我写"而不是"我要写"。政工写作任务一旦下达，其撰写人员不论对此喜欢与否、有无兴趣，不论是以个人的名义还是以组织的名义，无论是署名者自己写还是交代他人写，都必须按照组织的要求进行。[①]

哲学线

辩证法本身，就是事物发展的普遍规律，我们应用辩证法的方法，就合乎事物发展的规律，就能正确认识事物的真面目。[②]

样例 19-3：引子＋① (观点)＋②③④ (方法)＋⑤⑥⑦ (结果)

需要指出的是，坚持问题导向，要坚持领导带头找问题，注重拓宽群众反映问题渠道，聚焦主要问题，切实把问题找准，把原因析透，为下步整改奠定基础。

写法线

此类句子的第一句一般是整句的"引子"，用以引出下文的观点，之后，依次排列出若干个"方法"，分别用"，"隔开，最后给出要达到的若干个"结果"。具体写法图如下：

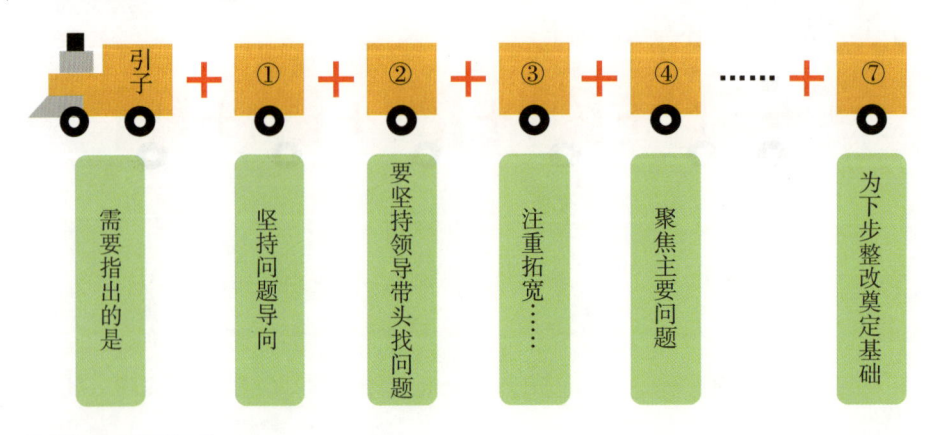

---

① 徐向东：《政工写作学》，解放军出版社1996年版，第6页。
② 艾思奇：《大众哲学》，民主与建设出版社2016年版，第146页。

经验线

很多次实践证明，这种研究小口进入、大纵深是出材料质量的好办法。①

哲学线

世界是由矛盾组成的。没有矛盾就没有世界。我们的任务，是要正确处理这些矛盾。②

第3类：引子+概念+解释+效果

样例 20-1：引子+①（概念）+②（解释）+③（效果）

这次会议中，审议通过的《城市发展规划》，明确了今后一个时期我
市城市发展的指导思想、目标任务、重大举措，在发展理念、发展政策、
发展体制上有一系列的重大突破。

（引子 / ① / ② / ③）

写法线

此类句子的第一句一般是整句的"引子"，之后，引出所要说的"概念"，然后，再依次对这个概念进行若干个"解释"，分别用"，"隔开，最后，给出要达到的若干个"效果"。具体写法图如下：

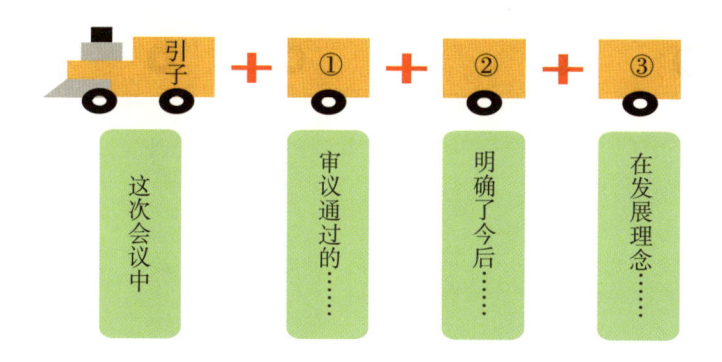

引子 + ① + ② + ③

| 这次会议中 | 审议通过的…… | 明确了今后…… | 在发展理念…… |

---

① 赵宗庆编著：《党政机关应用材料写作要领》，中国华侨出版社1997年版，第177页。
②《毛泽东文集》第七卷，人民出版社1999年版，第44页。

107

经验线

我有这样一条体会，在进行应用材料写作中，深入实际的广度和深度往往和所得的效果是成正比的。所以深入实际一定要舍得下苦功夫，不能浅尝辄止，要有一股挖地三尺的劲头。[1]

哲学线

正确的方法就是辩证法，不正确的方法就是形而上学的方法。[2]

样例20-2：引子+①（概念）+②③④⑤（解释）+⑥⑦（效果）

在××活动中，××市印发了《实施意见》，确立了指导思想，设立了活动目标，创新了工作载体，明确了20项保障措施，有力地保障了活动取得扎实成效，赢得群众满意。
（引子）①②③④⑤⑥⑦

写法线

此类句子的第一句一般是整句的"引子"，之后，引出所要说的"概念"，然后，再依次对这个概念进行若干个"解释"，分别用"，"隔开，最后，给出要达到的若干个"效果"。具体写法图如下：

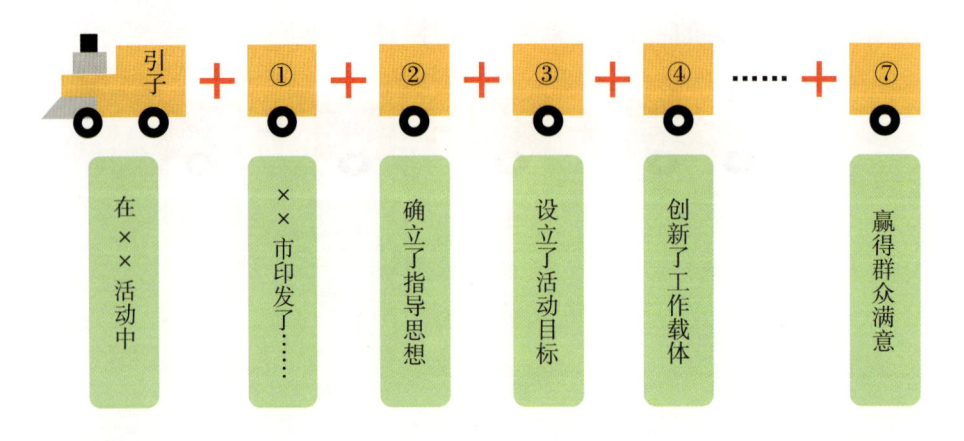

引子 + ① + ② + ③ + ④ …… + ⑦

| 在××活动中 | ××市印发了…… | 确立了指导思想 | 设立了活动目标 | 创新了工作载体 | 赢得群众满意 |

---

[1] 赵宗庆编著：《党政机关应用材料写作要领》，中国华侨出版社1997年版，第27页。
[2] 艾思奇：《大众哲学》，民主与建设出版社2016年版，第146页。

经验线

在应用写作中，如果没有一个好的骨架，材料的灵魂就失去了支撑，丰富的素材就失去了依托。[①]

哲学线

事物的分类方式从来不是唯一的，使用不同的逻辑，同样的素材就可以拥有多种不同的分类方式。[②]

样例 20-3：引子 + ①（概念）+ ②（解释）+ ③（效果）

这次督导检查中，发现的问题，大多是由于各级领导干部纪律规矩这根弦没有绷紧、干事创业的精气神不足引起的，导致基层工作不严不实。

（引子｜①｜②｜③）

写法线

此类句子的第一句一般是整句的"引子"，之后，引出所要说的"概念"，然后，再依次对这个概念进行若干个"解释"，分别用"，"隔开，最后，给出要达到的若干个"效果"。具体写法图如下：

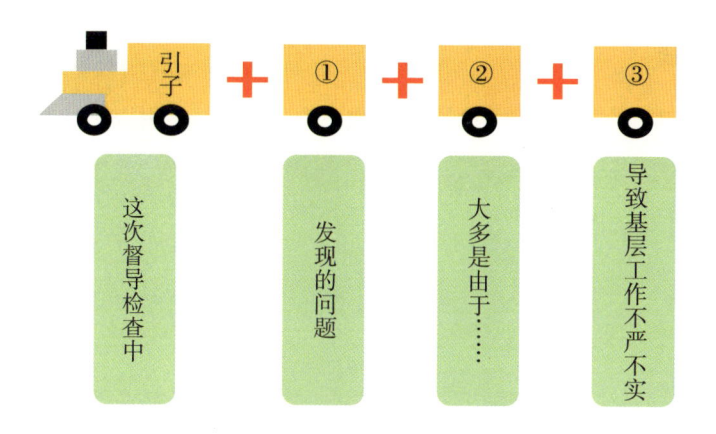

引子 + ① + ② + ③

| 这次督导检查中 | 发现的问题 | 大多是由于…… | 导致基层工作不严不实 |

---

① 赵宗庆：《应用写作的思路与层次观点》，河南大学出版社1992年版，第26页。
② 张巍：《逻辑表达：高效沟通的金字塔思维》，浙江大学出版社2020年版，第39页。

经验线

起草公文，需要收集大量的资料，这是确保公文内容真实可靠的基础。[①]

哲学线

领导干部学习，要正确把握学习的方向。忽视了马克思主义所指引的方向，学习就容易陷入盲目状态甚至误入歧途，就容易在错综复杂的形势中无所适从，就难以抵御各种错误思潮。[②]

第4类：概念+解释+强调+效果

样例21-1：概念+①②③（解释）+④⑤⑥⑦（强调）+⑧⑨（效果）

第××批活动（概念），政策性强①，涉及面广②，要求标准高③，必须进入状态要快④，动员范围要广⑤，推动力量要强⑥，宣传声势要大⑦，确保取得扎实成效⑧，赢得群众满意⑨。

写法线

此类句子的第一句一般是整句的一个"概念"，用以引出下文，后面依次排列的是若干个"解释"、若干个"强调"和若干个"效果"，分别用"，"隔开。具体写法图如下：

[①] 姬瑞环：《常用公文写作方法与技巧》，中国人事出版社2009年版，第31页。
[②]《习近平谈治国理政》，外文出版社2014年版，第406页。

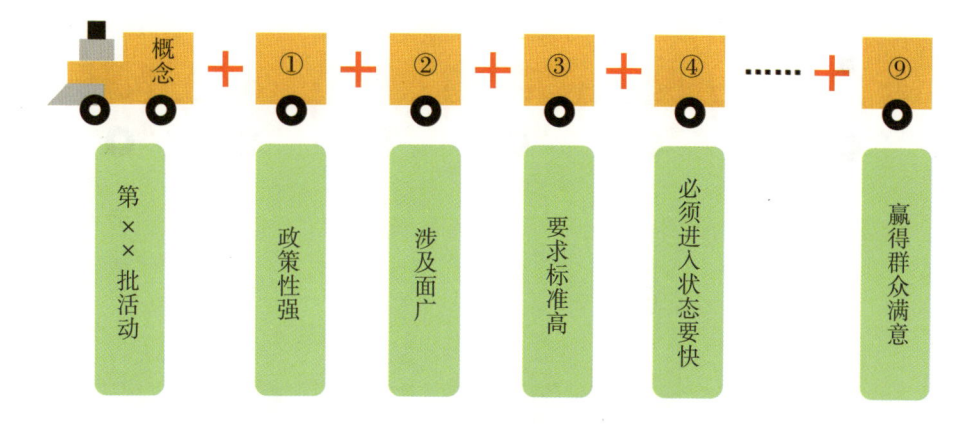

概念 + ① + ② + ③ + ④ …… + ⑨

第××批活动 | 政策性强 | 涉及面广 | 要求标准高 | 必须进入状态要快 | 赢得群众满意

经验线

句子是文章的较大的单位。文章的研究，方面很多，从一句句的句子来考察，也是重要的着手方法。

哲学线

要推出具有独创性的研究成果，就要从我国实际出发，坚持实践的观点、历史的观点、辩证的观点、发展的观点，在实践中认识真理、检验真理、发展真理。[1]

样例21-2：概念 + ①（解释）+ ②③（强调）+ ④⑤（效果）

坚决反对"四风"（概念），就是坚决反对形式主义、官僚主义、享乐主义和奢靡之风①，必须要找准顽疾、对症下药②，决不能散光走神、偏题跑题③，确保活动不虚不空不偏④，确保活动不走过场⑤。

写法线

此类句子的第一句一般是整句的一个"概念"，用以引出下文，后面依次排列的是若干个"解释"、若干个"强调"和若干个"效果"，分别用"，"隔开。具体写法图如下：

---

[1]《习近平谈治国理政》第二卷，外文出版社2017年版，第341页。

概念 + ① + ② + ③ + ④ + ⑤

① 坚决反对"四风"
② 就是坚决反对……
③ 必须要……
④ 决不能……
⑤ 确保活动……
⑥ 确保活动不走过场

经验线

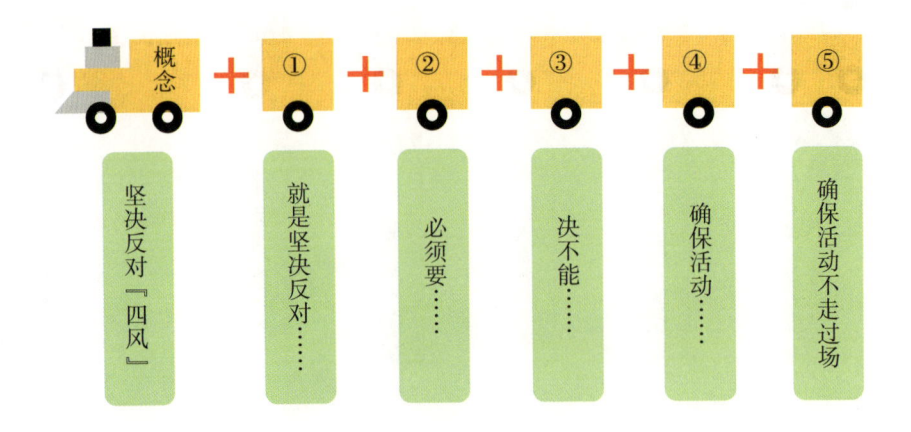

要写好典型经验材料，还必须对材料进行深入细致的分析研究，从中归纳、提炼出一个最能揭示典型本质的主题。①

哲学线

这种思考工夫就是理解力的应用，在哲学上也叫作思想的"概括"作用。……也就是为要把这时期中的感性认识（经验）加以分析概括，找出工作中的规律。②

样例 21-3：概念 + ①（解释）+ ②③（强调）+ ④（效果）

优化基层干部队伍结构（概念），就是全面优化基层干部的年龄、学历、经历等指标①，这是提高基层干部队伍素质的核心内容②，必须作为这次换届的重中之重来抓③，确保达到预期的目标要求④。

写法线

此类句子的第一句一般是整句的一个"概念"，用以引出下文，后面

---

① 丛书编写组编：《经验材料写作》，黄河出版社2004年版，第4页。
② 艾思奇：《大众哲学》，民主与建设出版社2016年版，第103页。

依次排列的是若干个"解释"、若干个"强调"和若干个"效果",分别用","隔开。具体写法图如下:

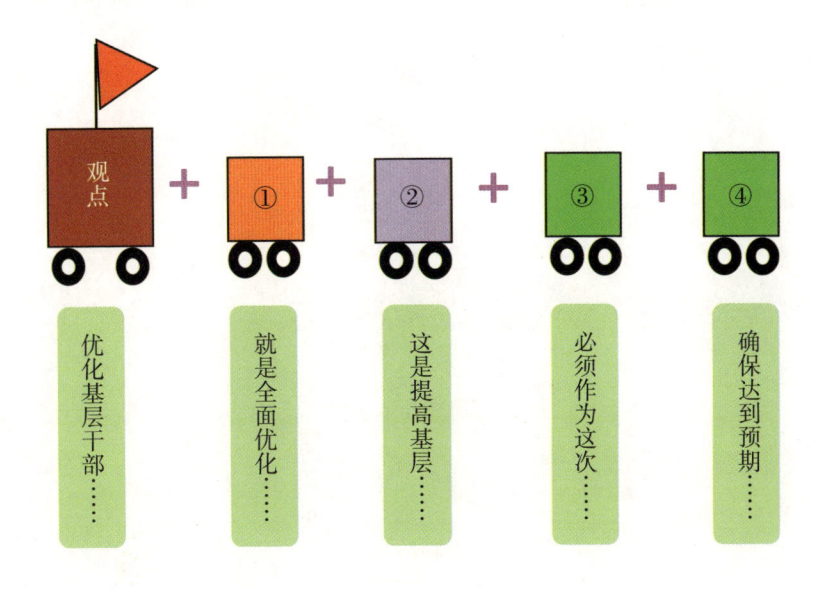

观点 + ① + ② + ③ + ④

优化基层干部……
就是全面优化……
这是提高基层……
必须作为这次……
确保达到预期……

经验线

盖大楼要有图纸,写公文要有提纲框架。拟定写作方案,旨在确定一篇公文的主题思想及其表达次序、各部分内容之间的衔接配合关系。[1]

哲学线

马克思主义的哲学认为十分重要的问题,不在于懂得了客观世界的规律性,因而能够解释世界,而在于拿了这种对于客观规律性的认识去能动地改造世界。[2]

---

[1] 姬瑞环:《常用公文写作方法与技巧》,中国人事出版社 2009 年版,第 31—32 页。
[2]《毛泽东选集》第一卷,人民出版社 1991 年版,第 292 页。

第三章

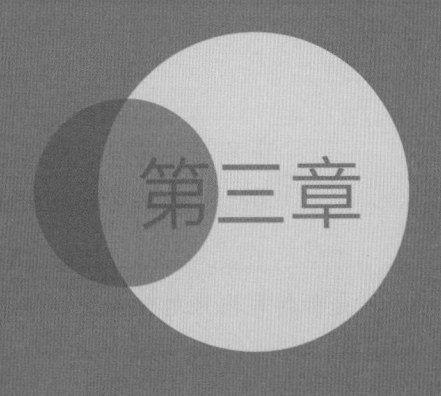

段落的写法

一篇文章，都是由若干个段落组成的，而每一个段落都是由若干个"单句"组成的"句群"，句群中的每一个单句，一般用"。"隔开。那么，这些由若干个"单句"组成的"句群"是如何写出来的呢？这就是本章重点研究的问题——"段落"的写法。本章重点研究了15种段落的具体写法。为便于读者掌握段落的具体写法，每类列举3个例段，用形象直观、层次鲜明的图形进行分析解读。希望通过本章的学习，读者能够全面掌握段落是如何写出来的，从而为写好整篇文章奠定基础。

第一节　简单段落的组成方法

第1类：标题 + 方法

样例1-1：标题 + 方法

<u>一要加快产业结构调整</u>。<u>整合各类资源，鼓励跨行业兼并重组</u>。<u>加强政策支持和引导，推动新兴产业健康发展</u>。<u>提升传统产业技术水平，着力解决产能过剩、技术落后等突出问题</u>。

写法线

这种类型段落的写法，即：在段落标题之后，紧紧围绕段落标题，从不同侧面写出若干个"方法"，并用"。"隔开。这种写法一般在领导讲话、工作要点、言论文章等材料中使用。

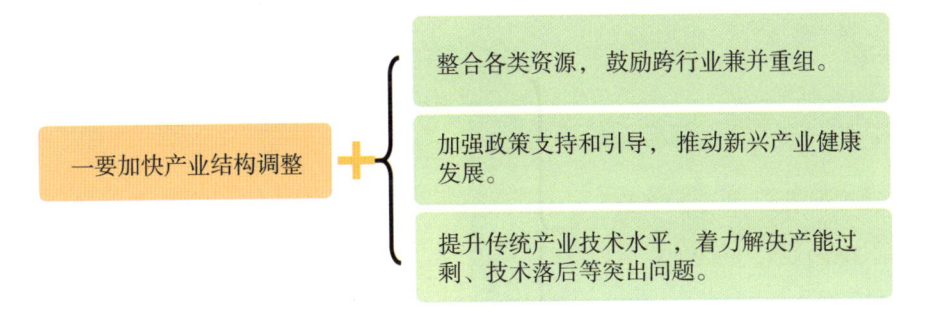

一要加快产业结构调整 ＋
- 整合各类资源，鼓励跨行业兼并重组。
- 加强政策支持和引导，推动新兴产业健康发展。
- 提升传统产业技术水平，着力解决产能过剩、技术落后等突出问题。

经验线

"句子"是段落乃至整篇文章的基础。人类对于语言的表达具有习惯性思维，因而造成"句子"的结构是多种多样的。本书列举的一些句子类型有很多种，具体在什么情况下用某种句子类型，需要读者灵活掌握，根据表达的需要，去选择所要使用的句子结构，千万不要"生搬硬套"。

117

哲学线

对于马克思主义哲学的基本原理、基本观点，必须下功夫钻研，力求学懂、记熟、弄通。[①]

样例1-2：标题+方法

<u>四要创新社会管理</u>。<u>创新人民群众诉求调解机制，变被动应付为主动管理</u>，建立司法援助、多元调解、风险稳控等多项机制。<u>积极推行部门联动、上下协调、联合处置机制，保障群众合理诉求及时化解</u>。<u>建立风险评估、行政调解等处置机制，落实主体责任，加强源头管控</u>。<u>实施互联网+社会管理，充分利用微信、微博等新媒体，实现社会管理信息资源共享</u>。

（标题；方法1；方法2；方法3；方法4）

写法线

这种类型段落的写法，即：在段落标题之后，紧紧围绕段落标题，从不同侧面写出若干个"方法"，并用"。"隔开。这种写法一般在领导讲话、工作要点、言论文章等材料中使用。

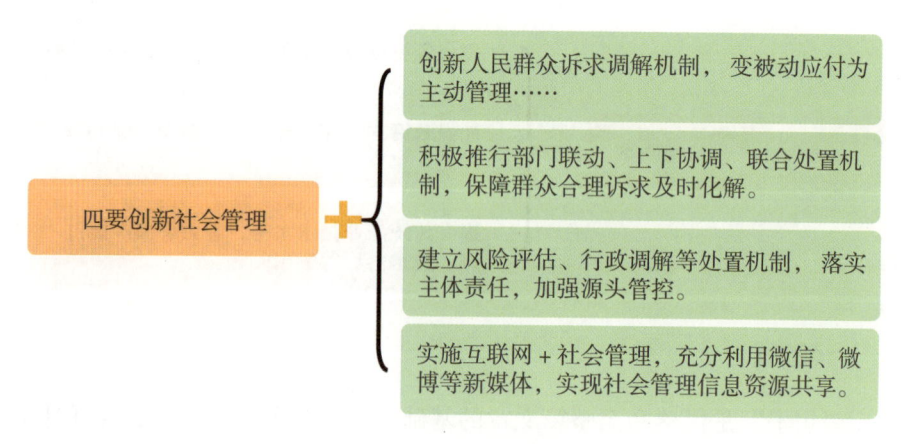

四要创新社会管理 ＋
- 创新人民群众诉求调解机制，变被动应付为主动管理……
- 积极推行部门联动、上下协调、联合处置机制，保障群众合理诉求及时化解。
- 建立风险评估、行政调解等处置机制，落实主体责任，加强源头管控。
- 实施互联网+社会管理，充分利用微信、微博等新媒体，实现社会管理信息资源共享。

经验线

受语言线性特点的制约，段落中诸语句只能按照直线顺序依次去生

---

① 李瑞环：《学哲学用哲学》，中国人民大学出版社2005年版，第15页。

成，逐句组分。①

哲学线

哲学思维是一种高度抽象化和理论化的思维，具有思辨性特点。②

样例 1-3：标题 + 方法

<u>六要加快文体事业发展</u>。<u>推进文化信息资源向基层延伸，完成×××个基层文化服务站点建设</u>。<u>深入挖掘地域文化历史资源，借助农村生态游、红色游等加大民俗文化、历史文化建设步伐</u>。<u>推进全民健身、体育竞技工程，全面组织好市第×届运动会</u>。<u>抓好非物质文化遗产保护工作，推出一批体现我市特色、具有民俗风情的非物质文化成果</u>。

（标题 / 方法1 / 方法2 / 方法3 / 方法4）

写法线

这种类型段落的写法，即：在段落标题之后，紧紧围绕段落标题，从不同侧面写出若干个"方法"，并用"。"隔开。这种写法一般在领导讲话、工作要点、言论文章等材料中使用。

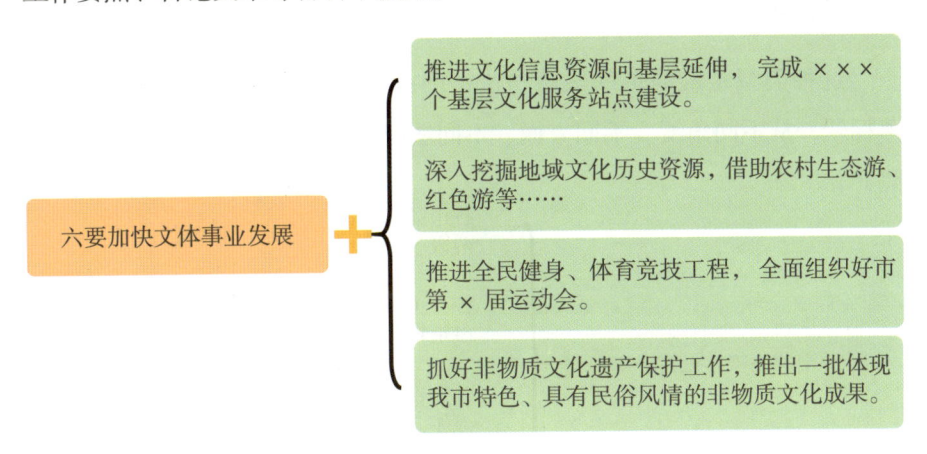

六要加快文体事业发展 ＋
- 推进文化信息资源向基层延伸，完成×××个基层文化服务站点建设。
- 深入挖掘地域文化历史资源，借助农村生态游、红色游等……
- 推进全民健身、体育竞技工程，全面组织好市第×届运动会。
- 抓好非物质文化遗产保护工作，推出一批体现我市特色、具有民俗风情的非物质文化成果。

---

① 易匠翘：《段落中心意义与段落诸语句》，《松辽学刊》（社会科学版），1998年第2期。
② 陈先达、杨耕：《马克思主义哲学原理》（第5版·数字教材版），中国人民大学出版社2019年版，第15页。

经验线

在先进典型事迹材料的写作中，在叙述事实的同时，还需要对情节进行描写，以增强材料表达的生动性、形象性和感染力。①

哲学线

正确的研究方法，必须以对立统一的规律作好最根本的指导方法，这就是要研究事物的矛盾和解决矛盾。②

第 2 类：标题 + 做法

样例 2-1：标题 + 做法

<u>一是调整领导机构，落实领导责任。</u>各市县普遍调整活动工作机构，市县两级都派出巡回检查组，县（区）普遍派出指导检查组。各县（区）统筹向参加活动的单位派出指导小组。各级党组织主要负责人认真履行第一责任人职责。市县乡三级活动领导小组成员普遍建立了联系点。

（标题；做法1；做法2；做法3；做法4）

写法线

这种类型是最简单的段落写法，即：在段落标题之后，紧紧围绕段落标题，从不同角度、不同方面、不同层级等，写出若干做法，并用"。"隔开。

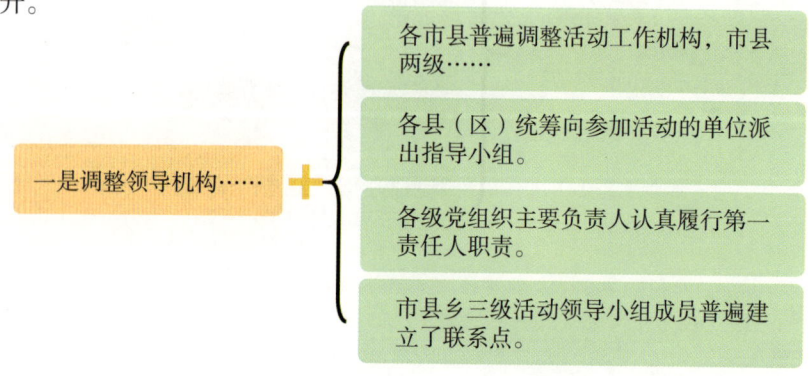

一是调整领导机构…… +
- 各市县普遍调整活动工作机构，市县两级……
- 各县（区）统筹向参加活动的单位派出指导小组。
- 各级党组织主要负责人认真履行第一责任人职责。
- 市县乡三级活动领导小组成员普遍建立了联系点。

---

① 赵宗庆：《党政机关应用材料写作要领》，中国华侨出版社 1997 年版，第 149 页。
② 艾思奇：《大众哲学》（修订本），人民出版社 2004 年版，第 170 页。

经验线

一个观点，代表的往往不是一个方面，而是多个方面，因此，要想把观点"掰开"，就要从多个方面去论述，这样才能完整地阐释观点的内涵。只有注重从多个角度来论述，才能把观点说透。

哲学线

理论思维的预见性，来源于理论思维对于客观事物运动、发展、变化内在规律的把握。[①]

样例 2-2：标题 + 做法

<u>一是开展一次集中攻坚。</u>（标题）<u>各单位按照上级统一部署，集中时间和力量，抓住一些重点问题和群众反映强烈的突出问题进行集中攻坚。</u>（做法 1）<u>建立专门工作台账，明确责任单位和责任人，采取定期调度、跟踪问效等多种方法，推动攻坚见到成效。</u>（做法 2）<u>市县两级加强统筹协调，抓住关键环节，实施重点攻坚，推动各项工作上台阶。</u>（做法 3）

写法线

这种类型是最简单的段落写法，即：在段落标题之后，紧紧围绕段落标题，从不同角度、不同方面、不同层级等，写出若干做法，并用"。"隔开。

一是开展一次集中攻坚 ＋
- 各单位按照上级统一部署，集中时间和力量，抓住一些重点问题……
- 建立专门工作台账，明确责任单位和责任人，采取……
- 市县两级加强统筹协调，抓住关键环节，实施重点攻坚……

[①] 刘志信主编：《领导文稿起草工作》，河北人民出版社 2004 年版，第 310 页。

经验线

要准备材料，要有思想性。材料是为了证明一个道理。单是供应材料不行，要加工，要消化。要有材料为证，达到说服的目的。

哲学线

一块木头是什么？就是一块木头，这个回答并没有错，但它还是什么？这就要看具体情况。拿它来做家具就是原料，拿它来烧火就是燃料，拿它来挑水就是工具……这就是质的多样性。①

样例 2-3：标题 + 做法

二、加强活动分类指导。对班子软弱涣散的单位，上级党组织派人指导，帮助解决问题。对无力撰写材料的单位，帮助搞好起草工作。对联合党组织单位，重点帮助分析问题，提出合理化建议。对未建立党组织的单位，指导其党员主动参加所属单位支部生活会。

写法线

这种类型是最简单的段落写法，即：在段落标题之后，紧紧围绕段落标题，从不同角度、不同方面、不同层级等，写出若干做法，并用"。"隔开。

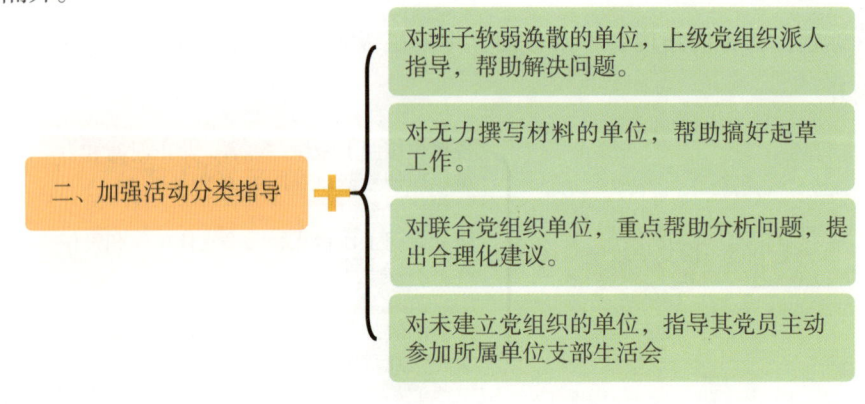

---

① 李瑞环：《学哲学用哲学》，中国人民大学出版社 2005 年版，第 276 页。

经验线

高明的领导之所以高明，主要不在于他的脑袋比别人聪明，而在于他善于综合，善于概括，善于汲取更多人的实践经验和聪明才智。①

哲学线

我们研究哲学，目的就在于学习掌握一种正确的哲学思想，也就是在于要学到正确的世界观和正确的思想方法。②

第3类：标题+效果

样例3-1：标题+效果

<u>一是经济总体实现回升向好</u>。<u>全部财政收入和一般预算收入，分别增长10.5%和6.7%</u>。<u>社会消费零售总额108亿，全年增长21%</u>。<u>固定资产投资完成630亿，增长42.7%</u>。<u>工业经济稳中有升，36个重点项目全部完成投资落地，新增贷款1250亿，增长6.8倍</u>。
（标题、效果1、效果2、效果3、效果4）

写法线

这种类型的段落写法，一般是：在段落标题之后，紧紧围绕段落标题这个观点，从不同侧面列出若干个效果，每个效果都单独成一句，并用"。"隔开。此类写法一般在工作总结、典型经验材料、简报信息等材料中使用。

---

① 李瑞环：《学哲学用哲学》，中国人民大学出版社2005年版，第622页。
② 艾思奇：《大众哲学》，民主与建设出版社2016年版，第17页。

```
                                    ┌─ 全部财政收入和一般预算收入，分别增长
                                    │  10.5% 和 6.7%。
                                    │
                                    ├─ 社会消费零售总额 108 亿，全年增长 21%。
  ┌─────────────────┐              │
  │ 一是经济总体实现……│ ＋           ├─ 固定资产投资完成 630 亿，增长 42.7%。
  └─────────────────┘              │
                                    │  工业经济稳中有升，36 个重点项目全部完
                                    └─ 成投资落地，新增贷款 1250 亿，增长 6.8 倍。
```

经验线

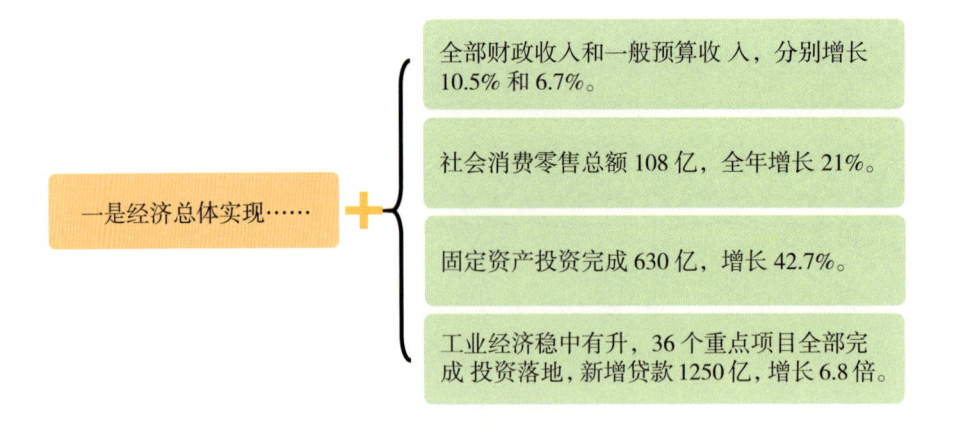

在每个段落里，各个用"。"隔开的单句是怎么组成的呢？从实际写作经验来看，都是按照一定的逻辑顺序展开的，比如：有的是按照重要程度依次展开，有的是按照逻辑先后依次展开，还有的是按照事物的内在关系依次展开。

哲学线

有了观察到的大量现象，占有了真实的感性材料，并不等于抓住了事物的本质，要透过现象抓住本质，就必须对大量的现象、真实的感性材料，以及它们之间的关系进行分析和研究，这就需要掌握科学的方法。①

样例 3-2：标题 + 效果

<u>五是农业经济增长迅猛</u>。<u>农业总产值完成 1520 亿，同比增长 21.4%</u>。
　　　　标题　　　　　　　　　　　　　效果 1
<u>粮食总产量突破 191 亿吨，同比增长 16%</u>。<u>农村新整理土地 6250 亩，治</u>
　　　　　　　　　　　　　　　　　　　　　　　　效果 2
<u>理盐碱地 13500 亩，总体新增土地 7240 亩，增长 7.6%</u>。<u>全年"三农"投</u>
　　　　　　　　　　　　　　效果 3
<u>入 165 亿，同比增长 13.2%</u>。
　　　效果 4

---

① 陈先达、杨耕：《马克思主义哲学原理》（第 5 版·数字教材版），中国人民大学出版社 2019 年版，第 99 页。

写法线

这种类型的段落写法，一般是：在段落标题之后，紧紧围绕段落标题这个观点，从不同侧面列出若干个效果，每个效果都单独成一句，并用"。"隔开。此类写法一般在工作总结、典型经验材料、简报信息等材料中使用。

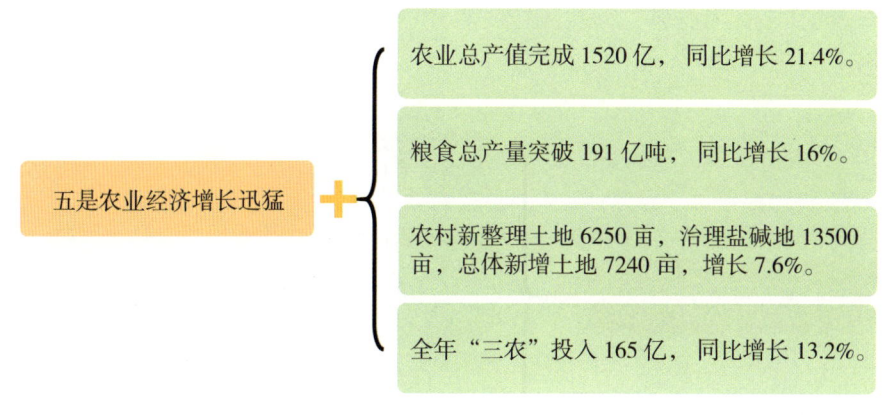

五是农业经济增长迅猛 ＋
- 农业总产值完成1520亿，同比增长21.4%。
- 粮食总产量突破191亿吨，同比增长16%。
- 农村新整理土地6250亩，治理盐碱地13500亩，总体新增土地7240亩，增长7.6%。
- 全年"三农"投入165亿，同比增长13.2%。

经验线

任何事物都有一个由量变到质变的过程，学习公文写作也不可能一蹴而就。[1]

哲学线

工欲善其事，必先利其器。

样例3-3：标题＋效果

<u>三是加大农业投入力度</u>。<u>省市县财政"三农"累计支出2.5万亿元，年平均增长17.5%</u>。<u>提高农民种粮补贴，补贴资金从15亿元增加到78亿元</u>。<u>开展农村土地专项整治，加强标准化农田改造力度，耕地面积增加1.2万亩</u>。<u>加强农村水电等基础设施建设，改造农村危房1.2万户，新建农村

---

[1] 胡森林：《公文高手的修炼之道·笔杆子的写作必修课》，人民邮电出版社2018年版，第115页。

公路 2.3 万公里。

写法线

这种类型的段落写法，一般是：在段落标题之后，紧紧围绕段落标题这个观点，从不同侧面列出若干个效果，每个效果都单独成一句，并用"。"隔开。此类写法一般在工作总结、典型经验材料、简报信息等材料中使用。

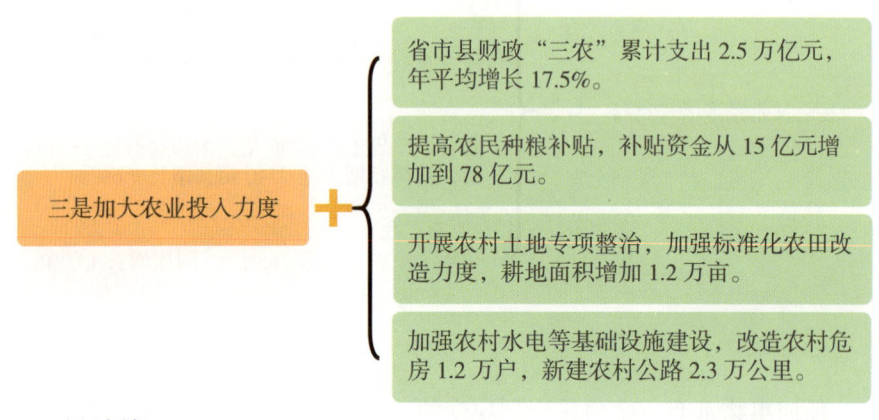

三是加大农业投入力度 ＋
- 省市县财政"三农"累计支出 2.5 万亿元，年平均增长 17.5%。
- 提高农民种粮补贴，补贴资金从 15 亿元增加到 78 亿元。
- 开展农村土地专项整治，加强标准化农田改造力度，耕地面积增加 1.2 万亩。
- 加强农村水电等基础设施建设，改造农村危房 1.2 万户，新建农村公路 2.3 万公里。

经验线

从小东西写起，不要眼高手低，不要小看小东西，小是大之源，轻是重之端。机关不少"大手笔"，都是从出黑板报、写"豆腐块"、当连队报道员起家的。[①]

哲学线

调查研究，是实事求是这一辩证唯物主义思想路线的内在要求和本质体现，是探求事物规律、获得真理性认识的主要途径，也是我党最基本的工作方法之一。[②]

[①] 张文富：《如何提高文字能力》，《政工学刊》，2007 年第 10 期。
[②] 刘志信主编：《领导文稿起草工作》，河北人民出版社 2004 年版，第 513 页。

第 4 类：标题 + 要求

样例 4-1：标题 + 要求

二要大力推进后进村整顿转化。按照 8% 的比例倒排确定后进村，坚持分类施策，进行集中整顿。每个后进村都要安排县级干部分包，选派第一书记、派驻工作组。县委书记要分包最难最乱的村，不转化不脱钩，年底前全部完成转化任务。对整顿工作重视不够、推进缓慢的县乡党委书记，适时下发督办卡通报或直接约谈相关责任人。

写法线

这种类型的段落写法，一般是：在段落标题之后，紧紧围绕段落标题这个观点，从不同侧面提出若干个要求，每个要求都单独成一句，并用"。"隔开。此类写法一般在部署工作、领导讲话、工作要点、实施意见等材料中使用。

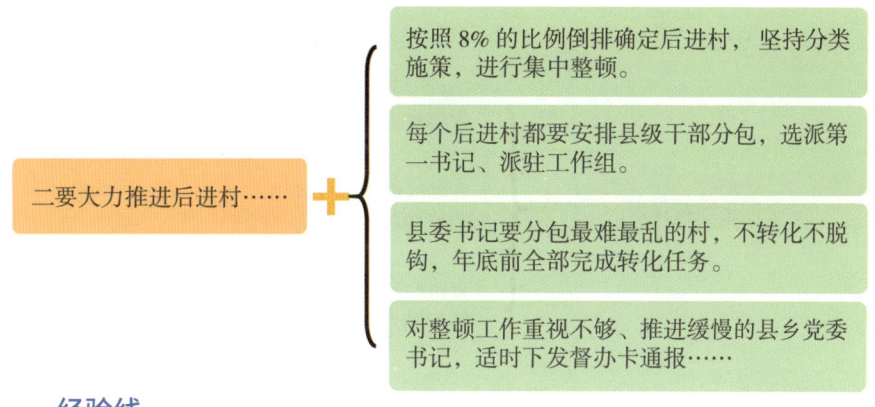

二要大力推进后进村…… +
- 按照 8% 的比例倒排确定后进村，坚持分类施策，进行集中整顿。
- 每个后进村都要安排县级干部分包，选派第一书记、派驻工作组。
- 县委书记要分包最难最乱的村，不转化不脱钩，年底前全部完成转化任务。
- 对整顿工作重视不够、推进缓慢的县乡党委书记，适时下发督办卡通报……

经验线

应用写作不同于文艺写作，文艺作品是靠情节吸引人，应用写作是靠观点启迪人，应用写作的思路外化，很明显地体现在层次观点上，也就是我们在看一篇材料时，首先看到的是层次标题。[1]

---

[1] 赵宗庆编著：《应用写作的思路与层次观点》，河南大学出版社 1992 年版，第 2 页。

哲学线

恩格斯说："马克思的整个世界观不是教义，而是方法。"

样例 4-2：标题 + 要求

<u>二要强化经费保障</u>。<u>市级干部选学培训经费，要由市干部教育专项经费列支</u>。<u>各县区各单位干部选学培训经费，市级选择部分精品班予以经费支持，其余不足部分由各县区各单位自行解决</u>。<u>各单位组织的特色选学培训经费，由各相关部门纳入年度财政预算，统筹解决经费来源问题</u>。

（标题／要求1／要求2／要求3）

写法线

这种类型的段落写法，一般是：在段落标题之后，紧紧围绕段落标题这个观点，从不同侧面提出若干个要求，每个要求都单独成一句，并用"。"隔开。此类写法一般在部署工作、领导讲话、工作要点、实施意见等材料中使用。

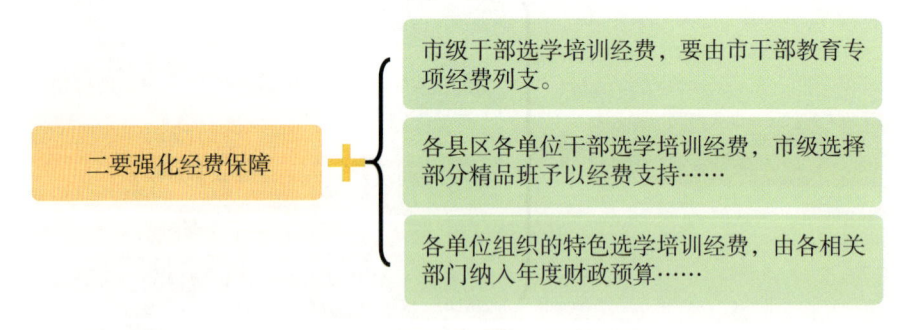

二要强化经费保障 ＋
- 市级干部选学培训经费，要由市干部教育专项经费列支。
- 各县区各单位干部选学培训经费，市级选择部分精品班予以经费支持……
- 各单位组织的特色选学培训经费，由各相关部门纳入年度财政预算……

经验线

古今中外有学问、有成就的人，总是十分注意积累的。从写作实践来看，要至少注意以下四个方面的积累：一是文体蓝本积累，蓝本范文多了，遇到任务能参考。二是上级精神积累，养成记笔记的习惯，可摘记原文以备用。三是精彩语句积累，随时注意留存记录。四是相关资料积累。

哲学线

主要矛盾并不是哪个人凭自己的主观愿望任意决定的,也不是哪一级领导随便"任命"的,它是客观的存在,是事物互相联系、互相制约规律的反映。①

样例 4-3:标题 + 要求

<u>四要改进作风抓落实</u>。<u>要大力弘扬求真务实、真抓实干的作风,始终保持攻坚克难的干劲</u>。<u>要出实招、办实事、求实效,把精力和功夫花在推进工作落实上</u>。<u>县乡党委书记要经常深入农村、社区等基层一线,掌握真实情况,破解基层难题</u>。

写法线

这种类型的段落写法,一般是:在段落标题之后,紧紧围绕段落标题这个观点,从不同侧面提出若干个要求,每个要求都单独成一句,并用"。"隔开。此类写法一般在部署工作、领导讲话、工作要点、实施意见等材料中使用。

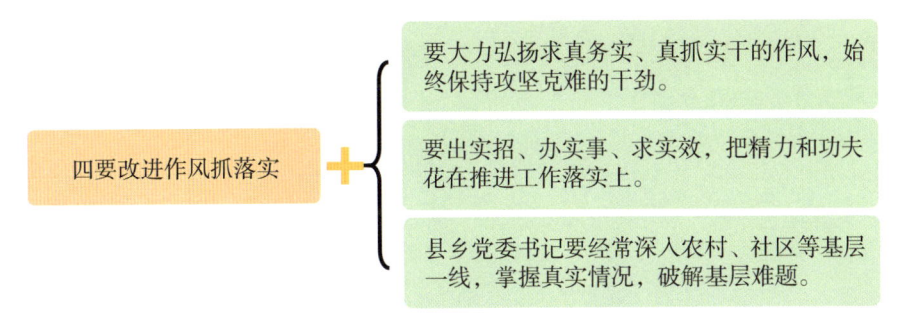

四要改进作风抓落实 ➕
- 要大力弘扬求真务实、真抓实干的作风,始终保持攻坚克难的干劲。
- 要出实招、办实事、求实效,把精力和功夫花在推进工作落实上。
- 县乡党委书记要经常深入农村、社区等基层一线,掌握真实情况,破解基层难题。

经验线

写作者要把领导、自己或行内人士在现阶段对事物发展的认识写到公

---

① 李瑞环:《学哲学用哲学》,中国人民大学出版社 2005 年版,第 197 页。

文中去，就必须遵循公文写作的逻辑。[1]

哲学线

我们的认识有两种：一种是感性认识，只能认识事物的外表形象；一种是理性认识，能了解事物本身深刻的特性。[2]

---

[1] 房立洲：《事有必至，理有固然——浅谈公文写作的事理安排方法》，《秘书天地》，2016年7月。

[2] 艾思奇：《大众哲学》，民主与建设出版社2016年版，第87页。

第二节　中级段落的组成方法

第 1 类：标题 + 引用 + 强调

样例 5-1：标题 + 引用 + 强调

<u>一要爱民，就是真心把群众当亲人</u>。古语说："求木之长者，必先固其根本……。"总书记到正定看望干部群众时指出：……。孔繁森说过：……。郑培民同志讲：……。最美基层干部菊美多吉说过一句话：……。作为一名党员干部，爱民必须要……；要……；要……。

写法线

这种类型的写法特点是：在段落标题后，紧接着首先引用"领导讲话、名人名言、古语、俗语、诗词或有关文件中的话"等内容，之后，再围绕段落标题，进行若干个强调，并用"。"隔开。此类型一般在领导讲话、研讨文章、理论文章、学习体会、调研报告等材料中使用。

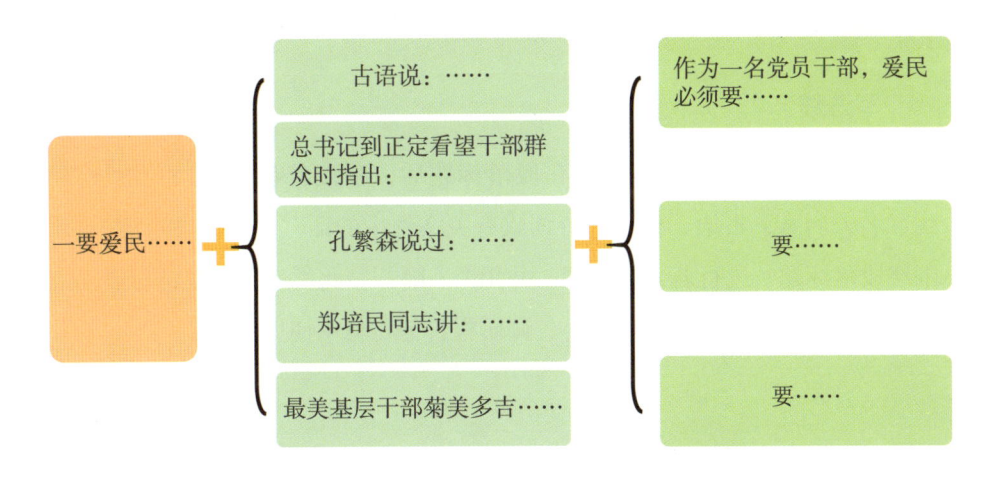

一要爱民…… + { 古语说：……；总书记到正定看望干部群众时指出：……；孔繁森说过：……；郑培民同志讲：……；最美基层干部菊美多吉…… } + { 作为一名党员干部，爱民必须要……；要……；要…… }

经验线

这就像盖房子一样，是盖平房、还是盖楼房，是盖三层楼、还是盖五层楼，是盖中式房、还是盖西式房，首先要有一个"蓝图"，提纲就是讲话稿起草的"蓝图"。[①]

哲学线

一个大的事物，在其发展过程中，包含着许多的矛盾。例如，在中国资产阶级民主革命过程中，有中国社会各被压迫阶级和帝国主义的矛盾，有人民大众和封建制度的矛盾，有无产阶级和资产阶级的矛盾……等等，情形是非常复杂的。这些矛盾，不但各各有其特殊性，不能一律看待，而且每一矛盾的两方面，又各各有其特点，也是不能一律看待的。[②]

样例 5-2：标题 + 引用 + 强调

<u>三要务方法之"实"</u>（标题）。<u>中央对于务实的解释，就是要"坚持问政于民、问需于民、问计于民……"</u>（引用 1）。<u>毛主席曾经指出："没有调查就没有发言权，……。"</u>（引用 2）<u>总书记在正定工作时，很少待在机关，一年大部分时间都在乡下跑……</u>（引用 3）。每一名领导干部，都要学习这种求实之法……（强调 1）；要……（强调 2）；要……（强调 3）。

写法线

这种类型的写法特点是：在段落标题后，紧接着首先引用"领导讲话、名人名言、古语、俗语、诗词或有关文件中的话"等内容，之后，再围绕段落标题，进行若干个强调，并用"。"隔开。此类型一般在领导讲话、研讨文章、理论文章、学习体会、调研报告等材料中使用。

[①] 刘志信主编：《领导文稿起草工作》，河北人民出版社 2004 年版，第 336 页。
[②] 《毛泽东选集》第一卷，人民出版社 1991 年版，第 311-312 页。

```
                    ┌─ 中央对于务实的解释……      ┌─ 每一名领导干部，都要
                    │                              │   学习……
   ┌──────────┐     │                              │
   │ 三要务方 │  +  ├─ 毛主席曾经指出……       +  ├─ 要……
   │ 法之"实" │     │                              │
   └──────────┘     │                              │
                    └─ 总书记在正定工作时……      └─ 要……
```

经验线

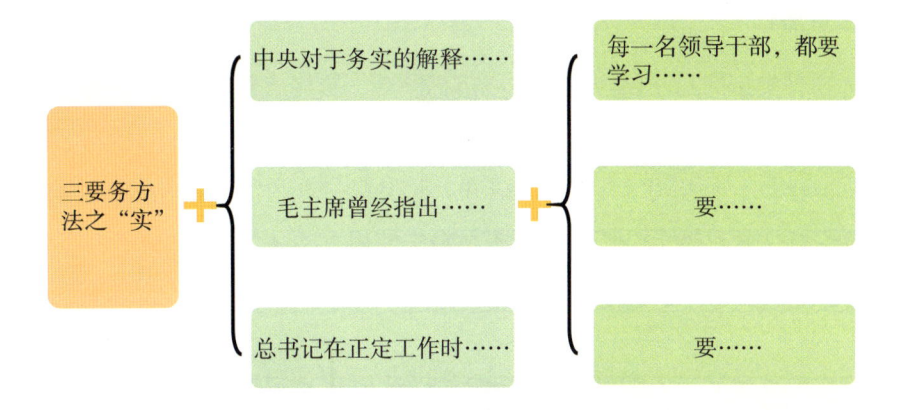

要注意讲话对象的层次性。不同层次的听众，对领导讲话可操作性的要求也不一样。一般地说，中央和省级领导机关开会部署工作，由于面对的情况千差万别，多是提出原则性的措施，并注意讲意义、讲道理。而越靠近基层，就必须讲得具体一些。①

哲学线

先分析、后综合，在分析过程中综合，这是认识事物也是总结经验的基本方法。②

样例 5-3：标题 + 引用 + 强调

<u>一要坚持问题导向</u>。中央和省《实施意见》中都强调："必须要坚持问题导向，……。"×××在动员部署大会上也指出："开展这次活动，要聚焦突出问题，把发现和解决问题贯穿活动始终……。"开展这次活动，必须要按照中央和省市委要求，始终把解决问题贯穿活动始终……；要……；要……。

（标题、引用1、引用2、强调1、强调2、强调3）

---

① 刘志信主编：《领导文稿起草工作》，河北人民出版社 2004 年版，第 160 页。
② 李瑞环：《学哲学用哲学》，中国人民大学出版社 2005 年版，第 181 页。

写法线

这种类型的写法特点是：在段落标题后，紧接着首先引用"领导讲话、名人名言、俗语、诗词或有关文件中的话"等内容，之后，再围绕段落标题，进行若干个强调，并用"。"隔开。此类型一般在领导讲话、研讨文章、理论文章、学习体会、调研报告等材料中使用。

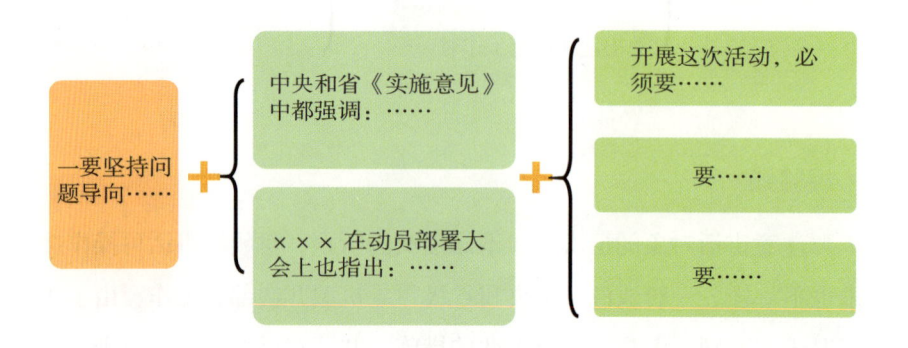

一要坚持问题导向…… + { 中央和省《实施意见》中都强调：…… / ×××在动员部署大会上也指出：…… } + { 开展这次活动，必须要…… / 要…… / 要…… }

经验线

起草领导讲话时，在语言上应注意以下几点：1.要力求朗朗上口。一是少用长句式。……二是少用倒装句。……三是少用生僻的词、字。2.要庄重平实。3.要形象生动。[1]

哲学线

下大力量把基本观点真正弄懂，并且能和自己的实际工作相结合，不断提高认识水平，增强工作能力，这就是我们学习哲学的目的。[2]

---

[1] 刘志信主编：《领导文稿起草工作》，河北人民出版社 2004 年版，第 162–163 页。
[2] 李瑞环：《学哲学用哲学》，中国人民大学出版社 2005 年版，第 9 页。

第 2 类：标题 + 事例 + 强调

样例 6-1：标题 + 事例 + 强调

<u>二要树立"剑走偏锋"的观念。</u><u>××县的一些村种植"大棚葡萄"，反季销售……</u>。<u>××区一些村种植大樱桃，不是直接在集市上摆摊销售，而是淘宝营销或微信营销……</u>。<u>还有一些县区的村，原本没有旅游资源，却在成片的水稻上创造了"稻田画"……</u>。<u>从上边这些事例可以看出，不是不能发展，而是我们缺少新的理念，只有树立了"剑走偏锋"的观念，才能无中生有……</u>

（标题／事例1／事例2／事例3／强调）

写法线

这种类型的写法特点是：在段落标题后，紧接着首先引用若干个"事例"（包括正面事例、反面事例）等，之后，再围绕段落标题，进行若干个强调，并用"。"隔开。此类型一般在领导讲话、研讨文章、理论文章、学习体会、调研报告等材料中使用。

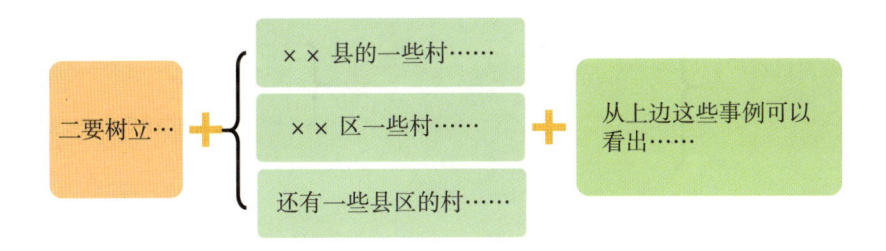

```
┌─────────┐     ┌──────────────────┐
│         │     │ ××县的一些村……  │
│         │     ├──────────────────┤     ┌──────────────────┐
│二要树立…│  +  │ ××区一些村……    │  +  │从上边这些事例可以│
│         │     ├──────────────────┤     │看出……           │
│         │     │ 还有一些县区的村…│     └──────────────────┘
└─────────┘     └──────────────────┘
```

经验线

在这一段之中，为了表达的需要，时而强调，时而引用，时而举例，时而要求。或强调或引用或举例，没有先后之分，而是根据表达的需要，或强调在前、或引用在前、或举例在前。

哲学线

我们的认识之所以要由感性的阶段提高到理性的阶段，其目的就是为着要撇开现象的迷惑，找出事物的本质。①

样例 6-2：标题 + 事例 + 强调

一要严格自律不松劲。明代吴讷是永乐年间的监察御史，有一次他巡视贵州返京时，地方官员赠送……。北宋时期的包拯是极负盛名的清官，有一次……。周恩来总理有一年在×××考察工作时，……。作为一名党员干部，要做到廉洁自律不松劲，必须要坚持……；要始终注重小节……。

写法线

这种类型的写法特点是：在段落标题后，紧接着引用若干个"事例"（包括正面事例、反面事例）等，再围绕段落标题，进行若干个强调，并用"。"隔开。此类型一般在领导讲话、研讨文章、理论文章、学习体会、调研报告等材料中使用。

一要严格自律不松劲 + { 明代吴讷…… / 北宋时期的包拯…… / 周恩来总理…… } + { 作为一名党员干部…… / 要始终注重…… }

经验线

时下文章特别是理论文章，标题主要存在三种弊病：一是平，二是长，三是公式化。有的标题竟长达十七八个字，二十多个字，又平又长，又呆又笨，毫无生气。②

---

① 艾思奇：《大众哲学》，民主与建设出版社 2016 年版，第 217 页。
② 周溯源：《文章要好标题要巧》，《求是》杂志，2002 年第 12 期，第 39 页。

哲学线

学习马克思主义,还必须解决学习方法问题。……如果把学习与自己熟悉的工作结合起来……把基本的观点与具体的形象的东西相联系……把书本的东西融入丰富生动的现实生活,干什么就从什么里头学、就在什么里头用,就容易活。①

样例 6-3:标题 + 事例 + 强调

<u>三要真诚拜群众为师</u>。<u>×××同志经常到群众中调查研究,有一次……</u>。<u>×××同志当年在××工作期间,……</u>。<u>×××同志在××工作期间,经常是……</u>。<u>人民群众是真正的历史创造者,我们作为一名党员领导干部,都要自觉拜人民群众为师……</u>。<u>要经常深入基层一线,……</u>。

（标题 / 事例1 / 事例2 / 事例3 / 强调1 / 强调2）

写法线

这种类型的写法特点是:在段落标题后,紧接着首先引用若干个"事例"(包括正面事例、反面事例)等,之后,再围绕段落标题,进行若干个强调,并用"。"隔开。此类型一般在领导讲话、研讨文章、理论文章、学习体会、调研报告等材料中使用。

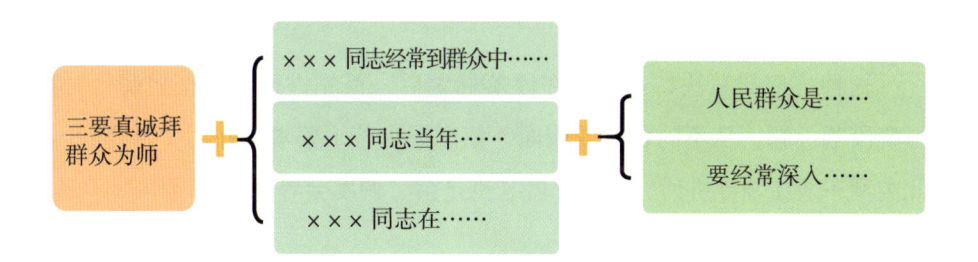

【三要真诚拜群众为师】 + { ×××同志经常到群众中…… / ×××同志当年…… / ×××同志在…… } + { 人民群众是…… / 要经常深入…… }

经验线

在应用写作中,确定思路和层次观点是粗构思……确定思路和层次观

---

① 李瑞环:《学哲学用哲学》,中国人民大学出版社 2005 年版,第 13 页。

点是属于勾取大概，先把房墙垒起，立上柱子，放上大梁。也就是形成框架，这是很重要的一步。①

哲学线

学习理论最有效的办法是读原著、学原文、悟原理，强读强记，常学常新，往深里走、往实里走、往心里走，把自己摆进去、把职责摆进去、把工作摆进去，做到学、思、用贯通，知、信、行统一。②

第3类：标题+强调+要求

样例 7-1：标题+强调+要求

<u>三要形成合力抓落实</u>。<u>基层党建是一项系统工程，涉及方方面面的工作，光靠组织部门抓是不行的，必须各部门协调联动、齐抓共管</u>。<u>市直各相关部门要加强协调联动，定期进行例会，主动协调解决工作中存在的突出问题</u>。<u>要针对各部门职责特点，积极将各类资源向基层倾斜，不断夯实基层基础</u>。<u>要聚焦后进村整顿，形成齐抓共管工作合力，公安、政法等部门要建立协调机制，共同推动整顿转化工作</u>。

写法线

这种类型的写法特点是：在段落标题后，首先进行"观点强调"，再围绕段落标题，从不同角度或侧面，依次提出若干要求，并用"。"隔开。此类型一般在领导讲话、工作部署、推进会、调度会等材料中使用。

---

① 赵宗庆：《应用写作的思路与层次观点》，河南大学出版社1992年版，第27页。
② 《习近平谈治国理政》第三卷，外文出版社2020年版，第519页。

```
┌─────────┐   ┌──────────────┐   ┌──────────────────┐
│三要形成合│ + │基层党建是一项系│ + ┤市直各相关部门要……│
│力抓落实 │   │统工程，涉及方方│   ├──────────────────┤
│         │   │面面的工作……   │   │要针对各部门职责特点…│
└─────────┘   └──────────────┘   ├──────────────────┤
                                  │要聚焦后进村整顿……│
                                  └──────────────────┘
```

经验线

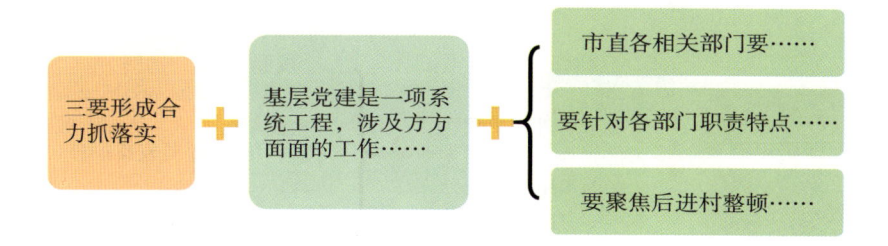

有的人在机关工作多年，材料写了不少，但总是在低层次徘徊，上不了档次和层面；还有的只会写几种自己熟悉的文种，稍稍一换就不会写了，究其原因，就是不懂写作原理。

哲学线

片面的看法是一般人在思想上最容易犯的毛病。这种方法使我们看不到事物的全部真相，因此也就常常要把我们的认识引向错误。①

样例 7-2：标题 + 强调 + 要求

<u>二要大力推进后进村整顿转化</u>。<u>要把后进村整顿转化作为今年基层党建的重中之重，集中力量攻坚，确保全部完成转化任务</u>。按照××的比例倒排确定后进村，坚持分类施策，进行集中整顿。每个后进村都要安排县级干部分包，选派第一书记、派驻工作组。对整顿工作重视不够、推进缓慢的县乡党委书记，适时下发督办卡通报或直接约谈相关责任人。

（标题 / 观点强调 / 要求1 / 要求2 / 要求3）

写法线

这种类型的写法特点是：在段落标题后，首先进行"观点强调"，之后，再围绕段落标题，从不同角度或侧面，依次提出若干要求，并用"。"隔开。此类型一般在领导讲话、工作部署、推进会、调度会等材料中使用。

---

① 艾思奇：《大众哲学》，民主与建设出版社 2016 年版，第 184 页。

```
┌──────────┐   ┌──────────────┐   ┌─────────────────────┐
│二要大力  │ + │要把后进村整顿│ + │按照××的比例……      │
│推进……    │   │转化作为今年基│   ├─────────────────────┤
│          │   │层党建的重中之│   │每个后进村都要安排…… │
│          │   │重……          │   ├─────────────────────┤
│          │   │              │   │对整顿工作……         │
└──────────┘   └──────────────┘   └─────────────────────┘
```

经验线

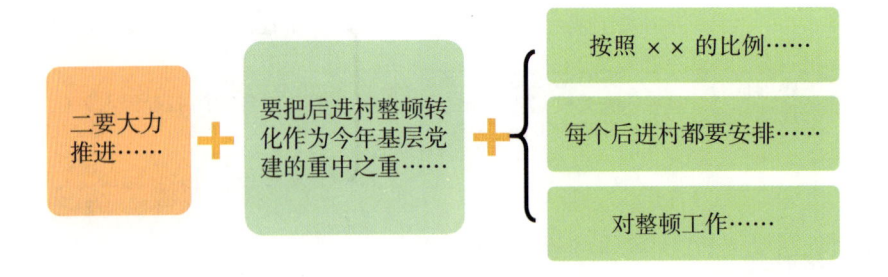

一个作者能否从多种结构形式中，挑选出最优的一种来构建文章，标志着他写作能力的高低，也决定着他文章质量的优劣。[①]

哲学线

就我个人的体会看，把"两论"作为学习哲学的主要内容，是哲学入门的一个有效的途径。《实践论》《矛盾论》是毛主席的重要哲学著作。[②]

样例 7-3：标题 + 强调 + 要求

<u>三要围绕重点抓落实</u>。刚才，我们已经明确了下半年基层党建六项重点任务，可以说，时间紧、任务重、标准高。各县区要按照刚才会上明确的六项重点工作，精心谋划、创新载体，逐条逐项抓好落实。要坚持普遍抓与重点抓相结合，善于抓住主要矛盾和矛盾的主要方面，加大工作推进力度。要紧紧抓住农村信访这个重点，开展专项排查摸底，着力解决群众关心的热点难点问题。

写法线

这种类型的写法特点是：在段落标题后，首先进行"观点强调"，之后，再围绕段落标题，从不同角度或侧面，依次提出若干要求，并用"。"

[①] 朱伯石：《现代写作学》，人民日报出版社 1986 年版，第 110-114 页。
[②] 李瑞环：《学哲学用哲学》，中国人民大学出版社 2005 年版，第 10 页。

隔开。此类型一般在领导讲话、工作部署、推进会、调度会等材料中使用。

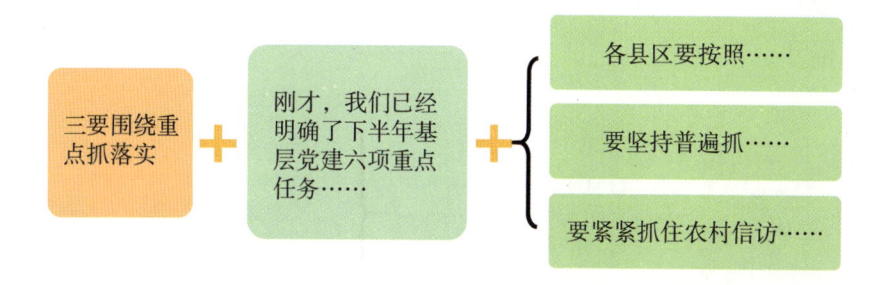

```
三要围绕重点抓落实  +  刚才，我们已经明确了下半年基层党建六项重点任务……  +  { 各县区要按照……
                                                              要坚持普遍抓……
                                                              要紧紧抓住农村信访…… }
```

经验线

应用写作文稿大部分是由各个观点加例子的"材料块"组装而成的。

哲学线

我们讲研究问题，最主要的是研究特点；讲认识事物，最主要的是认识特点；讲结合实际，最主要的也是讲结合特点。①

第4类：标题 + 解释 + 成效

样例 8-1：标题 + 解释 + 成效

一是经济总体实现回升向好。认真贯彻落实中央调结构、转方式的总体战略要求，坚持稳中求进的总基调，全力以赴保增长。全部财政收入和一般预算收入，分别增长 10.5% 和 6.7%。社会消费零售总额 108 亿，全年增长 21%。固定资产投资完成 630 亿，增长 42.7%。

（标题：一是经济总体实现回升向好；观点解释：认真贯彻落实……全力以赴保增长；成效1：全部财政收入和一般预算收入，分别增长 10.5% 和 6.7%；成效2：社会消费零售总额 108 亿，全年增长 21%；成效3：固定资产投资完成 630 亿，增长 42.7%）

---

① 李瑞环：《学哲学用哲学》，中国人民大学出版社 2005 年版，第 295 页。

写法线

这种类型的写法特点是：在段落标题后，紧接着进行"观点解释"，再围绕段落标题，从不同角度或侧面，依次列出若干个工作成效，并用"。"隔开。

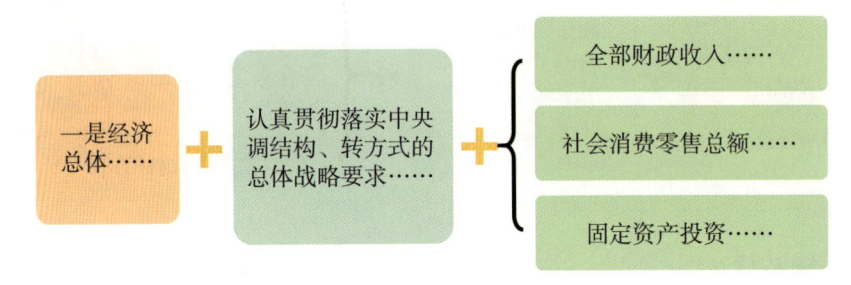

```
一是经济    +    认真贯彻落实中央         ┌── 全部财政收入……
总体……          调结构、转方式的    +   ├── 社会消费零售总额……
                总体战略要求……          └── 固定资产投资……
```

经验线

标题是为主题服务的，它细化主体，派生内容，使主题贯通全篇；标题又是为结构服务的，它区分层次，衔接上下，使结构紧密完整。[①]

哲学线

写作于延安时期的《实践论》和《矛盾论》（简称"两论"），是毛泽东最著名的哲学代表作，是毛泽东哲学思想的集中体现和精华所在。[②]

样例 8-2：标题＋解释＋成效

<u>三是加大农业投入力度</u>。积极适应农业产业化发展的新形势，加大投资力度，创新发展模式，集中力量破解涉及农村发展的瓶颈问题。<u>省市县财政"三农"累计支出 2.5 万亿元，年平均增长 17.5%</u>。提高农民种粮补贴，<u>补贴资金从 15 亿元增加到 78 亿元</u>。开展农村土地专项整治，加强标准化农田改造力度，<u>耕地面积增加 1.2 万亩</u>。

---

① 谢亦森：《大手笔是怎样炼成的：实践篇》，长江文艺出版社 2013 年版，第 81 页。
② 陈麟辉：《共产党人的看家本领——〈实践论〉〈矛盾论〉及其当代价值》，上海人民出版社 2019 年版，第 8 页。

写法线

这种类型的写法特点是：在段落标题后，紧接着进行"观点解释"，之后，再围绕段落标题，从不同角度或侧面，依次列出若干个工作成效，并用"。"隔开。

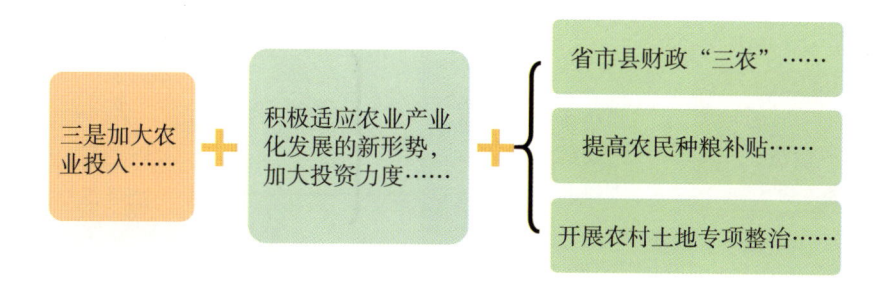

三是加大农业投入…… ＋ 积极适应农业产业化发展的新形势，加大投资力度…… ＋ { 省市县财政"三农"…… / 提高农民种粮补贴…… / 开展农村土地专项整治…… }

经验线

要使文章讲话有质量、有生命力，就不能原则来原则去，泛泛而谈，隔靴搔痒，而必须认真分析研究问题，在提炼思想上下功夫，揭示出带规律性、根本性的东西，以更好地指导实际工作。

哲学线

要具体地思考、深入地思考、连贯系统地思考，思考现在、过去和未来，思考自己、他人和整个世界，思考实践、理论和理论与实践相结合。[1]

样例 8-3：标题 + 解释 + 成效

<u>二是农业经济增长迅猛</u>（标题）。<u>紧紧围绕基础设施、盘活土地资源等关键环节，实施重点推进，极大地激发了农业发展新引擎</u>（观点解释）。<u>农业总产值完成 1520 亿，同比增长 21.4%</u>（成效 1）。<u>粮食总产量突破 191 亿吨，同比增长 16%</u>（成效 2）。<u>农村新整理土地 6250 亩，治理盐碱地 13500 亩，总体新增土地 7240 亩，增长 7.6%</u>（成效 3）。

---

[1] 李瑞环：《学哲学用哲学》，中国人民大学出版社 2005 年版，第 261 页。

写法线

这种类型的写法特点是：在段落标题后，紧接着进行"观点解释"，再围绕段落标题，从不同角度或侧面，依次列出若干个工作成效，并用"。"隔开。

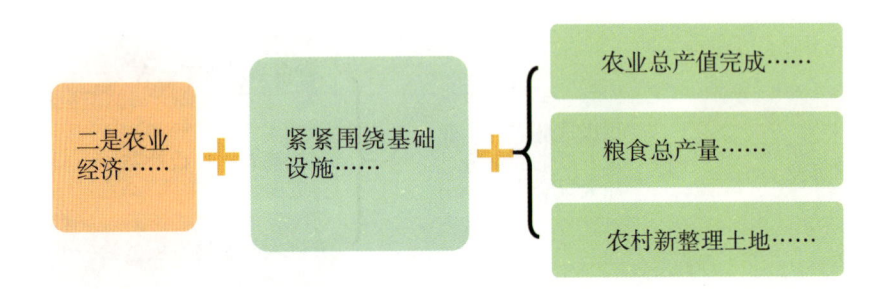

```
[二是农业经济……] + [紧紧围绕基础设施……] + { 农业总产值完成……
                                              粮食总产量……
                                              农村新整理土地…… }
```

经验线

理论思维能力和战略思维能力，是领导文稿起草工作者必须具备的素质和能力。[①]

哲学线

马克思主义未来学，首先是一门科学的未来学。所谓科学，核心就是马克思主义哲学，就是辩证唯物主义。[②]

第 5 类：标题 + 解释 + 事例

样例 9-1：标题 + 解释 + 事例

<u>二是思路清晰，措施得力。</u>（标题）<u>各县区全部制定了活动的《实施意见》和《推进方案》，启动实施了一系列推进举措，狠抓各项工作落实。</u>（观点解释）<u>××县召开了省市驻村工作组组长座谈会，梳理驻村工作组提出的意见建议30余</u>（事例1）

[①] 刘志信主编：《领导文稿起草工作》，河北人民出版社2004年版，第325页。
[②] 奚启新：《钱学森传》，人民出版社2011年版，第500页。

条……。××县采取"三会四表"的方式多渠道收集村情民情,召开各类座谈会180多场次……。××区先后召开6次协调调度会,县级和驻村干部开展调研26次,……。××区组织46名驻村干部进行专门培训。

写法线

这种类型的写法特点是：在段落标题后,首先进行"观点解释",之后,再围绕段落标题,从不同角度依次列出若干个"事例",并用"。"隔开。此类型一般在领导讲话、工作部署、推进会、调度会等材料中使用。

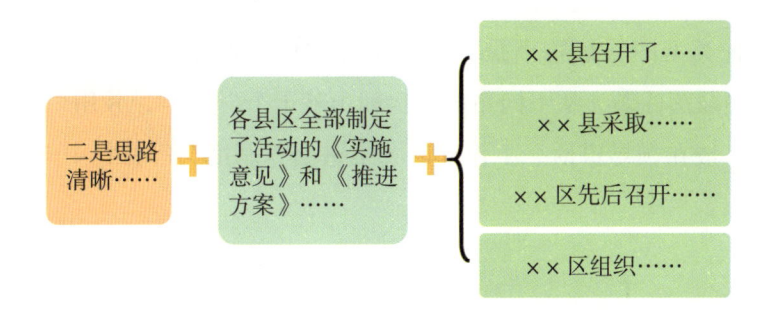

二是思路清晰…… + 各县区全部制定了活动的《实施意见》和《推进方案》…… + { ××县召开了…… / ××县采取…… / ××区先后召开…… / ××区组织…… }

经验线

海里面的浪,远看是平的,近看却不平。……文章也应该这样,有变化,有波浪。①

哲学线

着眼于特点和发展,这是研究事物运动规律的着眼点,而一切从实际出发,则是我们的出发点。②

---

① 叶永烈：《胡乔木》,广西人民出版社,2007年2月第1版,第140页。
② 韩树英等著：《学习毛泽东哲学思想》,北京出版社1982年版,第89页。

样例 9-2：标题 + 解释 + 事例

一是高度重视，行动迅速。市委把这项活动列入重要议事日程，市委常委会专题进行研究部署，书记亲自审定活动方案，……。市委副书记作为领导小组组长，直接抓谋划……。在市委的带动下，各县区、各部门自觉把活动作为一项重大政治任务……。××县建立了督导调度机制，先后4次分南北两片进行巡回督导……。××县制定了《管理办法》，建立了工作提示制度，……。

写法线

这种类型的写法特点是：在段落标题后，首先进行"观点解释"，之后围绕段落标题，从不同角度依次列出若干个"事例"，并用"。"隔开。此类型一般在领导讲话、工作部署、推进会、调度会等材料中使用。

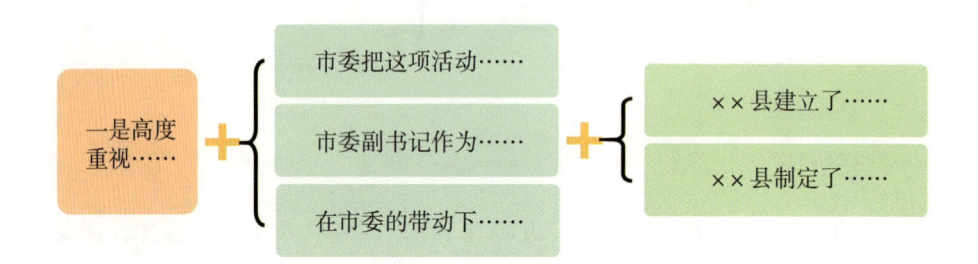

经验线

要系统地组织政工写作的"笔杆子"们总结和回顾自己的写作经验，要系统地收集整理多年来散见于各种报刊和书籍中的政工写作零散经验，要系统地收集和整理近一个世纪以来政工写作的优秀作品及其作者的体会。[①]

---

① 徐向东：《政工写作学》，解放军出版社1996年版，第27页。

哲学线

要有创造性的理论素养。当然，首先是对当代哲学、社会科学以及自然科学中的理论成果有所掌握或知晓。但是，其中最重要的是掌握唯物主义辩证法。[①]

样例 9-3：标题 + 解释 + 事例

<u>三是部门支持，推进有力。</u>（标题）<u>活动启动以来，市直各相关部门结合自身职能，围绕……，积极……。</u>（观点解释1）<u>驻村工作组和驻村干部积极行动、扎实工作，……。</u>（观点解释2）<u>×××工作组帮助村里梳理出了6类问题，……。</u>（事例1）<u>××局制定了为村里修一条路、建一个百亩蔬菜大棚……。</u>（事例2）<u>×××单位制定了7项帮扶计划，首批建设总面积不低于100亩韭菜大棚100个以上，……。</u>（事例3）<u>×××、×××等单位也都分别围绕发展农村特色产业……。</u>（事例4）

写法线

这种类型的写法特点是：在段落标题后，首先进行"观点解释"，再围绕段落标题，从不同角度依次列出若干个"事例"，并用"。"隔开。此类型一般在领导讲话、工作部署、推进会、调度会等材料中使用。

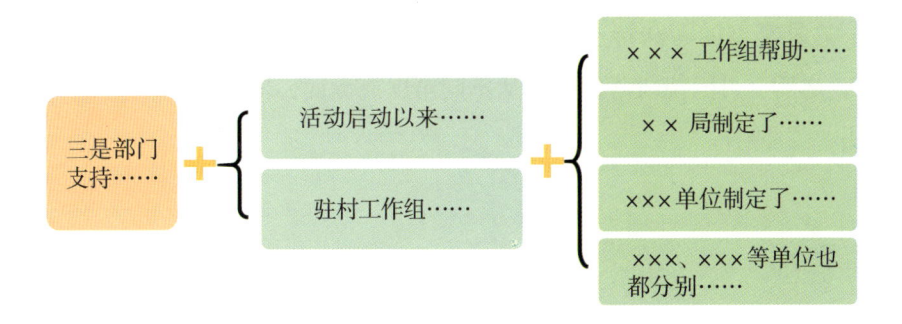

---

① 刘志信主编：《领导文稿起草工作》，河北人民出版社 2004 年版，第 491 页。

经验线

过去之所以在写作中，憋很长时间，想不出路子来，主要是没掌握其规律。通过分类研究，就可以从逻辑顺序、文字排列等方面掌握确定思路和层次观点表达的规律，学到其中的门道。[①]

哲学线

学哲学要学原理，用哲学也要用原理。[②]

第6类：标题+解释+方法

样例10-1：标题+解释+方法

一要加大指导力度。就是要紧紧围绕活动开展的一些关键环节、重点步骤和规定动作等内容，进行有针对性的指导。对一些重要活动，都全程跟进，现场指导。对一些重要会议，都亲自到会。对一些重要文件材料，都认真审阅并提出修改意见。对一些重要部门，都注重经常调度，进行具体指导。

写法线

这种类型的写法特点是：在段落标题后，紧接着首先进行"观点解释"，之后，再围绕段落标题，从不同角度或侧面，依次写出若干个方法，并用"。"隔开。

---

① 赵宗庆编著：《应用写作的思路与层次观点》，河南大学出版社1992年版，第59页。
② 李瑞环：《学哲学用哲学》，中国人民大学出版社2005年版，第712页。

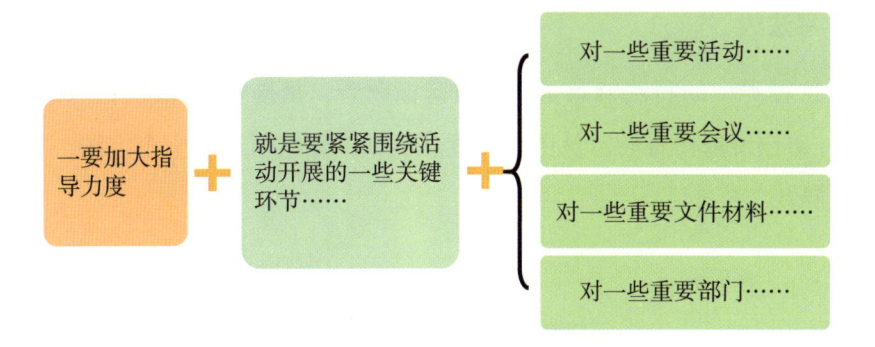

```
┌─────────┐     ┌─────────────┐     ┌─────────────────────┐
│ 一要加大 │  +  │ 就是要紧紧围绕 │  +  │ 对一些重要活动……    │
│ 指导力度 │     │ 活动开展的一些 │     ├─────────────────────┤
│         │     │ 关键环节……    │     │ 对一些重要会议……    │
└─────────┘     └─────────────┘     ├─────────────────────┤
                                     │ 对一些重要文件材料……│
                                     ├─────────────────────┤
                                     │ 对一些重要部门……    │
                                     └─────────────────────┘
```

经验线

我在写材料时，一般是这样分配时间的，如果给我 10 天时间写一大稿，我要用 3 天时间积累素材，1 天选择和分析材料，3 天研究写作路子、搭设文章框架，2 天正式写稿，1 天修改完善。所以，准备工作和搭设框架是非常重要的。

哲学线

分析矛盾，首先要对材料进行筛选，去粗取精、去伪存真，分分类、排排队、归归堆、论论辈；然后把材料掰开了、揉碎了，由此及彼、由表及里加工改造。[①]

样例 10-2：标题 + 解释 + 方法

二、加强活动分类指导。要区分好、中、差三种类型，针对不同行业和部门实际，进行有针对性的指导。对班子软弱涣散的单位，上级党组织要派人指导，帮助解决问题。对无力撰写材料的单位，要帮助搞好起草工作。对联合党组织单位，要重点帮助分析问题，提出合理化建议。对未建立党组织的单位，要指导其党员主动参加所属单位支部生活会。

[①] 李瑞环：《学哲学用哲学》，中国人民大学出版社 2005 年版，第 714 页。

写法线

这种类型的写法特点是：在段落标题后，紧接着首先进行"观点解释"，再围绕段落标题，从不同角度或侧面，依次写出若干个方法，并用"。"隔开。

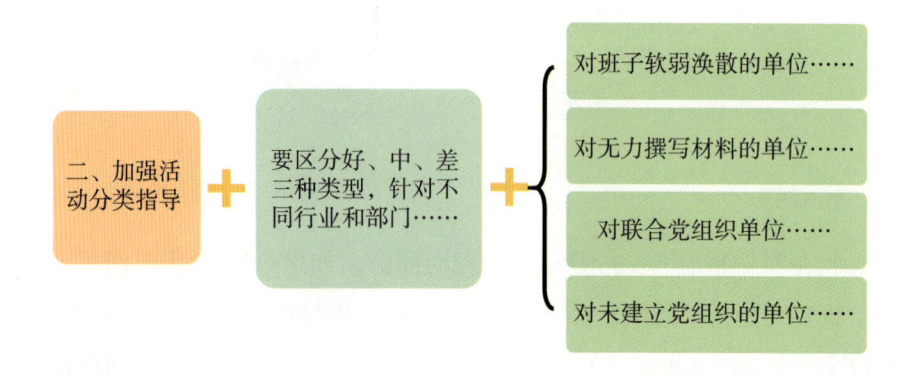

```
┌─────────┐   ┌──────────────┐   ┌─ 对班子软弱涣散的单位……
│二、加强活│ + │要区分好、中、差│ + ├─ 对无力撰写材料的单位……
│动分类指导│   │三种类型，针对不│   ├─ 对联合党组织单位……
└─────────┘   │同行业和部门……│   └─ 对未建立党组织的单位……
              └──────────────┘
```

经验线

要想真正把公文写好，除了要掌握基本的写作理论外，一定要多读中央和省市委下发的各种文件、材料，我觉得比什么教材都管用，你想要的技巧，那上面全告诉你了。

哲学线

一尺之棰，日取其半，万世不竭。① 意思是：一尺长的棍棒，每日截取它的一半，永远截不完。

样例10-3：标题 + 解释 + 方法

<u>三要加快产业结构调整</u>。就是按照中央和省委要求，针对我市产业结
　　　　标题　　　　　　　　　　　　　　　　　　　观点解释
构不合理、产业布局不科学等问题，进行全面调整优化。<u>整合各类资源，
　　　　　　　　　　　　　　　　　　　　　　　　　　　方法1
鼓励跨行业兼并重组</u>。<u>加强政策支持和引导，推动新兴产业健康发展</u>。<u>提
方法2　　　　　　　　　　　　　　　　　　　　　方法3
升传统产业技术水平，着力解决产能过剩、技术落后等突出问题</u>。
方法4

―――――
① 《庄子·杂篇·天下》。

写法线

这种类型的写法特点是：在段落标题后，紧接着进行"观点解释"，再围绕段落标题，从不同角度或侧面，依次写出若干个方法，并用"。"隔开。

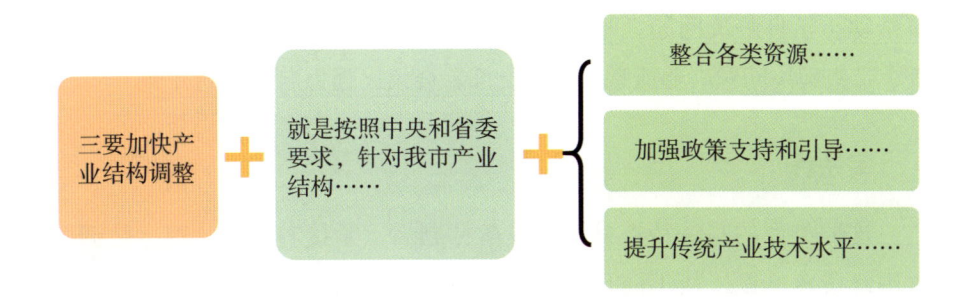

三要加快产业结构调整 ＋ 就是按照中央和省委要求，针对我市产业结构…… ＋ 整合各类资源……／加强政策支持和引导……／提升传统产业技术水平……

经验线

所谓行文的顺序性，就是一篇讲话在围绕主题、发挥主题时，要分出层次和先后次序来，开头、中间、尾巴之间要互相照应，像"抽丝"、"剥茧"一样，层层深入，不能颠三倒四，主次不分，也不能节外生枝，离题万里。[1]

哲学线

马克思主义哲学科学地揭示了自然、社会和人类思维发展的一般规律，在当今时代依然有着强大生命力，依然是指导我们共产党人前进的强大思想武器。[2]

---

[1] 刘志信主编：《领导文稿起草工作》，河北人民出版社2004年版，第119页。
[2] 《毛泽东选集》第一卷，人民出版社1991年版，第109页。

第 7 类：标题 + 强调 + 方法

样例 11-1：标题 + 强调 + 方法

<u>二要强化组织领导</u>。<u>各市县要着力强化责任意识，坚持党委统揽，一把手负总责，切实摆上重要位置</u>。<u>市县委书记要亲自谋划、亲自部署、亲自推动、亲自解决问题</u>。<u>基层党组织书记要带头学习调研、带头分析检查、带头解决问题</u>。<u>要抓紧召开动员部署会议，强力启动活动开展</u>。

写法线

这种类型的写法特点是：在段落标题后，紧接着进行"观点强调"，再围绕段落标题，从不同角度或侧面，依次写出若干个方法，并用"。"隔开。

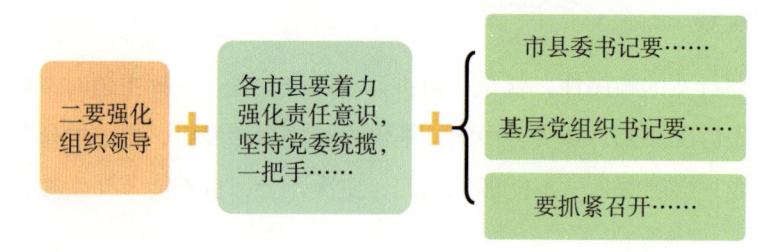

```
┌──────────┐     ┌──────────────┐     ┌──────────────┐
│二要强化  │     │各市县要着力  │     │市县委书记要……│
│组织领导  │  +  │强化责任意识，│  +  ├──────────────┤
│          │     │坚持党委统揽，│     │基层党组织书记要……│
│          │     │一把手……      │     ├──────────────┤
└──────────┘     └──────────────┘     │要抓紧召开……  │
                                      └──────────────┘
```

经验线

进入角色，就是换位思考。你给书记起草讲话，此时，你就是"书记"，促使自己的思想认识更全面，更符合客观实际。[①]

哲学线

研究对策首要的必须是解放思想，而辩证唯物主义哲学可以解决思维方式问题，……对立统一规律能够开阔你的思路，矛盾特殊性的原理可以帮助你寻找方法……哲学可以告诉你如何在继承基础上创造新的

[①] 刘志信主编：《领导文稿起草工作》，河北人民出版社 2004 年版，第 149 页。

方法。[1]

样例 11-2：标题 + 强调 + 方法

<u>一要配强教学力量。</u>（标题）<u>教师是授课的主体，教学效果的好坏，很大程度上取决于师资力量的配备。</u>（观点强调）<u>要根据专题课程的需要选择教师，引入竞争择优机制，鼓励教师竞争上岗。</u>（方法1）<u>要扩大师资选择范围，把具有丰富经验的领导干部和各行各业的专家学者充实到师资队伍中，增强教学的实际。</u>（方法2）

写法线

这种类型的写法特点是：在段落标题后，紧接着进行"观点强调"，再围绕段落标题，从不同角度或侧面，依次写出若干个方法，并用"。"隔开。

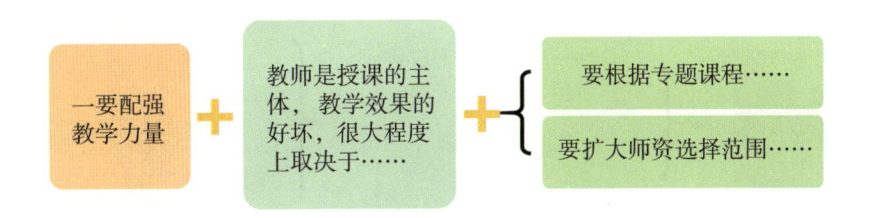

经验线

要想站在领导角度思考问题，就必须首先提高辩证思维能力，掌握事物的客观规律，用科学的分析，把客观事物本质的、规律性的东西写出来，这样才能达到领导要求的层次。

哲学线

对具体事物的整个认识过程是，起初形成片面的、不完全的抽象，而后是它们的发展和丰富，最终获得某一活生生整体的无数规定的总和，

---

[1] 李瑞环：《学哲学用哲学》，中国人民大学出版社 2005 年版，第 715 页。

这就是关于具体事物的知识。①

样例 11-3：标题 + 强调 + 方法

二要打牢纪律桩子。任何一个政党，都应该是有组织、有纪律的。如果无组织、无纪律，那就是一盘散沙。作为一名党员干部，要守党纪，严格遵守各项纪律要求，主动接受监督。要守法律，坚持依法行政、秉公用权。要守小节，从细微处做起，从一点一滴改起，带头约束自己的行为。

写法线

这种类型的写法特点是：在段落标题后，紧接着进行"观点强调"，再围绕段落标题，从不同角度或侧面，依次写出若干个方法，并用"。"隔开。

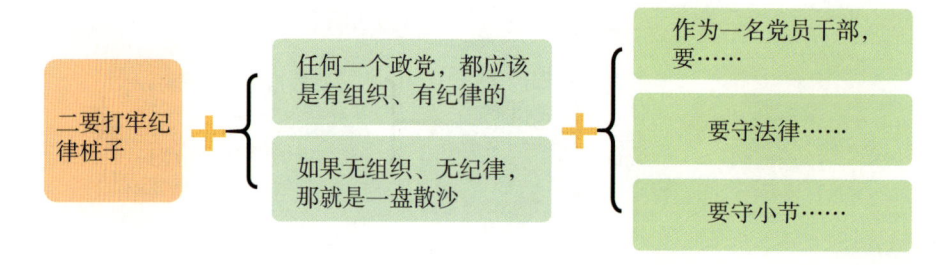

二要打牢纪律桩子 ＋ { 任何一个政党，都应该是有组织、有纪律的 ； 如果无组织、无纪律，那就是一盘散沙 } ＋ { 作为一名党员干部，要…… ； 要守法律…… ； 要守小节…… }

经验线

在讲话稿的写作中，有的同志认为，讲话是严肃的，不同于文艺作品，不需要讲究什么艺术。所以对文字的节奏、语感不去重视，写出的东西显得干巴、呆板、落入俗套。②

---

① 列·尼·苏沃洛夫：《列宁〈哲学笔记〉中的辩证法问题》，求实出版社 1981 年版，第 153 页。
② 赵宗庆：《党政机关应用材料写作要领》，中国华侨出版社 1997 年版，第 72 页。

哲学线

理论的东西，是反映事物本质、带规律性的东西，具有普遍性、稳定性和再现性。掌握了理论，就可以使我们在千头万绪、纷繁复杂的矛盾现象中分清主次、抓住根本，在变幻莫测的事物发展中把握方向，在困难和问题面前找到解决的基本方法。[1]

---

[1] 李瑞环：《学哲学用哲学》，中国人民大学出版社 2005 年版，第 97 页。

第三节　复杂段落的组成方法

第1类：标题 + 强调 + 方法 + 强调

样例12-1：标题 + 强调 + 方法 + 强调

二要处理好反对"四风"和办实事的关系。中央和省市委明确指出，这次教育实践活动从始至终都要……。各级各部门一定要……。特别是要……。要充分认识到……。各级各部门要紧紧围绕……。市县两级要……。农村、社区、非公等基层组织要……。总之，要……。

写法线

这种类型的写法特点是：在段落标题后，紧接着进行"观点强调"，再围绕段落标题，从不同角度或侧面，依次写出若干个方法，并用"。"隔开。最后一句，再对观点进行一次强调。

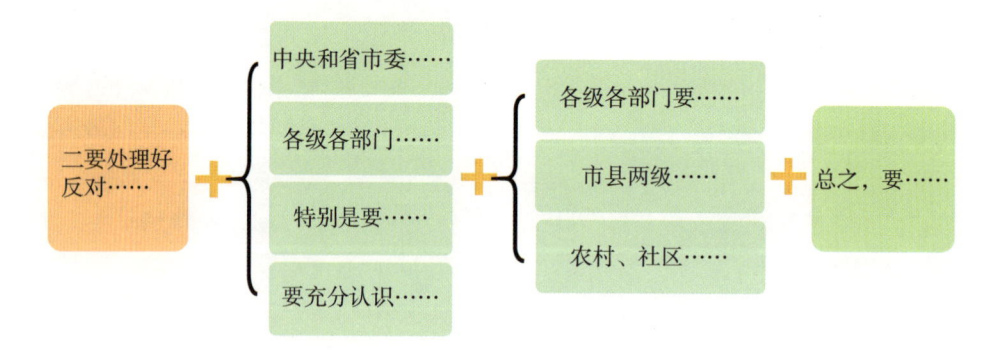

经验线

一篇文章要像人一样，总得有所长，才会有味道。比如，主题不深，可以让结构很奇巧；结构不精彩，可以以语言优美制胜。

哲学线

哲学之所以重要，就在于它为人民群众认识世界、改造世界提供思想武器。①

样例 12-2：标题 + 强调 + 方法 + 强调

<u>四要处理好规定动作和自选动作的关系</u>。各县区各部门必须要清醒地认识到……。必须要明确的是……。但是，前提是必须要……。要处理好主与辅关系……。要处理好先与后关系……。要处理好上与下关系……。要通过"自选动作"来检验基层的"规定动作"是否完成……。只有把"规定动作"完成……。

写法线

这种类型的写法特点是：在段落标题后，紧接着进行"观点强调"，再围绕段落标题，从不同角度或侧面，依次写出若干个方法，并用"。"隔开。最后一句，再对观点进行一次强调。

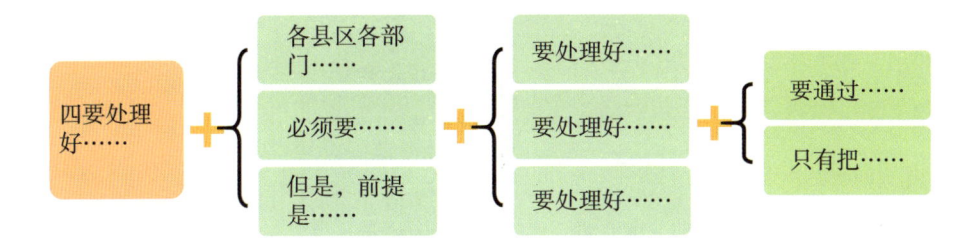

经验线

领导讲话中的要求和部署任务部分指令性更为突出。它要以坚定鲜明的语言，对人们应该怎样做，不应该怎样做，界限分明加以规范，令行禁止要求明确。对工作如何开展带有很强的命令色彩。②

---

① 李瑞环：《学哲学用哲学》，中国人民大学出版社 2005 年版，第 8 页。
② 赵宗庆：《党政机关应用材料写作要领》，中国华侨出版社 1997 年版，第 61 页。

哲学线

写文章讲准确性、鲜明性、生动性，讲谋篇布局、遣词造句，但如果缺乏对生活实践的深刻了解，缺乏对实际问题的深入研究，言之无物，无病呻吟，也就无法写出具有"三性"的好文章。[1]

样例 12-3：标题 + 强调 + 方法 + 强调

三要突出抓好重点任务。目前，市活动领导小组已经专门下发通知，就抓好重点任务落实……。各相关单位要按照通知要求……。牵头单位和责任单位要……。要按照……。要对重点任务实行重点攻坚……。要坚持"每月一调度"……。通过实施重点攻坚……。

写法线

这种类型的写法特点是：在段落标题后，紧接着进行"观点强调"，再围绕段落标题，从不同角度或侧面，依次写出若干个方法，并用"。"隔开。最后一句，再对观点进行一次强调。

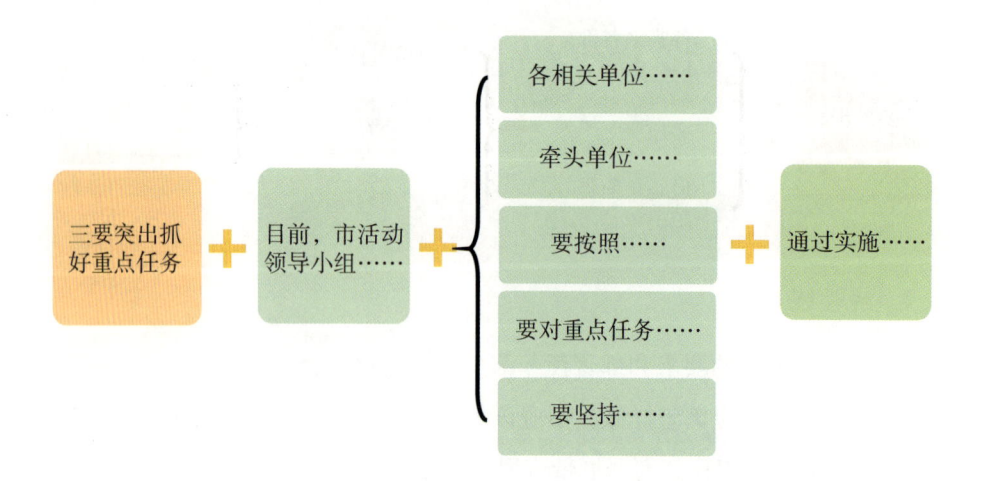

---

[1] 李瑞环：《学哲学用哲学》，中国人民大学出版 2005 年版，第 186—187 页。

经验线

接到一个任务,弄清来龙去脉之后,必须认真构思。①

哲学线

陈云同志讲过:"学好哲学,终身受用。"这完全是经验之谈,我非常赞成。②

第 2 类:标题 + 做法 + 成效

样例 13-1:标题 + 做法 + 成效

<u>二是抓"两委"班子</u>(标题)。<u>坚持把选优、配强基层领导班子作为抓好基层党建工作的关键环节……</u>(做法)。<u>目前,共完成村党组织换届……</u>(成效1);<u>完成村委会换届……</u>(成效2)。<u>通过此次换届……</u>(成效3)。

写法线

这种类型的写法特点是:在段落标题后,紧接着首先列出若干个做法,之后,列举若干个成效,并用"。"隔开。此种类型一般用在工作汇报、工作总结等材料中使用。

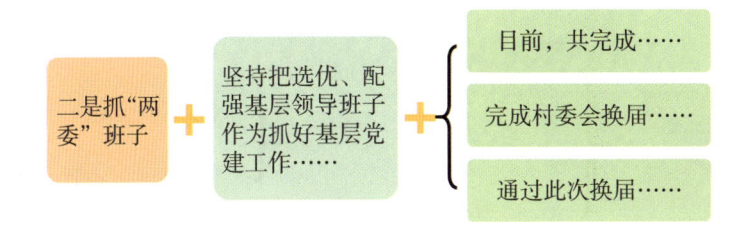

[二是抓"两委"班子] + [坚持把选优、配强基层领导班子作为抓好基层党建工作……] + { 目前,共完成…… / 完成村委会换届…… / 通过此次换届…… }

---

① 刘志信主编:《领导文稿起草工作》,河北人民出版社 2004 年版,第 147 页。
② 李瑞环:《学哲学用哲学》,中国人民大学出版社 2005 年版,第 17 页。

经验线

如果把写文章比喻为盖房子，那就是要"用逻辑砌砖，用语言勾缝"，或者叫"装修"。

哲学线

所谓规律，就是能够体现事物内在的、本质的、共同的联系，并且经常起着支配作用，决定事物发展必然性的东西。正如列宁所说："规律是现象中同一的东西。"[①]

样例 13-2：标题 + 做法 + 成效

三是抓能力培训。深入推进"领头雁工程"……。去年结合市县乡三级干部大培训……；对所有街道、社区干部进行了……。经验做法被……刊发。近 3 年来，市县两级共组织培训……。

写法线

这种类型的写法特点是：在段落标题后，紧接着首先列出若干个做法，之后，列举若干个成效，并用"。"隔开。此种类型一般用在工作汇报、工作总结等材料中使用。

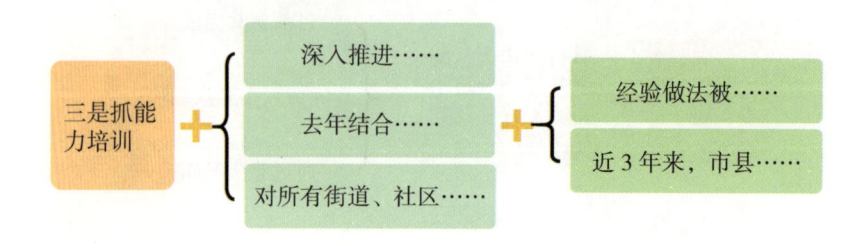

---

① 徐向东：《政工写作学》，解放军出版社 1996 年版，第 72—73 页。

经验线

常言说，练笔先练"心"，有一定的道理。所谓练"心"，就是练习构思的能力，初学的同志，把一个问题掰成几个大瓣还能做到，而要掰细一些，深化一些，做到大层次—中层次—小层次，层支递进，每层中又有几个支点，就会感到难度较大。①

哲学线

哲学是世界观、方法论的学问，讲的是事物最根本、最普遍的规律，讲"任何事物都逃不出它的范围"，包括熟悉的工作逃不出它的范围，不熟悉的工作也逃不出它的范围。②

样例 13-3：标题 + 做法 + 成效

<u>五是开展非公党建集中攻坚行动。</u>（标题）市委成立……。（做法1）整合税务、市场监督、工商、民政等部门资源……。（做法2）全市非公企业中，已建立党组织……。（成效1）对没有党员的非公企业……。（成效2）

写法线

这种类型的写法特点是：在段落标题后，紧接着列出若干个做法，列举若干个成效，并用"。"隔开。此种类型一般用在工作汇报、工作总结等材料中使用。

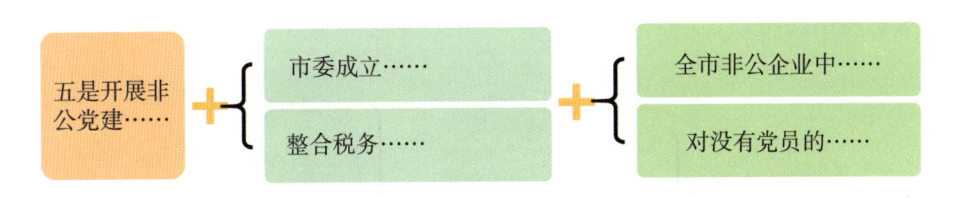

---

① 刘志信主编：《领导文稿起草工作》，河北人民出版社 2004 年版，第 172 页。
② 李瑞环：《学哲学用哲学》，中国人民大学出版社 2005 年版，第 16-17 页。

经验线

掌握了写作的一般理论，知道了原理是什么，写作前就能更清楚文章各个部分应该写什么、写到什么程度，是简单说还是详细说，是正面说还是反面说，从而也知道了哪些是应该重点说的，哪些是一笔带过。

哲学线

认识事物的本质，是这样重要，但本质又不是直接能够认识到的。……这就需要对事物加以科学的研究。[①]

第3类：标题+做法+事例

样例14-1：标题+做法+事例

<u>二是载体多样、富有特色。</u><u>市委坚持高起点、高标准、高质量，从一开始就精心设计……</u>。<u>活动展开后，又……</u>。<u>各县区各部门也……</u>。<u>××区深入实施了……</u>。<u>××县围绕做深六项教育……</u>。<u>××县设计了"一把手"访谈……</u>。<u>××局邀请……</u>。

（标题；做法1；做法2；做法3；事例1；事例2；事例3；事例4）

写法线

这种类型的写法特点是：在段落标题后，紧接着列出若干个做法，列举若干个事例，并用"。"隔开。此种类型一般在调度会、推进会的讲话等材料中使用。

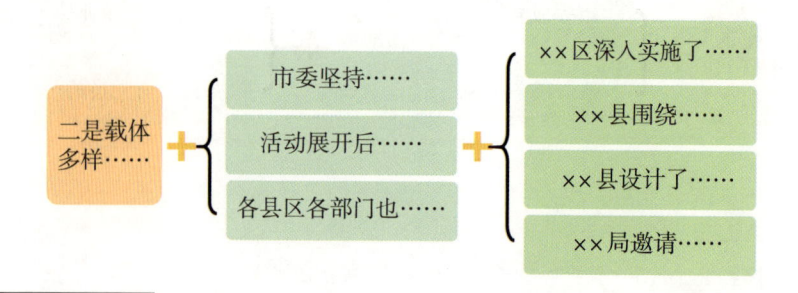

二是载体多样…… + { 市委坚持……；活动展开后……；各县区各部门也…… } + { ××区深入实施了……；××县围绕……；××县设计了……；××局邀请…… }

[①] 艾思奇：《大众哲学》，人民出版社2004年版，第194页。

经验线

写材料的同志都有这种体验：面面俱到，分散了力量，想都写到，却什么也写不深。抓住一点钻进去，在往深处行进中，再往左右开掘，才能从深度和厚度上把典型立体地表达出来，这里说的就是选择角度和材料的进入问题。①

哲学线

要深入学、持久学、刻苦学，带着问题学、联系实际学，更好把科学思想理论转化为认识世界、改造世界的强大物质力量。②

样例 14-2：标题 + 做法 + 事例

<u>五是广泛宣传、引导有力</u>。把抓好宣传引导作为推动活动的重要手段……。以"牢固树立马克思主义群众观点"为主题……。各县区、各单位也通过……。×××区开办了……。×××区的空中课堂……。×××局在全市各路段的电子屏……。

写法线

这种类型的写法特点是：在段落标题后，紧接着列出若干个做法，之后列举若干个事例，并用"。"隔开。此种类型一般在调度会、推进会的讲话等材料中使用。

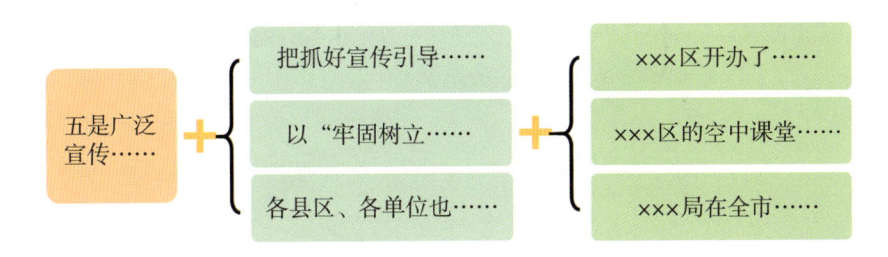

---

① 赵宗庆：《党政机关应用材料写作要领》，应用写作培训中心 1997 年，第 177 页。
② 《习近平谈治国理政》第三卷，外文出版社 2020 年版，第 75 页。

经验线

应用写作中,层次标题的字数有限,要使这有限的文字表达深刻、新鲜的内容,就必须花费功夫去反复琢磨,做到思考、思考、再思考,精炼、精炼、再精炼,能少用一字,就不多用一字。[①]

哲学线

调查研究是一个完整概念:调查,就是了解客观情况(多指到现场);研究,就是探究事物的真相、性质、规律等。[②]

样例 14-3:标题 + 做法 + 事例

积极响应,迅速落实。市委书记……。市长高度关注……。市委积极指导各县区、各部门……。××区推行……。××县组织……。

(标题)(做法1)(做法2)(做法3)(事例1)(事例2)

写法线

这种类型的写法特点是:在段落标题后,紧接着列出若干个做法,然后列举若干个事例,并用"。"隔开。此种类型一般在调度会、推进会的讲话等材料中使用。

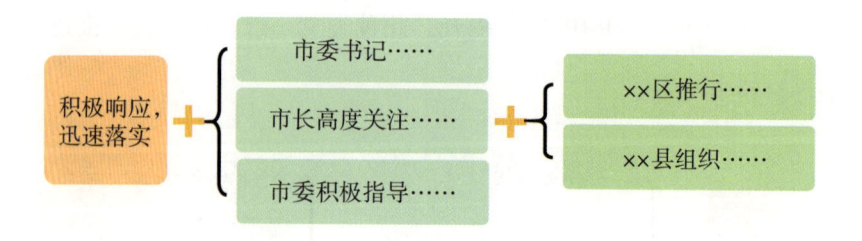

---

① 赵宗庆:《应用写作的思路与层次观点》,河南大学出版社 1992 年版,第 43 页。
② 刘志信主编:《领导文稿起草工作》,河北人民出版社 2004 年版,第 517 页。

经验线

陈毅当年常常"鸡鸣三更起，河畔习外语"；董必武75岁时"趁日翻俄语，开灯读楚辞"；毛泽东更是"人不离书，书不离人"，"生命不息，读书不止"，他即使在晚年患有严重眼疾的情况下，仍顽强地阅读"二十四史"。[1]

哲学线

研究矛盾和解决矛盾时，必须注意矛盾的具体性、特殊性。[2]

第4类：标题＋强调或＋引用或＋事例或＋强调……＋要求

样例15-1：标题＋强调或＋引用或＋事例或＋强调……＋要求

<u>三要知民，就是要真切体察群众疾苦</u>（标题）。<u>心里装着人民，时刻想着人民，才能……</u>（强调）。<u>古人讲，"为政之要……"</u>（引用）。<u>郑板桥在山东潍县担任知县时……</u>（事例1）。作为一个封建时代的官员，都能有这种情怀，更何况……？<u>总书记在正定的时候……</u>（事例2）。<u>参加培训的同志都是领导干部……</u>（强调2）。（强调1）

写法线

这种类型是一种复杂的多种写法的综合，主要特点是：在段落标题后，紧接着列出若干个强调；之后，或引用若干个名人名言、领导讲话或举若干个事例；再之后，进行若干个强调或提出若干个要求，并用"。"隔开。此种类型一般用在领导讲话、研讨文章、时事评论等材料中。

---

[1] 信真：《秘书部门要大力倡导四种风气》，《政工研究文摘》，2000年第3期，第86页。
[2] 艾思奇：《大众哲学》，人民出版社2004年版，第173页。

```
[三要知民，  +  [心里装着  +  [古人讲……]  +  ┌ [郑板桥……]  +  [作为……]
 就是要…]      人民……]                        │
                                              └ [总书记……]  +  [参加……]
```

经验线

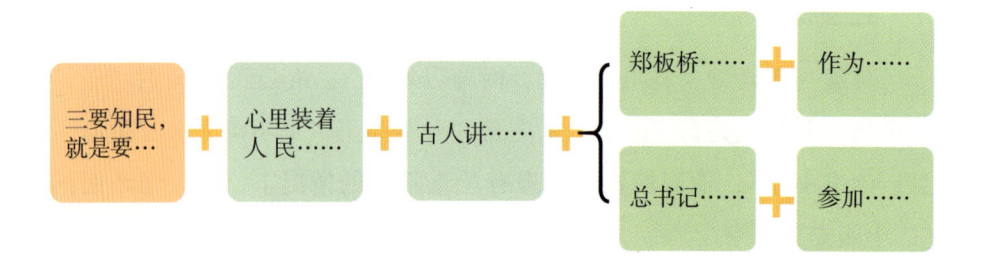

从实际情况看，"模仿"能够迅速提高写作水平，正如学画画一样，首先要对一些经典作品进行"临摹"，经过多次反复"临摹"后，才能掌握画画的技巧。同样，公文写作也必须进行"模仿"，即：对照一些经典范文，全面学习范文的语言风格、谋篇布局等内容，这样就能很快掌握写作的技巧。

哲学线

所谓片面性，就是不知道全面地看问题。例如：只了解中国一方、不了解日本一方，只了解共产党一方、不了解国民党一方，只了解无产阶级一方、不了解资产阶级一方……一句话，不了解矛盾各方的特点。这就叫作片面地看问题。①

样例 15-2：标题＋强调或＋引用或＋事例或＋强调……＋要求

三是要打牢"纪律桩子"。任何一个政党、一支队伍，都应该……。有组织、无纪律，实际上就等于无组织……。作为一名党员干部……。总书记在正定工作期间……。前几年《人民日报》……。因此，党员干部在交友上要做到三点……。

---

① 《毛泽东选集》第一卷，人民出版社 1991 年版，第 312 页。

写法线

这种类型是一种复杂的多种写法的综合，主要特点是：在段落标题后，紧接着列出若干个强调；之后，或引用若干个名人名言、领导讲话，或举若干个事例；接着进行若干个强调或提出若干个要求，并用"。"隔开。此种类型一般在领导讲话、研讨文章、时事评论等材料中使用。

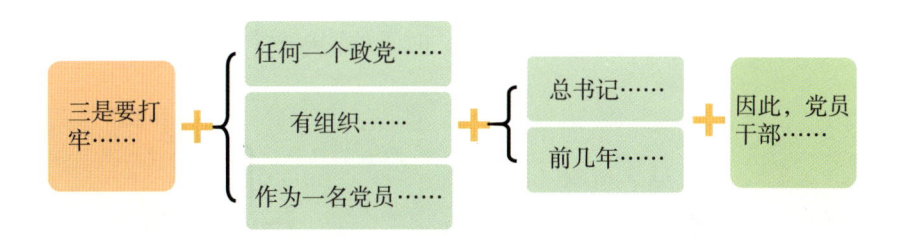

```
┌─三是要打牢……─┐ + ┌─任何一个政党……─┐ + ┌─总书记……─┐ + ┌─因此，党员干部……─┐
                    │  有组织……       │   │  前几年……│
                    └─作为一名党员……─┘
```

经验线

各类文稿的起草不是什么高深技术，没有什么难以驾驭的深奥技艺，只要下功夫，多用心，多练习，每个同志完全可以干得很好。[①]

哲学线

如果党员领导干部不学习马克思主义哲学，不懂辩证法，不善于分析矛盾化解矛盾，老是搞形而上学片面性，耳聋眼花，那就会东倒西歪，什么任务也完成不了。[②]

样例 15-3：标题 + 强调或 + 引用或 + 事例或 + 强调……+ 要求

一是要打牢"信念桩子"。坚定的理想信念，是……。事实多次表明……。习总书记指出……。坚定理想信念，关键是要做到"三个自信"：一要坚持"道路自信"……。二要坚持"理论自信"……。三要坚持"制

[①] 刘志信主编：《领导文稿起草工作》，河北人民出版社 2004 年版，第 172 页。
[②] 陈先达：《马克思主义哲学是大智慧》，人民出版社 2019 年版，第 13 页。

度自信"……。

写法线

这种类型是一种复杂的多种写法的综合，主要特点是：在段落标题后，紧接着列出若干个强调；之后，或引用若干个名人名言、领导讲话或举若干个事例；接着进行若干个强调或提出若干个要求，并用"。"隔开。此种类型一般在领导讲话、研讨文章、时事评论等材料中使用。

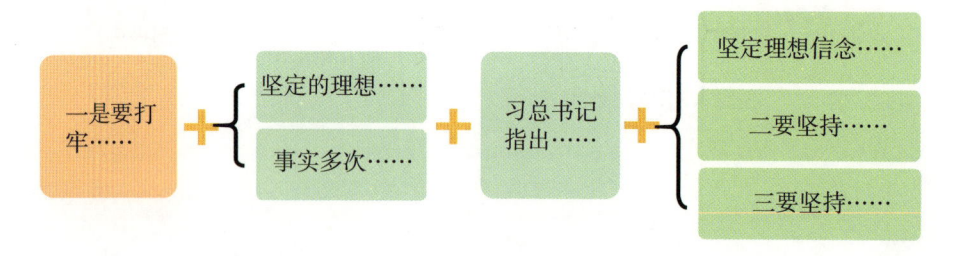

一是要打牢…… + { 坚定的理想…… / 事实多次…… } + 习总书记指出…… + { 坚定理想信念…… / 二要坚持…… / 三要坚持…… }

经验线

确定思路和层次观点时，不能停留在对客观事物直观和机械地反映上，而必须经过作者的深加工，通过深刻地分析客观实际，把握其内在的必然联系，引出对实际工作有指导作用的规律性的经验来。[1]

哲学线

我们有些文章写得不好，不是词汇不够多、句子不够美，而是动机上、内容上、方法上有毛病，在鼓捣字儿上花的时间太多，在研究事儿上下的功夫太少。[2]

---

[1] 赵宗庆：《应用写作的思路与层次观点》，河南大学出版社1992年版，第37页。
[2] 李瑞环：《学哲学用哲学》，中国人民大学出版社2005年版，第187页。

第四章

常用材料的写法

前几章，我们分别介绍了谋篇布局、写作流程和常用公文的基本写法，但是，大家对起草一篇完整的公文还缺乏直观的印象。前几章就像"分解动作"，或者像玩具的各部件一样，如何把各个部分组合起来，还没有系统的思路。为了帮助大家对一篇公文从布局、立意、背景、词语使用、句子结构和段落层次等方方面面有一个完整的了解，本章遴选了报告、意见、总结、讲话、要点和简报信息6种经典范文，进行全面详细的讲解，相信通过本章的学习，广大读者可以了解一篇公文出炉的全过程，学会如何把零散的写法组合起来。

第一节　报告的写法

《××年×××政府工作报告》整体上包含三大块：一、××年工作回顾。二、××年工作总体部署。三、××年主要任务。

写法线

本篇《报告》的三大块，是按照"逻辑先后"顺序逐步展开的，即：先说××年工作完成情况，之后叙述××年工作总体部署，最后逐条布置××年主要任务。具体写法图如下：

```
逻辑先后 ───────────────────────────────►
         ↓                ↓              ↓
         先               后             后
    ┌─────────┐      ┌─────────┐    ┌─────────┐
    │一、    │ 递减  │二、    │先后│三、    │ 递减
    │××    │ 一是…│××    │一是…│××    │ 一是…
    │年     │ 二是…│年     │二是…│年     │ 二是…
    │工作   │ 三是…│工作   │三是…│主要   │ 三是…
    │回顾   │ 四是…│总体   │四是…│任务   │  ⋮
    │       │ 五是…│部署   │五是…│       │ 九是…
    └───────┴──────┴───────┴─────┴───────┴──────
```

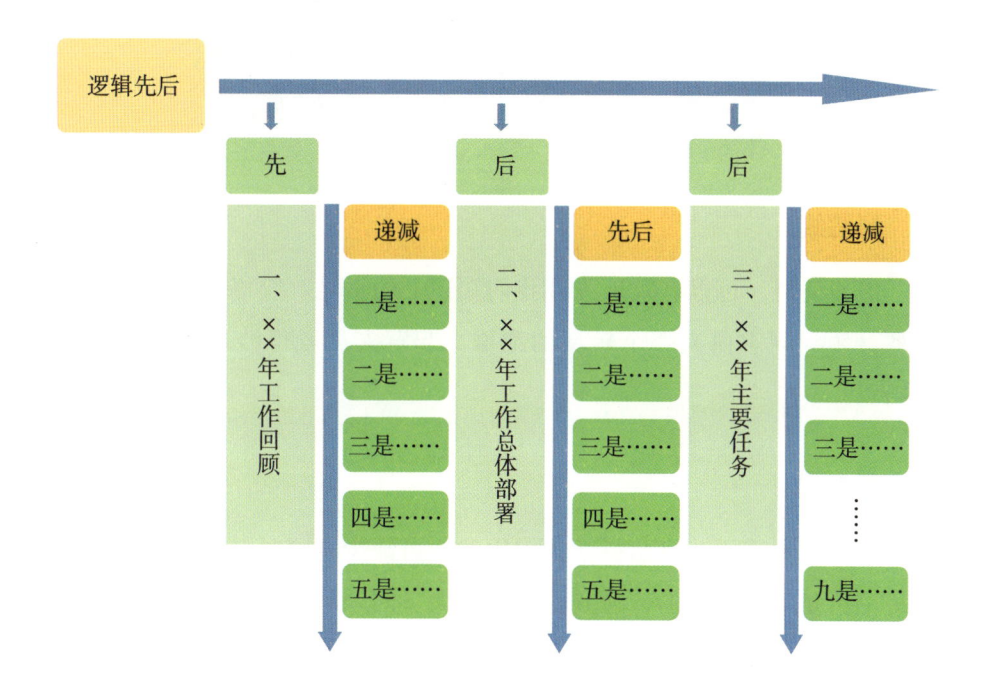

第一大块的写法

在《报告》的第一大块"××年工作回顾"中，共说了五个部分，分别是：一、加强和改善宏观调控。二、加快转变经济发展方式。三、大力发展社会事业。四、切实保障和改善民生。五、深入推进改革开放。

写法线

本篇《报告》的第一大块，按照程度上的"递减"顺序对 ××年工作进行了全面梳理回顾，即：先说最重要的"宏观调控"、"转变经济发展方式"等内容，之后，依次列出"大力发展社会事业"、"保障和改善民生"、"深入推进改革开放"等其他内容。具体写法图如下：

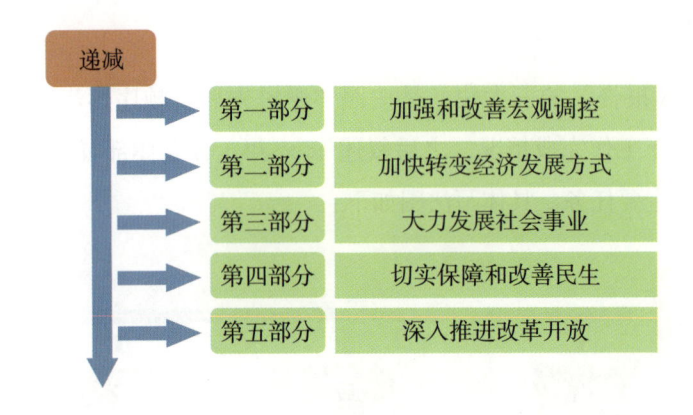

```
递减 ──→ 第一部分   加强和改善宏观调控
     ──→ 第二部分   加快转变经济发展方式
     ──→ 第三部分   大力发展社会事业
     ──→ 第四部分   切实保障和改善民生
     ──→ 第五部分   深入推进改革开放
```

经验线

借鉴资料，可以有效地弥补我们知识上的不足。起草人员多是被动服务，领导同志研究哪个领域的工作，起草人员就得涉足哪个方面的学问。[1]

哲学线

对领导者来说，自然科学知识固然不可缺少，同时，马克思主义哲学理论更是不可缺少的，尤其是困难越大、问题越复杂时，越显示出其威力。[2]

---

[1] 刘志信主编：《领导文稿起草工作》，河北人民出版社2004年版，第177页。
[2] 李瑞环：《学哲学用哲学》，中国人民大学出版社2005年版，第135页。

第二大块的写法

在《报告》的第二大块"××年工作总体部署"中,共说了五个部分,分别是:一、交代背景。二、指导思想。三、预期目标。四、具体政策。五、总体思路。

写法线

本篇《报告》的第二大块"××年工作总体部署"中,采用的是"逻辑先后"结构,根据工作安排内在逻辑,逐项列出部署内容,即:先"交代背景",之后,依次列出"指导思想"、"预期目标"、"具体政策"和"总体思路"。具体写法图如下:

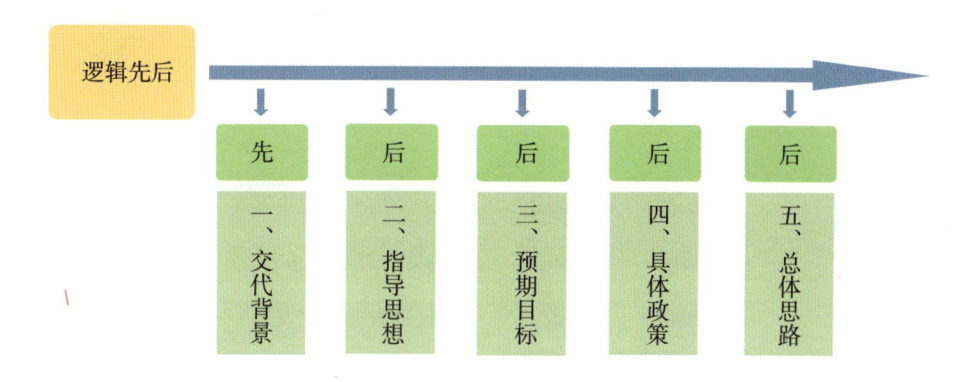

```
逻辑先后 ──────────────────────────►
         ↓      ↓      ↓      ↓      ↓
         先     后     后     后     后
       一、   二、   三、   四、   五、
       交     指     预     具     总
       代     导     期     体     体
       背     思     目     政     思
       景     想     标     策     路
```

经验线

我们进行分类研究,可以通过对诸多优秀材料路子的分析,学习形成路子的要领和技巧,不断提高自己的写作本领。[①]

哲学线

不同质的矛盾用不同方法去解决,并不是说一个问题只有一个方法

---

① 赵宗庆:《应用写作的思路与层次观点》,河南大学出版社1992年版,第59页。

才能解决。[1]

第三大块的写法

这篇《报告》的第三大块"××年主要任务"中，共说了九个部分，分别是：一、促进经济平稳较快发展。二、保持物价总水平基本稳定。三、促进农业稳定发展。……。九、提高对外开放质量和水平。

写法线

本篇《报告》的第三大块，根据程度轻重，采用"递减"顺序将××年主要任务依次列出，即：先强调最重要的"经济发展"，之后，依次列出"保持物价稳定"、"农业农村发展"、"转变发展方式"等内容。具体写法图如下：

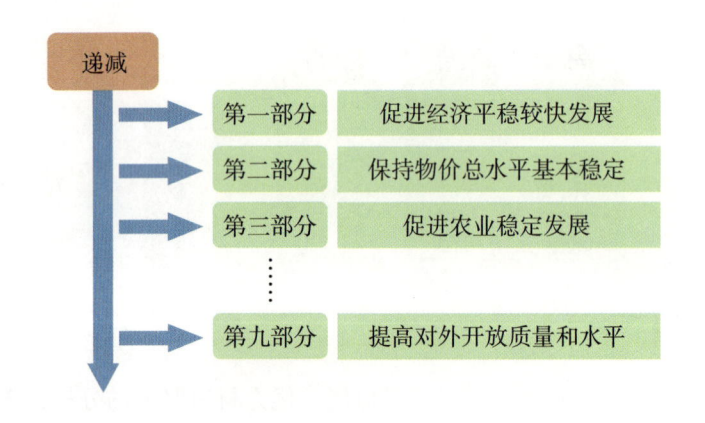

```
递减
 ├──→ 第一部分    促进经济平稳较快发展
 ├──→ 第二部分    保持物价总水平基本稳定
 ├──→ 第三部分    促进农业稳定发展
 ┊
 └──→ 第九部分    提高对外开放质量和水平
```

经验线

由于报告所蕴含的内容较多，特别是综合报告，要涉及有关工作或情况的方方面面，因此在撰写时一定要做到主次分明，针对性强。[2]

---

[1] 李瑞环：《学哲学用哲学》，中国人民大学出版社2005年版，第195页。
[2] 岳海翔：《行政公文写作一点通》，中国文史出版社2011年版，第240页。

哲学线

学会抓主要矛盾，首先就是要善于区分主次矛盾。[1]

段落内各句的写法

这篇《报告》第一大部分内是采用"标题+做法"的写法，第二大部分采取的是"标题+解释"的写法，第三大部分采取的是"标题+办法"或"标题+措施"的写法。为了使广大读者有一个形象直观的了解，掌握每一部分的不同写作方法，我们列举本文的段落写法，如下图所示：

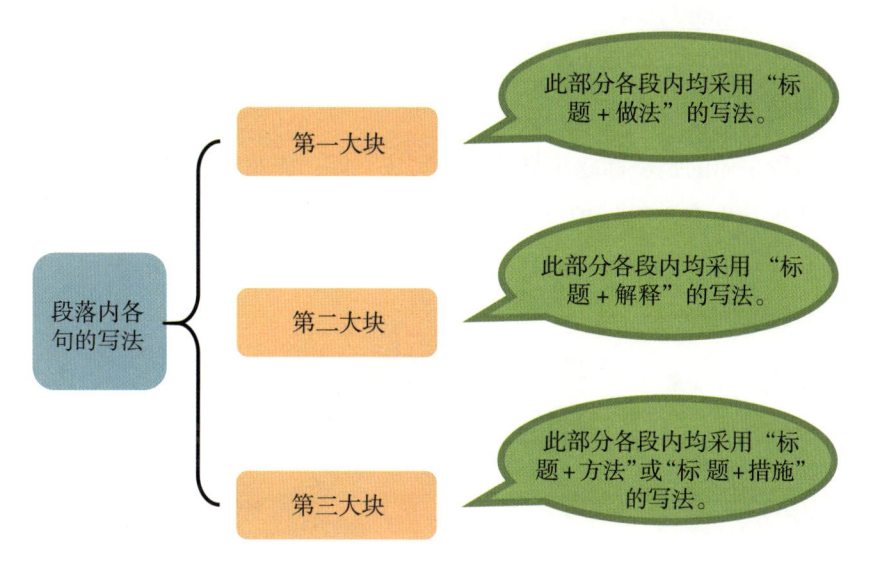

```
                    ┌── 第一大块 ──  此部分各段内均采用"标题+做法"的写法。
                    │
段落内各句的写法 ──┼── 第二大块 ──  此部分各段内均采用"标题+解释"的写法。
                    │
                    └── 第三大块 ──  此部分各段内均采用"标题+方法"或"标题+措施"的写法。
```

经验线

段落是文章的基本组成单位，是为划分层次服务的；层次分明，就能使文章脉络清楚，便于听众理解。怎样才能使层次分明呢？直白一点说，就是哪个问题先讲、哪个问题后讲，要按逻辑关系、按轻重缓急进行排序，不能错乱，不能颠倒。[2]

---

[1] 颜晓峰：《思维之道》，中国言实出版社2021年版，第351页。
[2] 谢亦森：《大手笔是怎样炼成的：理论篇》，长江文艺出版社2013年版，第41页。

哲学线

分析不是简简单单地分,而是依据事物的性质和特点来分;综合也不是随随便便地合,而是按照事物的内在逻辑来合。①

样例1(第一大块第二部分第三段):

推进节能减排和生态环境保护。发布实施"十二五"节能减排综合性工作方案……。清洁能源发电装机达到2.9亿千瓦……。加强重点节能环保工程……。加大对高耗能、高排放调控……。实施天然林保护二期工程并提高补助标准……。

(标题、做法1、做法2、做法3、做法4、做法5)

写法线

本段采用的是"标题+做法"的写法,即:先写出本段的标题"推进节能减排和生态环境保护",然后围绕标题列出"发布实施……"、"清洁能源发电……"、"加强……"、"加大……"和"实施……"等做法。具体写法图如下:

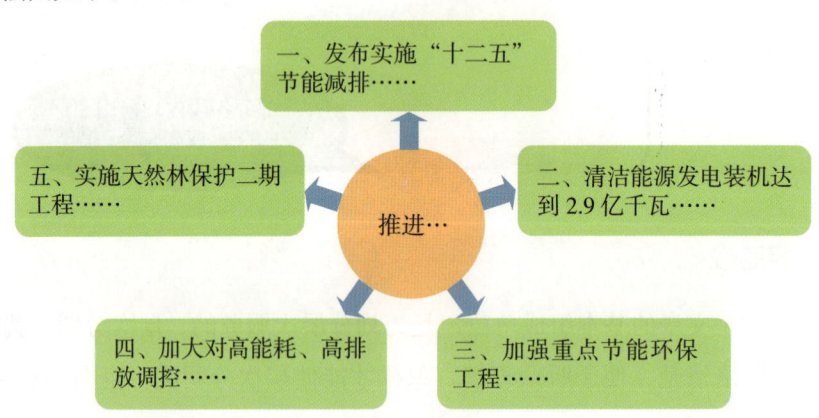

```
        一、发布实施"十二五"
           节能减排……

五、实施天然林保护二期          二、清洁能源发电装机达
     工程……        推进…      到2.9亿千瓦……

    四、加大对高能耗、高排          三、加强重点节能环保
       放调控……                   工程……
```

经验线

生产物质产品要有一定的操作程序,生产精神产品——写文章,也同样如此。写作政工文章,一般来说必须经过以下几道程序:占有材料、提炼

---

① 李瑞环:《学哲学用哲学》,中国人民大学出版社2005年版,第181页。

观点、严格选材、谋篇布局、拟制提纲、起草初稿、反复修改、书写誊清。①

哲学线

重要的是学了哲学,掌握了认识世界、改造世界的武器,养成分析综合、归纳概括的习惯,这样就不会吃糊涂亏、占糊涂便宜,避免和少走许多弯路。②

样例2(第二大块第四部分第一段):

<u>继续实施积极的财政政策</u>。<u>保持适度的财政赤字和国债规模……</u>。<u>优化财政支出结构、突出重点……</u>。<u>更加注重加强薄弱环节……</u>。<u>更加注重勤俭节约……</u>。<u>实施结构性减税……</u>。<u>继续对行政事业性收费和政府性基金进行清理、整合……</u>。
(标题 / 解释1 / 解释2 / 解释3 / 解释4 / 解释5 / 解释6)

写法线

本段采用的是"标题+解释"的写法,先列出标题"继续实施积极的财政政策",然后就"怎样实施积极的财政政策"给出"保持……"、"优化……"、"更加注重……"、"更加注重……"、"实施……"和"继续……"等解释。具体写法图如下:

```
            一、保持适度的财政赤字
                和国债规模……

六、继续对行政事业性收                     二、优化财政支出结构、
  费和政府性基金……    继续实施              突出重点……
                     积极的财政
                        政策
  五、实施结构性减税……                    三、更加注重加强薄弱环
                                          节……

            四、更加注重勤俭节约……
```

---

① 徐向东:《政工写作学》,解放军出版社1996年版,第29页。
② 李瑞环:《学哲学用哲学》,中国人民大学出版社2005年版,第17页。

177

经验线

有人说，参考一篇文章写一篇文章是抄袭，参考三篇文章写一篇文章是模仿，参考十篇文章写一篇文章就是创造。能参考更多的文章，然后融会贯通，再来创新一篇文章，那就是高水平。[①]

哲学线

哲学素质是领导干部的重要素质。要思维必须运用概念，必须有思维方法。[②]

样例3（第三大块第六部分第一段）：

千方百计扩大就业（标题）。坚持就业优先战略……（措施1）。重点扶持就业容量大的服务业……（措施2）。鼓励以创业带动就业（措施3）。抓好高校毕业生……（措施4）。鼓励高校毕业生投身农村（措施5）。加强职业培训和公共就业服务工作（措施6）。加快建立健全……（措施7）。积极构建和谐劳动关系……（措施8）。

写法线

本段采用的是"标题＋措施"的写法，根据标题"千方百计扩大就业"，制定"坚持……"、"重点扶持……"、"鼓励……"、"抓好……"、"鼓励……"、"加强……"、"加快……"和"积极构建……"等措施。具体写法图如下：

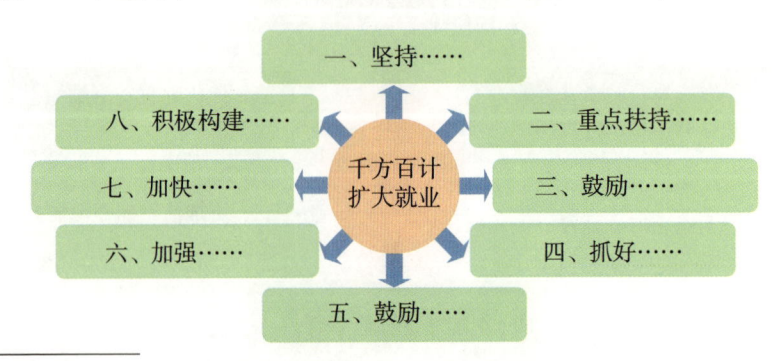

```
            一、坚持……
八、积极构建……        二、重点扶持……
七、加快……  千方百计  三、鼓励……
            扩大就业
六、加强……          四、抓好……
            五、鼓励……
```

[①] 胡森林：《公文高手的修炼之道·笔杆子的写作必修课》，人民邮电出版社2018年版，第119页。

[②] 陈先达：《马克思主义哲学是大智慧》，人民出版社2019年版，第12页。

经验线

信息稿件的类型有多种多样,篇幅有长有短,其撰写方法不尽相同,但一般来讲,都要经过以下三个基本步骤:(一)整体构思。(二)精心撰写。(三)认真修改。[1]

哲学线

马克思主义哲学为我们提供了科学的思想方法,提供了科学的革命方法、研究方法、领导方法、工作方法的一般原则。[2]

---

[1] 中共中央组织部办公厅编:《组工信息概论》(修订本),党建读物出版社2014年版,第46-63页。

[2] 韩树英等:《学习毛泽东哲学思想》,北京出版社1982年版,第5页。

第二节　意见的写法

《关于开展×××活动的意见》，整体上写了四大块：一、指导思想。二、目标要求。三、方法步骤。共分了三个环节：一是学习教育……二是查摆问题……三是整改落实……四、组织领导。

写法线

从写法上看，本篇《意见》是按照"总–分–总"结构进行谋篇布局的，即：先总说指导思想、目标要求；之后，分条叙述方法步骤；最后，总说加强组织领导。具体写法图如下：

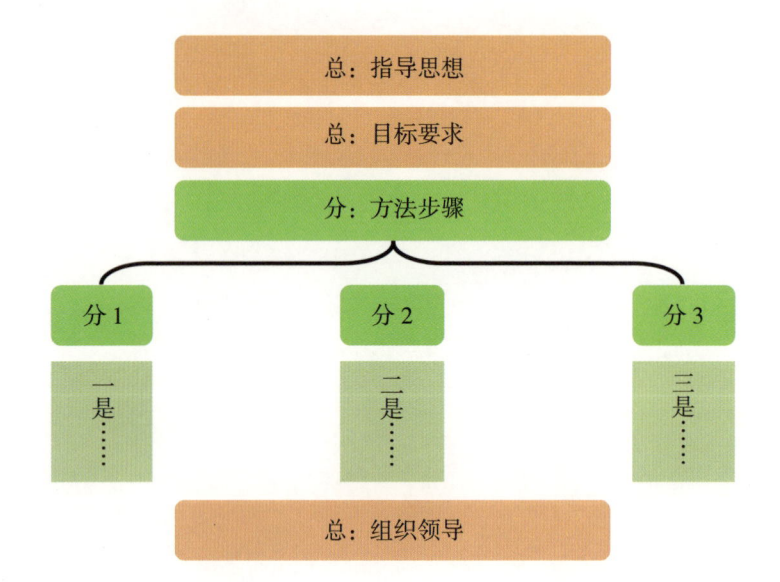

```
总：指导思想
总：目标要求
分：方法步骤
    ├── 分1        分2        分3
        一是……    二是……    三是……
总：组织领导
```

第一大块的写法

这篇《意见》的第一大块"指导思想"，主要作用是统领整篇公文，告知读者这篇《意见》的依据、目的、主要内容、重点要解决的问题和要达到的总体目标等内容。

写法线

"指导思想"的写法，一般按照"首句+……"的模式进行写作，就如同一列"小火车"一样，车头后面牵了一串车厢。具体写法图如下：

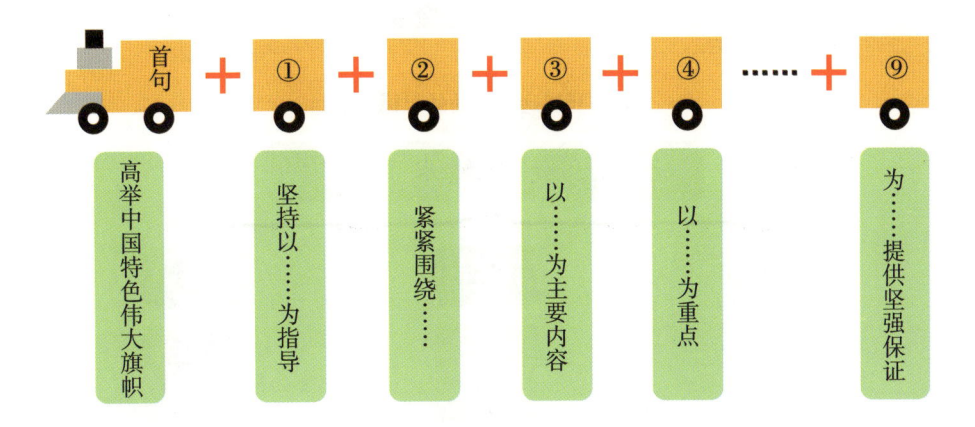

首句 + ① + ② + ③ + ④ …… + ⑨

- 高举中国特色伟大旗帜
- 坚持以……为指导
- 紧紧围绕……
- 以……为主要内容
- 以……为重点
- 为……提供坚强保证

经验线

写文章，如同盖房子一样，不同的风格，有不同的展现形式。作为一个写作者，就要像盖房子一样，设计好你的文章风格，需要并列时，就用并列结构，需要总分时，就用总分结构，需要递进时，就用递进结构，需要先后时，就用先后结构……总之，没有固定一成不变的模式，我们致力于探讨的是通用的写作方法，在实际工作中要活学、活用。

哲学线

什么是真理？真理是客观规律在人们头脑里的正确反映。[①]

第二大块的写法

这篇《意见》的第二大块"目标要求"中，写了两个部分，第一，阐述开展这项活动的目标要求。第二，三项具体要求，分别是：一要落实为民务实清廉要求。二要着力解决突出问题。三要牢牢把握基本原则。

---

① 李瑞环：《学哲学用哲学》，中国人民大学出版社2005年版，第183页。

写法线

"目标要求"采取的是"总–分"式写法,即:先总体上阐述开展这项活动的目标要求,之后,分项强调了三项要求,一要落实为民务实清廉要求。二要着力解决突出问题。三要牢牢把握基本原则。具体写法图如下:

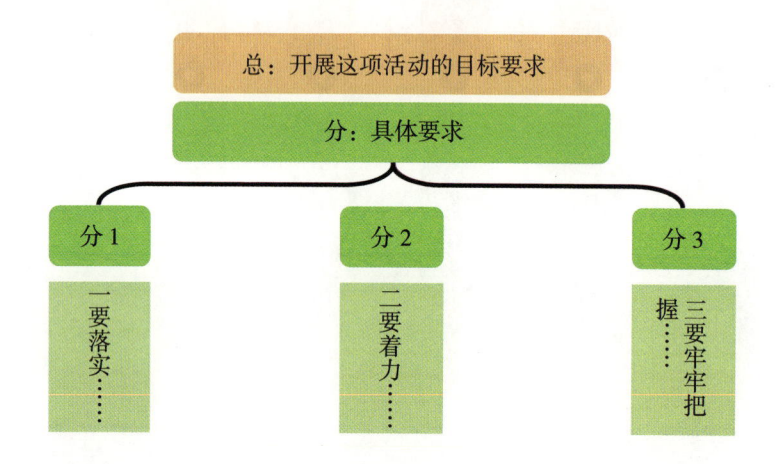

```
总:开展这项活动的目标要求
         │
    分:具体要求
    ┌────┼────┐
   分1   分2   分3
   一要   二要   三要
   落实…  着力…  牢牢把握…
```

经验线

从此部分的写法我们可以看出,有时候整篇文章可能采用的是"总–分–总"结构,但是具体到每一部分来说,又各有不同,有的可能第一大块采用"先后"结构,第二大块采用"总分"结构,第三大块采用"先后"结构,第四大块采用"递减"结构。在写作时一定要根据表达的需要,灵活运用多种写作方法。

哲学线

规律是稳定的,是反复再现的。认识了规律就可以预见未来,行动就能自觉。[①]

第三大块的写法

这篇《意见》的第三大块"方法步骤"中,每段的内容如下:一是

---

① 李瑞环:《学哲学用哲学》,中国人民大学出版社 2005 年版,第 20 页。

学习教育、听取意见。二是查摆问题、开展批评。三是整改落实、建章立制。

写法线

"方法步骤"采取的是"逻辑先后"结构,对开展实践活动逐步进行了安排,即:先列出"学习教育……",之后,依次列举"查摆问题……"和"整改落实……"。具体写法图如下:

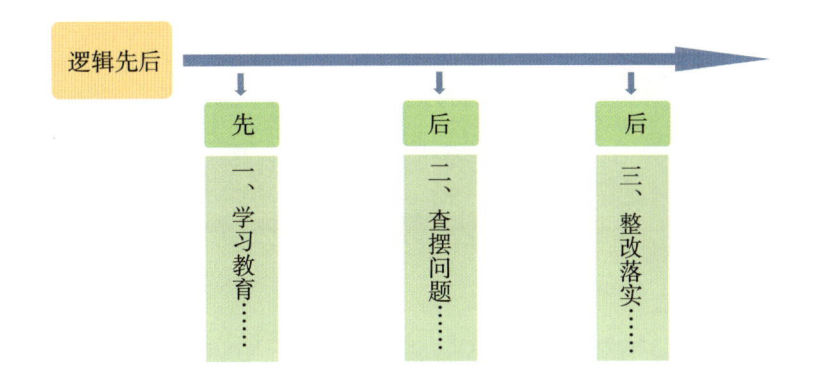

```
逻辑先后 ───────────────────▶
            ↓           ↓          ↓
            先          后          后
        一、         二、         三、
        学习         查摆         整改
        教育         问题         落实
        ……          ……          ……
```

经验线

职场文书讲究的是实用性。因此,在职场写作过程中,作者只要描述实际情况,反映实际问题即可,不需要过于宣扬个人情感,矫揉造作。①

哲学线

理论思维的起点决定着理论创新的结果。理论创新只能从问题开始。②

第四大块的写法

这篇《意见》的第四大块"组织领导"中,共说了五大部分,分别是:一、成立领导小组。二、明确责任主体。三、加强宣传引导。四、加强督

---

① 万盛兰:《职场写作从入门到精通》,人民邮电出版社2021年版,第49页。
② 《习近平谈治国理政》第二卷,外文出版社2017年版,第342页。

促检查。五、做好其他方面部署。

写法线

"组织领导"的五大部分是按照程度上的"递减"顺序进行谋篇布局的,即:先说最重要的"成立领导小组"和"明确责任主体",之后,依次列出"加强宣传引导"、"加强督促检查"、"做好其他方面部署"。具体写法图如下:

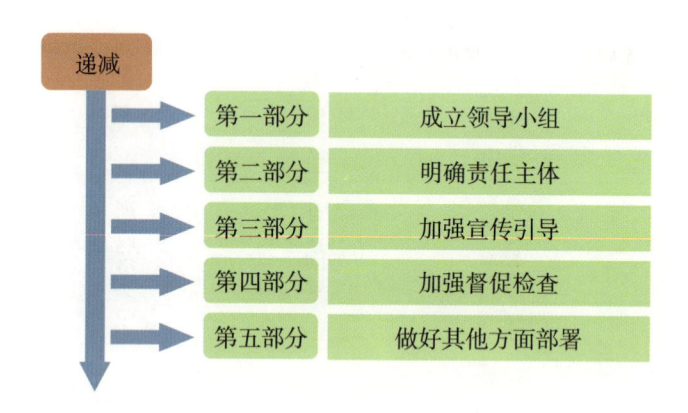

```
递减
 ↓→ 第一部分 → 成立领导小组
 ↓→ 第二部分 → 明确责任主体
 ↓→ 第三部分 → 加强宣传引导
 ↓→ 第四部分 → 加强督促检查
 ↓→ 第五部分 → 做好其他方面部署
```

经验线

在段落里,所有的句子都是围绕着段落的中心意思组织起来的。[1]

哲学线

按照马克思主义的认识论,实践是认识的基础,正确的思想只能从实践中来,并且在实践中得到检验和发展。[2]

段落内各句的写法

这篇《意见》第一大块采用的是"标题+解释"的写法,第二大块采

---

[1] 路德庆主编:《写作教程》,华东师范大学出版社1982年版,第39页。
[2] 韩树英等:《学习毛泽东哲学思想》,北京出版社1982年版,第202页。

取的是"标题+要求"的写法,第三大块采用的是"标题+方法"的写法。第四大块采用的是"标题+方法"的写法。为了使广大读者有一个形象直观的了解,掌握每一部分的不同写作方法,我们列举本文的段落写法,如下图所示:

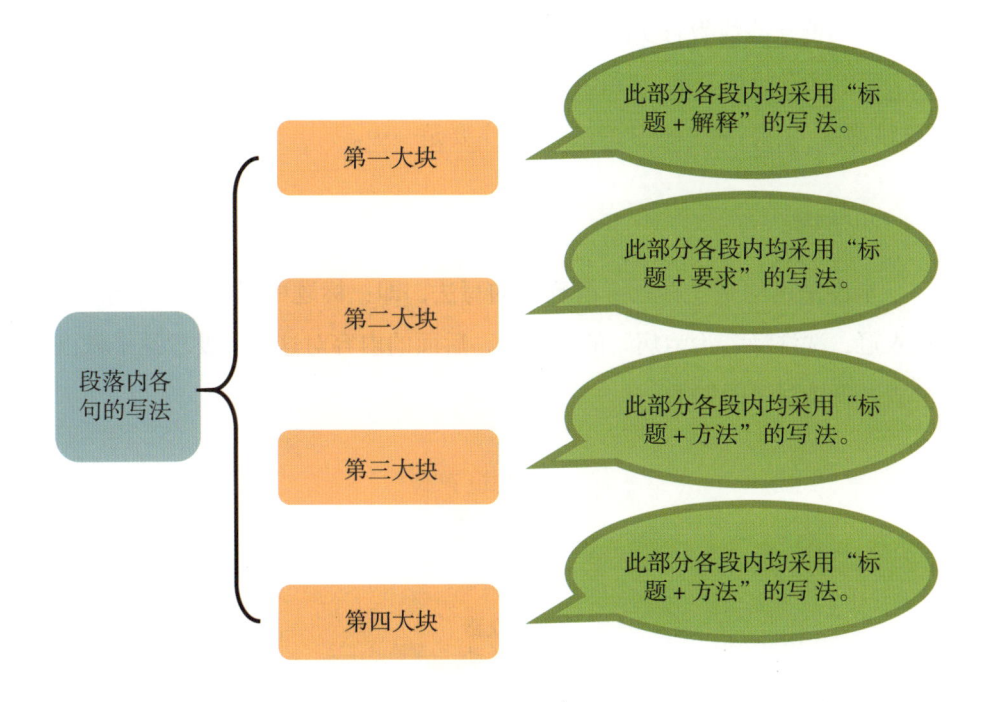

段落内各句的写法
- 第一大块：此部分各段内均采用"标题+解释"的写法。
- 第二大块：此部分各段内均采用"标题+要求"的写法。
- 第三大块：此部分各段内均采用"标题+方法"的写法。
- 第四大块：此部分各段内均采用"标题+方法"的写法。

经验线

写作中应注意讲清做法,写好经验。讲清做法,指的是要把在政治教育中做了什么,怎么做的,做的效果如何,简明扼要地讲清楚、说明白,以增强总结的说服力、感染力和可操作性,使之真实可信,具体可感,便于别人学习和借鉴。[①]

哲学线

因此马克思主义哲学属于科学技术以及知识体系之首,才是触类旁通

---

① 徐向东:《政工写作学》,解放军出版社 1996 年版,第 81 页。

的钥匙。创造力来源于马克思主义哲学，而用这个观点看科学技术以及知识体系就是大成智慧学。①

样例1（第一大块第二段）：

党的群众路线教育实践活动全过程，要贯穿"照镜子、正衣冠、洗洗澡、治治病"的总要求。"照镜子"，主要是……。"正衣冠"，主要是……。"洗洗澡"，主要是……。"治治病"，主要是……。

写法线

本段采用的是"标题+解释"的写法，即：标题中强调了"照镜子、正衣冠、洗洗澡、治治病"的总要求，后面的内容对这四项要求逐个做出解释。具体写法图如下：

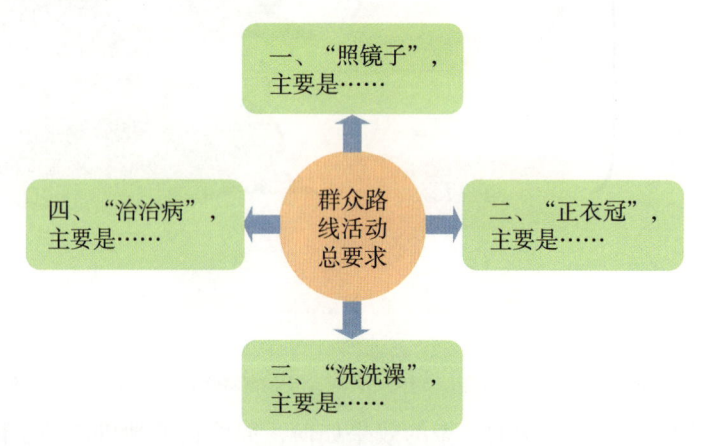

```
         一、"照镜子"，
          主要是……
              ↑
四、"治治病"，  ← 群众路线 →  二、"正衣冠"，
 主要是……      活动总要求     主要是……
              ↓
         三、"洗洗澡"，
          主要是……
```

经验线

文章之所以难写，不易掌握，正如哲学所说，其本身是错综复杂的，所以，要想轻而易举地驾驭它，除掌握了一般的写作理论外，还要养成爱思考、勤积累的好习惯。

---

① 奚启新：《钱学森传》，人民出版社2011年版，第495页。

哲学线

从实践中得到的感性认识，必须经过加工改造、认真总结，才能上升为反映事物本质的理性认识。①

样例2（第二大块第一部分）：

<u>要落实为民务实清廉要求</u>。<u>为民，就是要……</u>。<u>务实，就是要……</u>。<u>清廉，就是要……</u>。
　　标　题　　　　　　　要　求　1　　　　　　要　求　2
　要　求　3

写法线

本段采用的是"标题＋要求"的写法，即：标题中先提出"要落实为民务实清廉"总要求，之后，再将总要求细化为"为民，就是要……"、"务实，就是要……"和"清廉，就是要……"三项具体要求。具体写法图如下：

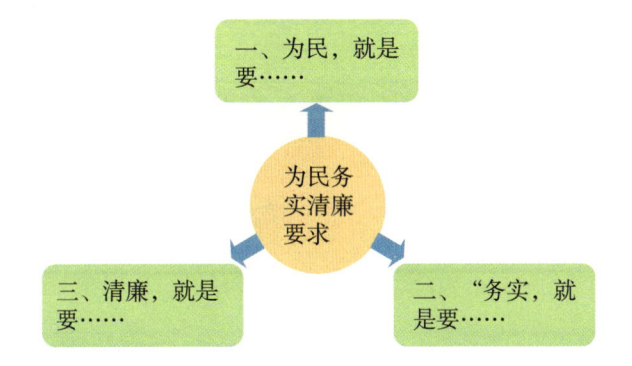

经验线

经常从事起草工作的同志都知道，拟定一份好的提纲，等于完成了任务的一半。因此，在明确了任务和研究了有关资料之后，就要认真做好提纲的拟定工作。②

---

① 李瑞环：《学哲学用哲学》，中国人民大学出版社2005年版，第129页。
② 刘志信主编：《领导文稿起草工作》，河北人民出版社2004年版，第146页。

哲学线

马克思主义哲学,列宁称之为人类的认识工具,毛主席讲是认识事物的显微镜和望远镜,是任何人的实践都逃不出其范围的科学。①

样例3(第三大块第三部分第一段):

要强化正风肃纪。在反对形式主义方面……。在反对官僚主义方面……。在反对享乐主义方面……。在反对奢靡之风方面……。同时,要加强领导班子建设和严格教育管理干部……。在活动中发现的重大违纪违法问题,要……。

写法线

本段采用的是"标题+方法"的写法,即:围绕标题"要强化正风肃纪",提出"在反对形式主义方面……"、"在反对官僚主义方面……"、"在反对享乐主义方面……"、"在反对奢靡之风方面……"、"要加强……"和"要……"等方法。具体写法图如下:

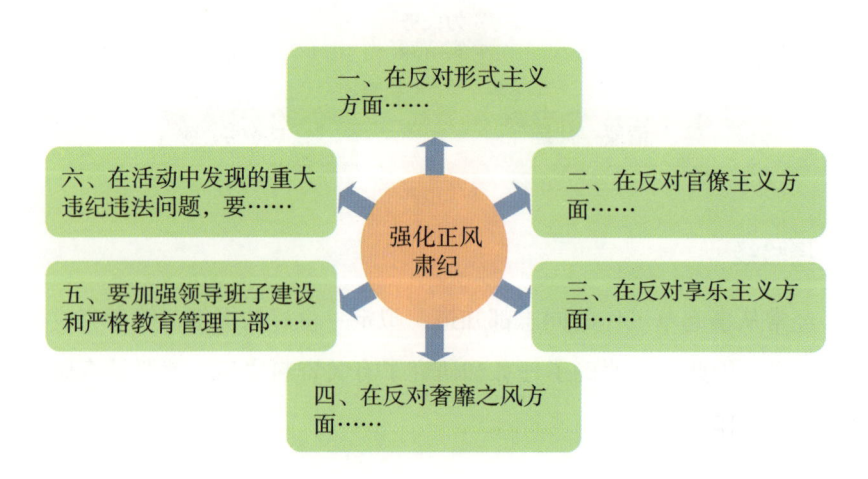

---

① 李瑞环:《学哲学用哲学》,中国人民大学出版社2005年版,第131页。

经验线

新的经验，是通过深刻的提炼而得来的，不是靠抠字眼、贴标签而成的。①

哲学线

具体到每个人，能否进步和进步大小的一个非常重要的环节，在于能否善于使自己的感性认识变成理性认识，使具体经验上升为一般，……从这个意义上看，学习马克思主义哲学，也是提高人的素质的一项重要措施。②

样例4：（第四大块第二部分）：

<u>各级党委（党组）是责任主体</u>。<u>党委（党组）主要领导同志要……</u>；<u>有关部门要……</u>。<u>成立相应的领导机构和工作机构……</u>。<u>充分发挥行业系统主管部门……</u>。<u>要用好的作风组织开展教育实践活动……</u>。<u>每个批次教育实践活动结束后……</u>。

（标题；要求1；要求2；要求3；要求4；要求5；要求6）

写法线

本段采用的是"标题＋要求"的写法，首先在标题中强调了"各级党委（党组）是责任主体"，然后再根据标题细化出"党委（党组）主要领导同志要……"、"有关部门要……"、"成立……"、"充分发挥……"、"要……"和"每个批次……"等要求。具体写法图如下：

---

① 赵宗庆：《应用写作的思路与层次观点》，河南大学出版社1992年版，第49页。
② 李瑞环：《学哲学用哲学》，中国人民大学出版社2005年版，第3页。

```
          一、党委（党组）主要领
             导同志要……
六、每个批次教育实践活
   动结束后……              各级党委    二、有关部门要……
                          （党组）
                         是责任主体
五、要用好的作风组织开                    三、成立相应的领导机构
   展教育实践活动……                        和工作机构……
          四、充分发挥行业系统主
             管部门……
```

经验线

如果不能正确领会领导意图，辛辛苦苦起草的稿子很可能被领导全盘否定，成为无用之功。①

哲学线

感觉只解决现象问题，理论才解决本质问题。这些问题的解决，一点也不能离开实践。无论何人要认识什么事物，除了同那个事物接触，即生活于（实践于）那个事物的环境中，是没有法子解决的。②

---

① 刘志信主编：《领导文稿起草工作》，河北人民出版社 2004 年版，第 359 页。
② 《毛泽东选集》第一卷，人民出版社 1991 年版，第 286-287 页。

第三节　工作总结的写法

《××市创先争优活动总结》，共写了三大块：一、主要做法及特点。二、活动取得的初步成效。三、明年工作总体思路。

写法线

这篇《总结》主体结构采用的是"逻辑先后"顺序，即：先介绍主要做法及特点；之后，叙述活动取得的初步成效；最后，提出明年工作总体思路。具体写法图如下：

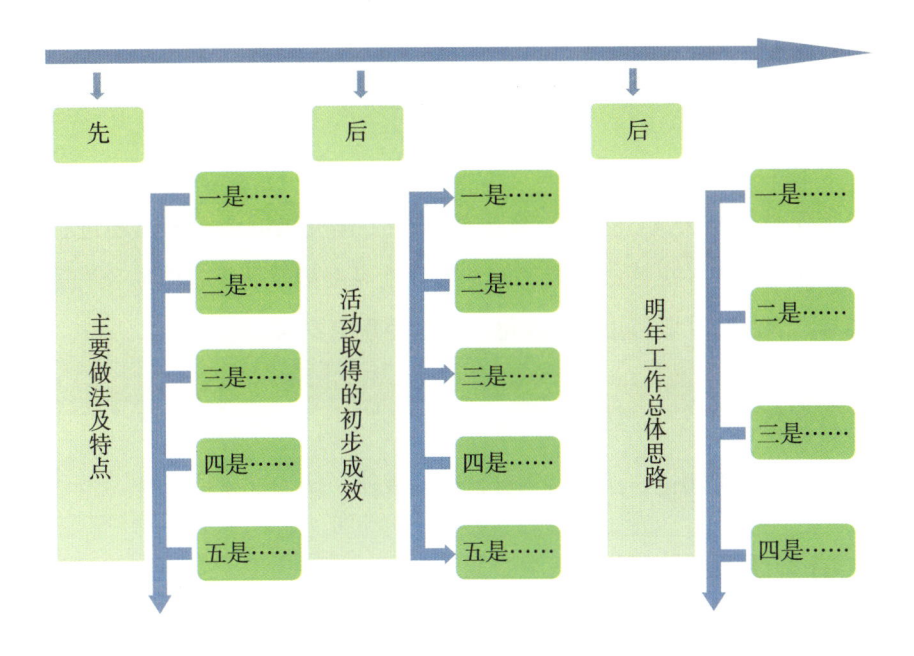

```
先                    后                    后
│                     │                     │
主要做法及特点         活动取得的初步成效     明年工作总体思路
├─ 一是……            ├─ 一是……            ├─ 一是……
├─ 二是……            ├─ 二是……            ├─ 二是……
├─ 三是……            ├─ 三是……            ├─ 三是……
├─ 四是……            ├─ 四是……            └─ 四是……
└─ 五是……            └─ 五是……
```

第一大块的写法

这篇《总结》的第一大块"主要做法及特点"中，共说了五个部分，分别是：一、高度重视……。二、紧贴实际……。三、创新载体……。四、突出重点……。五、培树典型……。

写法线

"主要做法及特点"采用程度上"递减"的顺序进行谋篇布局,即:先说最重要的"高度重视……"和"紧贴实际……",之后,依次列出"创新载体……"、"突出重点……"、"培树典型……"。具体写法图如下:

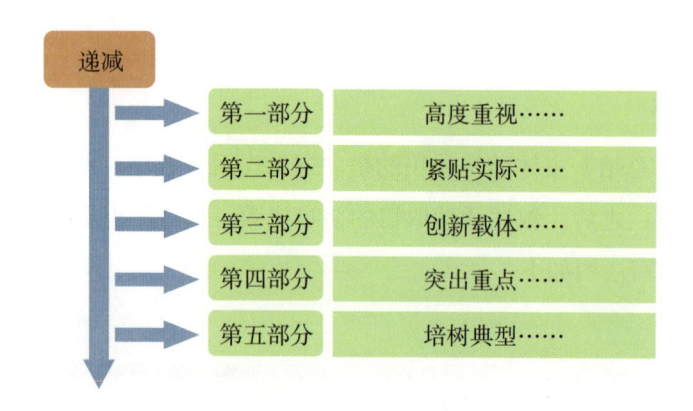

```
递减
 ├──→ 第一部分    高度重视……
 ├──→ 第二部分    紧贴实际……
 ├──→ 第三部分    创新载体……
 ├──→ 第四部分    突出重点……
 └──→ 第五部分    培树典型……
```

经验线

工作总结性公文,着重点在于对以往工作突出的经验和问题进行分析、概括、集中、提炼,并把它提升到理论高度加以认识,作为今后工作的借鉴。因此,既要防止泛泛议论又要避免现象罗列,包罗万象。[①]

哲学线

我们主张唯物论,认为事物有自己的规律,认为这才是真理。[②]

第二大块的写法

这篇《总结》的第二大块"活动取得的初步成效"中,共说了五个部分,分别是:一、促进了中心工作。二、激发了工作干劲。三、破解了民生难题。四、夯实了基层基础。五、转变了工作作风。

---

① 孙伦振:《草拟公文:力戒主题不深刻》,《紫光阁》,2003年第1期,第45页。
② 艾思奇:《大众哲学》,民主与建设出版社2016年版,第268页。

写法线

在"活动取得的初步成效"中,五个部分按照程度上"递减"的顺序依次排列,即:先说最重要的"促进了中心工作",之后,依次列出其他内容。具体写法图如下:

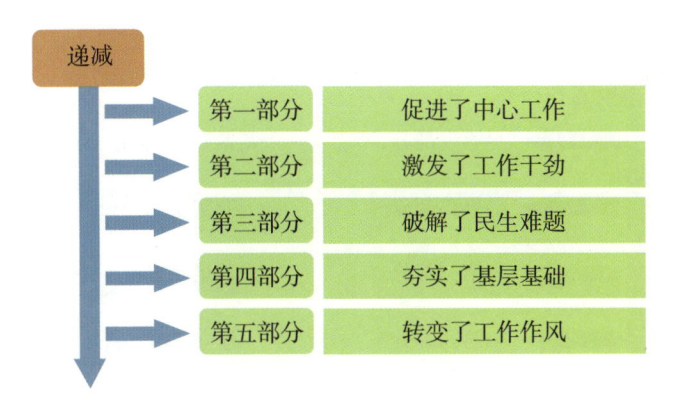

```
递减
 │
 ├──→ 第一部分 → 促进了中心工作
 ├──→ 第二部分 → 激发了工作干劲
 ├──→ 第三部分 → 破解了民生难题
 ├──→ 第四部分 → 夯实了基层基础
 └──→ 第五部分 → 转变了工作作风
```

经验线

许多同志从事起草工作的实践说明,要把"两头"结合好,必须把两者都吃透。[①]

哲学线

1965年我转为干部,从一个工厂的总支书记到今天,中间多次转换工作岗位,有时工作内容和性质变化很大,但都能很快适应、很快熟悉,并有所作为、有所创新。这都是哲学帮了我的忙。[②]

第三大块的写法

这篇《总结》的第三大块"明年工作总体思路"中,共说了四个部分:一、紧紧围绕大局……。二、夯实基础……。三、推进惠民工程……。四、建立机制……。

[①] 刘志信主编:《领导文稿起草工作》,河北人民出版社2004年版,第152页。
[②] 李瑞环:《学哲学用哲学》,中国人民大学出版社2005年版,第16页。

写法线

第三大块按照程度上的"递减"顺序对明年工作做出了具体安排，即：先说最重要的"紧紧围绕大局……"，之后，依次列出其他工作。具体写法图如下：

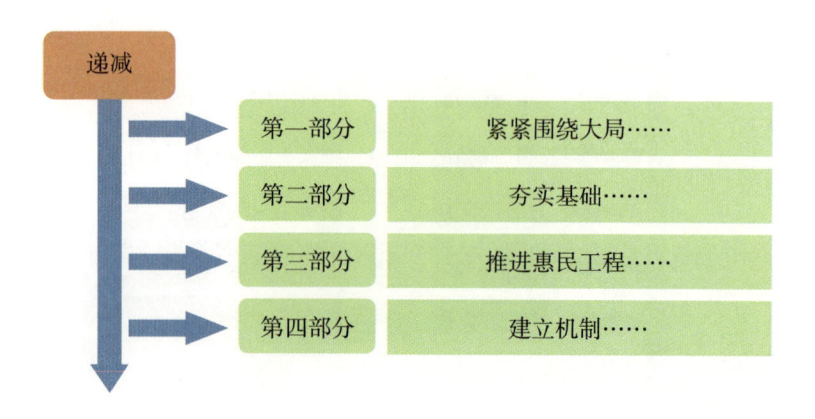

```
递减 → 第一部分 → 紧紧围绕大局……
     → 第二部分 → 夯实基础……
     → 第三部分 → 推进惠民工程……
     → 第四部分 → 建立机制……
```

经验线

"仿"即按范文的样式去模仿。"创"即在模仿的基础上创新。从"仿"到"创"是人们思维一般规律，也是写作能力发展的一般规律……任何一位书法家无不是在摹写前人的基础上才形成自己的风格的……通过大量模仿前人范文，使学生获得丰富的感性经验和生动的语感，为独创性表达奠定牢固的基础。[①]

哲学线

分析是综合的基础和条件，综合是分析的前提和归宿。两者既相对立，又相结合，共同推进人对客观事物的认识。[②]

---

① 葛桂斌：《写作突破》，安徽人民出版社 2007 年版，第 250 页。
② 杨英建：《跟毛泽东学写作》，中央文献出版社 2002 年版，第 61 页。

段落内各句的写法

这篇《总结》第一大部分采用的是"标题+做法+成效"的写法,第二大部分采用的是"标题+做法"的写法,第三大部分采用的是"标题+办法"或"标题+措施"的写法。为了使广大读者有一个形象直观的了解,掌握每一部分的不同写作方法,我们列举本文的段落写法,如下图所示:

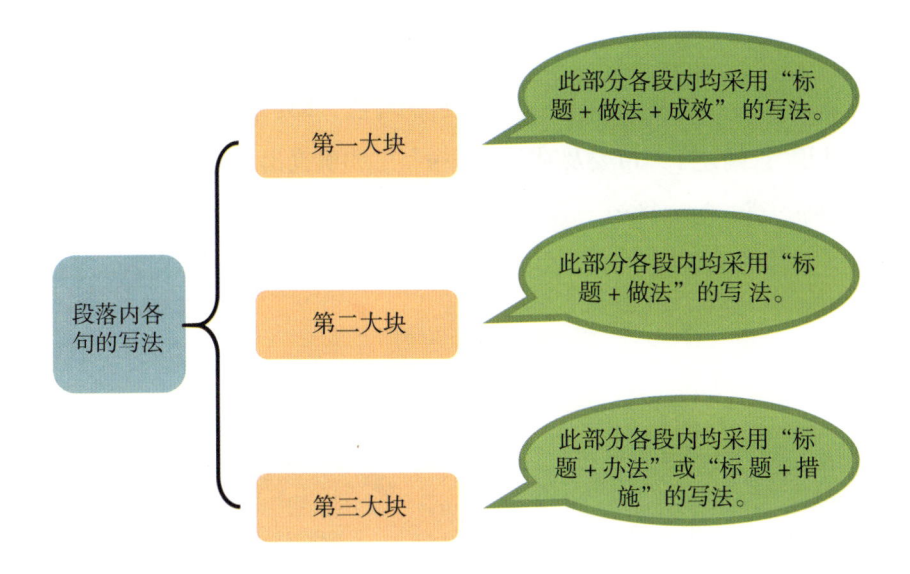

段落内各句的写法
- 第一大块:此部分各段内均采用"标题+做法+成效"的写法。
- 第二大块:此部分各段内均采用"标题+做法"的写法。
- 第三大块:此部分各段内均采用"标题+办法"或"标题+措施"的写法。

经验线

思考与研究任何一种现象,都有"类""因""果""法"四个角度,在公文的写作思路中也是这样。[1]

哲学线

作为一个领导者,没有马克思主义基本理论的基础,不懂得哲学,没有一定的历史知识,是很难胜任工作的。[2]

---

[1] 胡森林:《公文高手的修炼之道·笔杆子的写作必修课》,人民邮电出版社2018年版,第21页。
[2] 李瑞环:《学哲学用哲学》,中国人民大学出版社2005年版,第119页。

样例1（第一大块第二部分第一段）：

一是统一思想、形成共识。市委及时召开……。明确提出"四个务求"的活动要求……。开展扎实有效的思想发动和宣传引导……。××县集中开展了……。××区开展了……。××市直单位开展了……。我市做法在省大会上进行典型发言。

写法线

本段采用的是"标题+做法+成效"的写法，即：围绕标题"统一思想、形成共识"，阐述了"市委及时召开……"、"明确提出……"、"开展……"、"××县……"、"××区……"和"××市直单位……"等做法，然后，说明成效。具体写法图如下：

```
         一、市委及时召开……
七、我市做法在省大会上              二、明确提出……
  进行典型发言
                   统一思想、
                   形成共识
六、××市直单位开展……              三、开展……
         五、××区开展了……    四、××县集中开展……
```

经验线

我们的先人深有体会，如贾岛"二句三年得，一吟双泪流"的感慨，杜甫"读书破万卷"、"语不惊人死不休"的拼劲，便是明证。[①]

哲学线

写文章就是苦差事……真理都是绝对和相对的统一。基于这一原理，

---

① 周溯源：《文章要好标题要巧》，《政工研究文摘》，2002年第4期，第87页。

我们应当不断解放思想、大胆创新，特别注意发现新生事物，要与时俱进而不能僵化保守。①

样例2（第二大块第三部分第一段）：

一是探索建立了统筹城乡基层党建新格局。整合城乡基层党建资源……。制定下发了……。实行了……。推行了大党委制……。实施了"百日攻坚"……。

（标题／做法1／做法2／做法3／做法4／做法5）

写法线

本段采用的是"标题+做法"的写法，即：根据标题中提出的"探索建立了统筹城乡基层党建新格局"，列出了"整合城乡基层党建资源……"、"制定下发了……"、"实行了……"、"推行了大党委制……"和"实施了'百日攻坚'……"等做法。具体写法图如下：

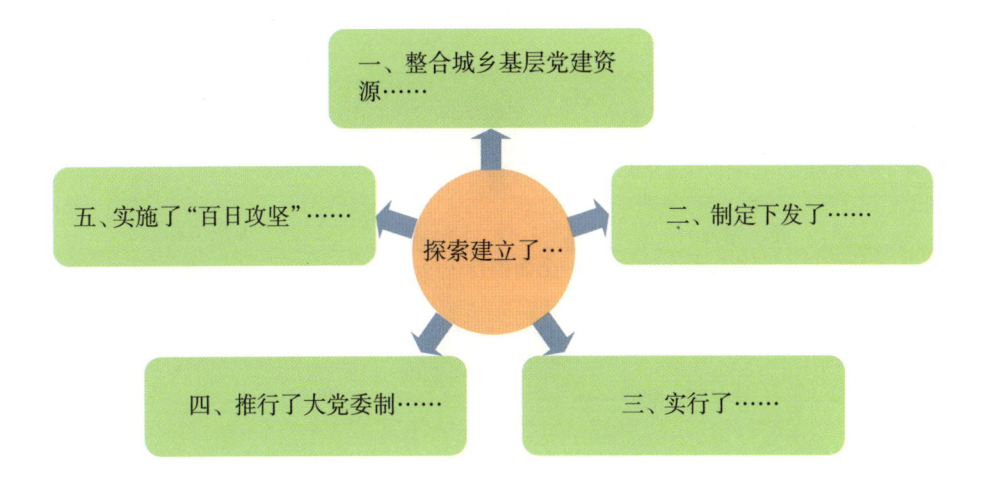

```
        ┌──────────────────┐
        │ 一、整合城乡基层党建资源…… │
        └──────────────────┘
                ↑
┌──────────────┐   ●    ┌──────────────┐
│五、实施了"百日攻坚"……│ ← 探索建立了… → │二、制定下发了……│
└──────────────┘        └──────────────┘
                ↓  ↓
┌──────────────────┐   ┌──────────────┐
│ 四、推行了大党委制……  │   │ 三、实行了……  │
└──────────────────┘   └──────────────┘
```

经验线

模仿对初写讲话稿的人是非常必要的，它是入门的有效办法。②

---

① 李瑞环：《学哲学用哲学》，中国人民大学出版社2005年版，第183页。
② 刘志信主编：《领导文稿起草工作》，河北人民出版社2004年版，第147页。

197

哲学线

所谓研究，就是集思广益，把分散的、无系统的意见加以集中、条理化，然后变成计划、部署，贯彻实行。①

样例3（第三大块第二部分第三段）：

<u>全面推行基层党组织和党员"双十星"管理</u>。<u>全面推行"双十星"管理机制</u>……。<u>细化党组织和党员星级评定标准</u>……。<u>做好星级考核评定工作</u>……。<u>建立星级管理档案</u>……。<u>完善奖惩机制</u>……。
（标题；措施1；措施2；措施3；措施4；措施5）

写法线

本段采用的是"标题+措施"的写法，即：针对标题中提出的"双十星"管理，分别提出了"全面推行……"、"细化……"、"做好……"、"建立……"和"完善……"等做法。具体写法图如下：

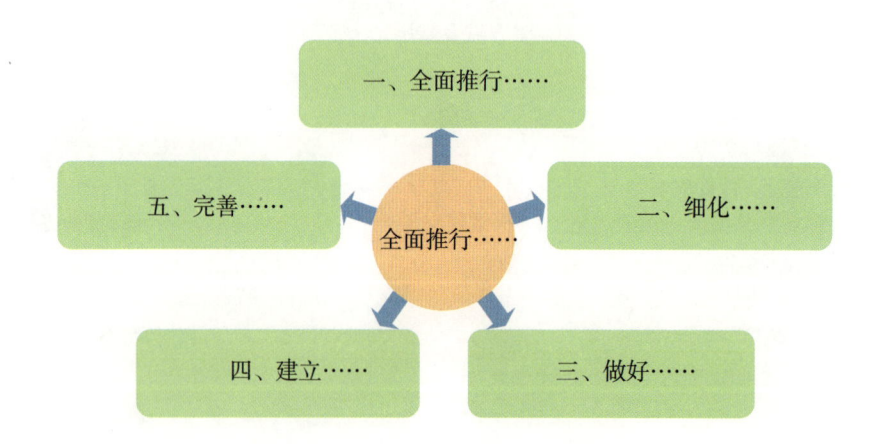

```
        ┌─────────────┐
        │ 一、全面推行……│
        └─────────────┘
              ↑
┌─────────┐  ╱○╲  ┌─────────┐
│五、完善…│←│全面│→│二、细化…│
└─────────┘  │推行│  └─────────┘
              ╲○╱
              ↓ ↓
        ┌─────────┐  ┌─────────┐
        │四、建立…│  │三、做好…│
        └─────────┘  └─────────┘
```

经验线

众多写作高手都认为："能写好一句话，就能写好一段话，也就能写好一整篇文章。因为，整篇文章都是由若干个单句和若干个段落组成的，

---

① 李瑞环：《学哲学用哲学》，中国人民大学出版社2005年版，第109页。

198

所以，学习写作，要从练习写好一句话开始。"

哲学线

实践可以产生经验但不等于经验，如同木头可以做桌子而不等于桌子一样。有了材料，有了工具，还得有加工的本事。同样的材料，同样的工具，加工出来的成品水平相差很多。[①]

[①] 李瑞环：《学哲学用哲学》，中国人民大学出版社2005年版，第131-132页。

第四节　领导讲话的写法

《在×××活动总结大会上的讲话》共分四大块：一、活动成果，包含五个方面，一是……；二是……；三是……；四是……；五是……。二、总结活动经验，包含六条具体经验，一是必须……；二是必须……；三是必须……；四是必须……；五是必须……；六是必须……。三、指出目前存在的问题，包含五个方面问题，一是基础还不够稳固……；二是自觉性尚未形成……；三是没有真正形成合力……；四是贯彻群众路线还没到末端……；五是存在"一阵风"现象……。四、提出下步要求，包括八个方面，一是……；二是……；三是……；四是……；五是……；六是……；七是……；八是……。

写法线

这篇《讲话》采取的是"逻辑先后"顺序，即：运用"先扬后抑"的方式，先介绍活动成果和总结活动经验；之后，指出目前存在的问题；最后，提出下步要求。具体写法图如下：

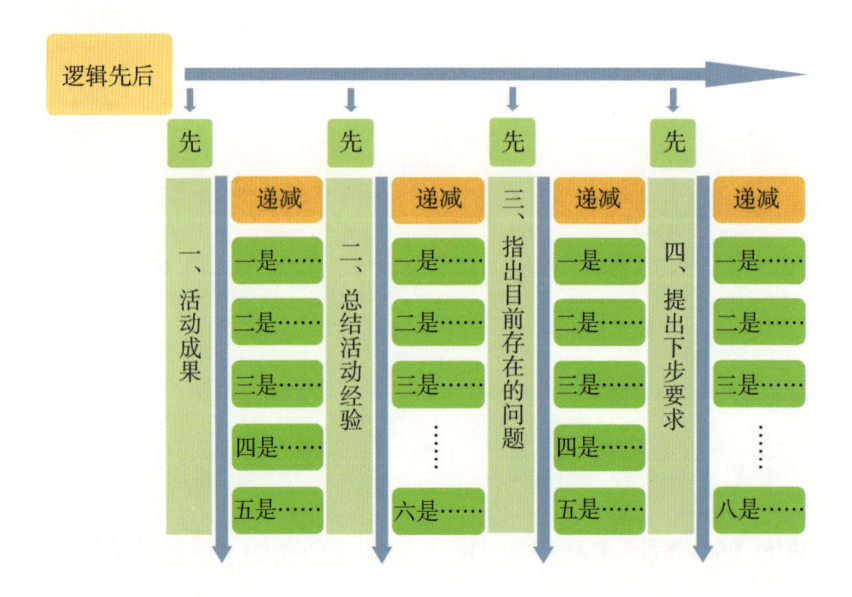

第一大块的写法

这篇《讲话》的第一大块"活动成果"中，共说了五个方面，分别是：一、理想信念。二、四风问题。三、党的优良传统。四、制度体系。五、影响群众利益的症结难点。

写法线

第一大块中的五个方面是按照程度上的"递减"顺序谋篇布局的，即：先说最重要的"理想信念"，之后，依次列出"四风问题"、"党的优良传统"、"制度体系"和"影响群众利益的症结难点"等其他内容。具体写法图如下：

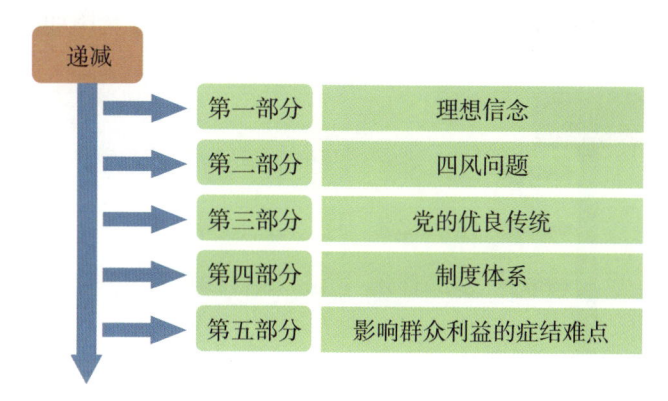

递减
- 第一部分 —— 理想信念
- 第二部分 —— 四风问题
- 第三部分 —— 党的优良传统
- 第四部分 —— 制度体系
- 第五部分 —— 影响群众利益的症结难点

经验线

我们要从国内外、省内外、县内外、区内外的实际情况出发，从其中引出其固有的而不是臆造的规律性，即找出周围事变的内部联系，作为我们行动的向导。[1]

哲学线

因此任何事物都不是孤立的，总是在同其他事物的互相联系中存在的。[2]

---

[1] 韩树英等：《学习毛泽东哲学思想》，北京出版社1982年版，第115页。
[2]《毛泽东选集》第三卷，人民出版社1991年版，第801页。

第二大块的写法

这篇《讲话》的第二大块"总结活动经验"中，共说了六个方面：一、必须突出重点……。二、必须领导带头……。三、必须以知促行……。四、必须严字当头……。五、必须层层压紧……。六、必须相信群众……。

写法线

"总结活动经验"采用程度上的"递减"顺序依次介绍经验做法，即：先说最重要的"必须突出重点……"，之后，依次列出"必须领导带头……"、"必须以知促行……"、"必须严字当头……"、"必须层层压紧……"和"必须相信群众……"等其他内容。具体写法图如下：

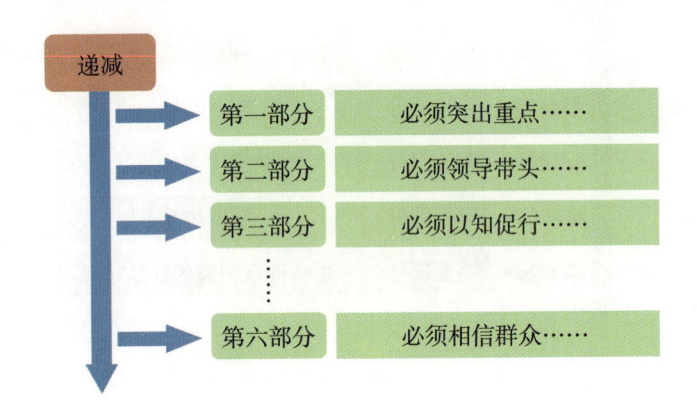

```
递减
 │
 ├──→ 第一部分 ── 必须突出重点……
 │
 ├──→ 第二部分 ── 必须领导带头……
 │
 ├──→ 第三部分 ── 必须以知促行……
 │         ⋮
 ↓
 └──→ 第六部分 ── 必须相信群众……
```

经验线

工人生产优质产品离不开精心设计、精心制作，秘书人员起草讲话稿也有个设计和制作问题。[①]

哲学线

自然规律和社会规律都是客观的、不以人的意志为转移的，人们不能

[①] 刘志信主编：《领导文稿起草工作》，河北人民出版社2004年版，第143页。

改变，只能利用它来为人类服务。[1]

第三大块的写法

这篇《讲话》的第三大块"指出目前存在的问题"中，共说了五个方面：一、基础还不够稳固……。二、自觉性尚未形成……。三、没有真正形成合力……。四、贯彻群众路线还没到末端……。五、存在"一阵风"现象……。

写法线

在第三大块中，根据程度轻重，对存在的问题按照"递减"顺序逐项列出，即：先说最重要的"基础还不够稳固……"，之后，依次列出"自觉性尚未形成……"、"没有真正形成合力……"、"贯彻群众路线还没到末端……"、"存在'一阵风'现象……"等其他内容。具体写法图如下：

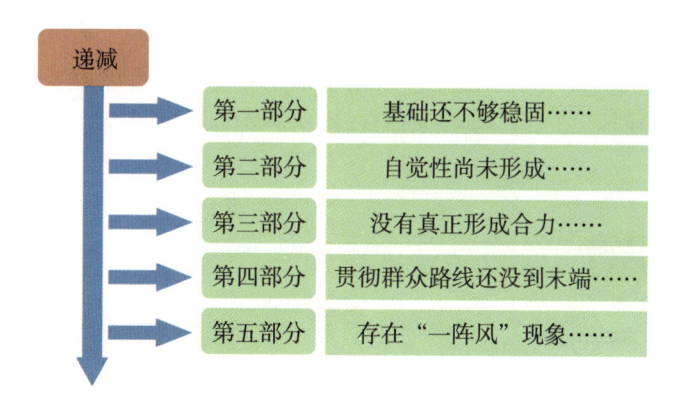

```
递减
  ├─→ 第一部分   基础还不够稳固……
  ├─→ 第二部分   自觉性尚未形成……
  ├─→ 第三部分   没有真正形成合力……
  ├─→ 第四部分   贯彻群众路线还没到末端……
  └─→ 第五部分   存在"一阵风"现象……
```

经验线

材料和观点是公文的两大基本要素，二者缺一不可，并且互相联系、互相依存、互相制约。[2]

---

[1] 韩树英等：《学习毛泽东哲学思想》，北京出版社1982年版，第137页。
[2] 刘志信主编：《领导文稿起草工作》，河北人民出版社2004年版，第169页。

哲学线

如矛盾的普遍性和特殊性、主要的矛盾和矛盾主要的方面……研究所有这些问题,"主要地就是教导人们要善于去观察和分析各种事物的矛盾的运动,并根据这种分析,指出解决矛盾的方法"[①]。

第四大块的写法

这篇《讲话》的第四大块"提出下步要求"中,共说了八个方面:一、落实从严治党责任。二、坚持思想建党和制度治党紧密结合。三、严肃党内政治生活。四、坚持从严管理干部。五、持续深入改进作风。六、严明党的纪律。七、发挥人民监督作用。八、深入把握从严治党规律。

写法线

第四大块中采取程度上的"递减"顺序对具体要求进行了细化,即:先说最重要的"落实从严治党责任",之后,依次列出"坚持思想建党和制度治党紧密结合"、"严肃党内政治生活"、"坚持从严管理干部"、"持续深入改进作风"、……、"深入把握从严治党规律"等其他内容。具体写法图如下:

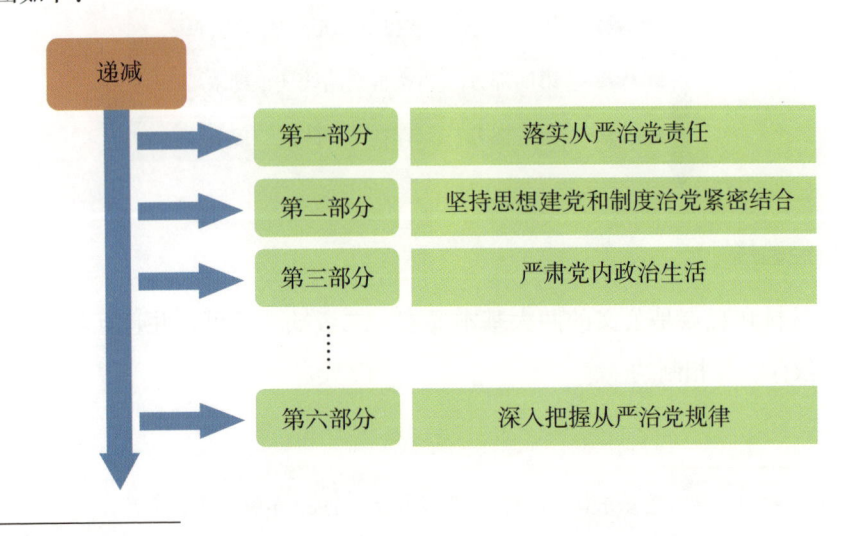

递减		
→	第一部分	落实从严治党责任
→	第二部分	坚持思想建党和制度治党紧密结合
→	第三部分	严肃党内政治生活
⋮		
→	第六部分	深入把握从严治党规律

---

① 韩树英等:《学习毛泽东哲学思想》,北京出版社1982年版,第42页。

经验线

标题怎样才算好，每个人的标准并不完全一样，但我以为有三点是基本的，可以达成共识：第一，贴切、醒目、生动。第二，短一些，简洁一些。……第三，要有个性，切忌似曾相识，人云亦云。①

哲学线

我没有专门学习过写文章，现在也不能说会写文章，但我做过一些实事，研究和处理过一些问题，总觉得写文章与总结经验有密切关系。……总结经验的目的是研究分析客观实际，找出事物的本质和规律。就这个意义上讲，写文章和总结经验要求是一致的，道理是相通的。②

段落内各句的写法

这篇《讲话》第一大块采用"标题+成效"的写法；第二大块采取的是"标题+做法+成效"的写法；第三大块采取的是"标题+解释"的写法；第四大块采取的是"标题+要求"的写法。为了使广大读者有一个形象直观的了解，掌握每一部分的不同写作方法，我们列举本文的段落写法，如下图所示：

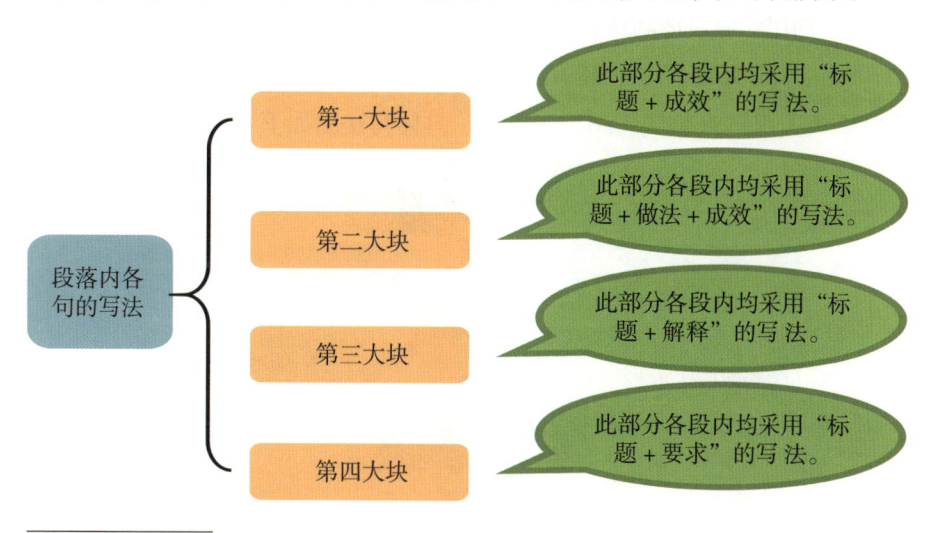

段落内各句的写法
- 第一大块 —— 此部分各段内均采用"标题+成效"的写法。
- 第二大块 —— 此部分各段内均采用"标题+做法+成效"的写法。
- 第三大块 —— 此部分各段内均采用"标题+解释"的写法。
- 第四大块 —— 此部分各段内均采用"标题+要求"的写法。

---

① 周溯源：《文章要好标题要巧》，《政工研究文摘》，2002年第4期，第87页。
② 李瑞环：《学哲学用哲学》，中国人民大学出版社2005年版，第186页。

经验线

再是修改别人的稿子，作为秘书人员，就要认真履行职责，一般要进行十查：一查主题是否合适。二查观点是否正确。三查引据是否真实。四查措施是否可行。五查立意是否新颖。六查结构是否合理。七查长短是否适宜。八查概念是否明确。九查引文是否有误。十查语言是否通畅。①

哲学线

主要矛盾是在一定条件下形成的。条件变了，主要矛盾也要发生变化。②

样例1（第一大块第一部分）：

一是理想信念明显增强（标题）。通过活动认识到……（成效1）；进一步增进了……（成效2）；进一步掌握了……（成效3）。广大党员、干部表示……（成效4）。许多党员、干部受到警醒……（成效5）。广大人民群众感到……（成效6）。

写法线

本段采用的是"标题+成效"的写法，即：围绕标题"理想信念明显增强"，列出"通过活动认识到……"、"进一步增进了……"、"进一步掌握了……"、"广大党员、干部表示……"、"许多党员、干部受到警醒……"和"广大人民群众感到……"等成效。具体写法图如下：

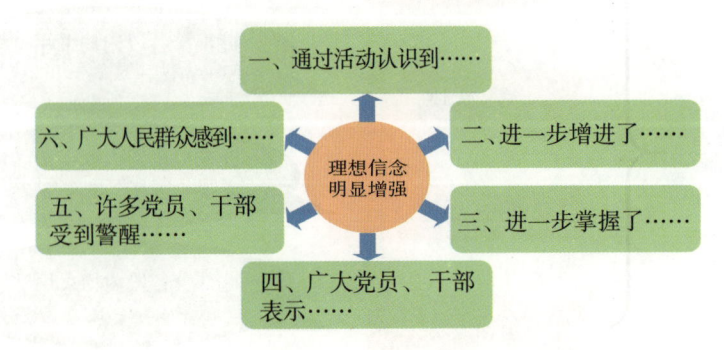

- 一、通过活动认识到……
- 二、进一步增进了……
- 三、进一步掌握了……
- 四、广大党员、干部表示……
- 五、许多党员、干部受到警醒……
- 六、广大人民群众感到……

（中心：理想信念明显增强）

---

① 刘志信主编：《领导文稿起草工作》，河北人民出版社2004年版，第165—166页。
② 李瑞环：《学哲学用哲学》，中国人民大学出版社2005年版，第198页。

经验线

明确提出问题，是文章的逻辑起点；深入分析问题，是逻辑脉络的发展和延伸。①

哲学线

中国人有一句老话："不入虎穴，焉得虎子。"这句话对于人们的实践是真理，对于认识论也是真理。离开实践的认识是不可能的。②

样例2（第二大块第一部分）：

必须突出重点、聚焦问题。党中央认为必须突出……。党中央聚焦到……。党中央明确提出……。对群众反映强烈的共性问题……。对出现的"四风"种种变异问题……。对顶风违纪现象……。实践证明……。

写法线

本段采用的是"标题+做法+成效"的写法，即：根据标题"突出重点、聚焦问题"，列举出"党中央认为……"、"党中央聚焦到……"、"党中央明确提出……"、"对群众反映强烈的共性问题……"、"对出现的'四风'种种变异问题……"和"对顶风违纪现象……"等做法，然后，叙述这些做法取得的成效。具体写法图如下：

```
                    一、党中央认为……
         ↑
七、实践证明……          二、党中央聚焦到……
              突出重点、
              聚焦问题
六、对顶风违纪现象……      三、党中央明确提出……

   五、对出现的"四风"      四、对群众反映强烈
       种种变异问题……        的共性问题……
```

---

① 姬瑞环：《毛泽东的写作艺术》，时事出版社2004年版，第298页。
②《毛泽东选集》第一卷，人民出版社1991年版，第288页。

207

经验线

坚持边阅读边写作，把阅读和写作融为一体，在优秀范文的引导下，在坚持不懈的写作实践中，不断提高写作水平，努力达到"神似"。①

哲学线

理论，是人类智慧的结晶，是人类认识世界和改造世界的精神武器。②

样例3（第三大块第一部分）：

我们也要看到存在的问题和不足。基础还不稳固……。"不想"的自觉尚未形成……。还没有真正形成合力……。贯彻群众路线到不了末端……。存在"一阵风"现象……。

（标题：我们也要看到存在的问题和不足；解释1：基础还不稳固；解释2："不想"的自觉尚未形成；解释3：还没有真正形成合力；解释4：贯彻群众路线到不了末端；解释5：存在"一阵风"现象）

写法线

本段采用的是"标题+解释"的写法，标题中提出了"要看到存在的问题和不足"，后面逐项对问题和不足做出了解释，分别是："基础还不稳固……"、"'不想'的自觉尚未形成……"、"还没有真正形成合力……"、"贯彻群众路线到不了末端……"和"存在'一阵风'现象……"。具体写法图如下：

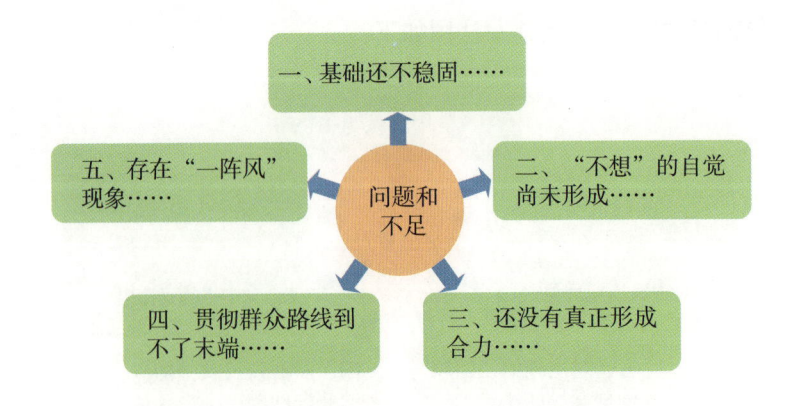

```
           一、基础还不稳固……
                  ↑
五、存在"一阵风"   ←  问题和  →  二、"不想"的自觉
现象……              不足        尚未形成……
                  ↙   ↘
   四、贯彻群众路线到     三、还没有真正形成
   不了末端……           合力……
```

---

① 徐向东：《政工写作学》，解放军出版社1996年版，第21页。
② 刘志信主编：《领导文稿起草工作》，河北人民出版社2004年版，第474页。

经验线

文章的观点是文章的旗帜，文章的形象和灵魂。文章的思想内容、作者的立场、态度和感情的倾向性集中反映在文章的观点上。①

哲学线

整体性是系统的最显著的特征，也是处理和解决系统问题需要坚持的基本原则。②

样例4（第四大块第一部分）：

落实从严治党责任。从严治党，必须增强……。历史和现实……。经过这些年努力……。然而，是不是……？是不是……？是不是……？在一些领导干部眼中……。也有一些人认为……。必须树立正确政绩观……。要把从严治党责任承担好、落实好……。要看抓党建的实效……。

（标题、正论1、正论2、正论3、反论1、反论2、反论3、反论4、反论5、要求1、要求2、要求3）

写法线

本段采用的是"标题+正论+反论+要求"的写法，围绕标题中提出的"落实从严治党责任"，先从正面进行论述，然后再从反面进行论述，最后提出具体要求。具体写法图如下：

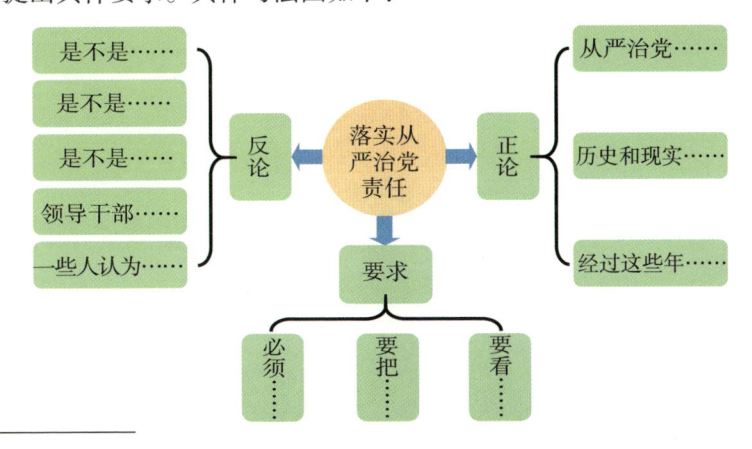

---

① 杨英健：《跟毛泽东学写作》，中央文献出版社2002年版，第28页。
② 虞云耀、杨春贵主编：《中共中央党校讲稿选·关于马克思主义基本问题》，中共中央党校出版社2002年版，第487页。

经验线

领导讲话中引用的上级要求要明确，一些基本观点、基本讲话要准确无误，对一些问题的判断、分析要反复掂量、字斟句酌，力求准确无误。

哲学线

在分析矛盾的特殊性中，要注意抓主要矛盾，否则就将陷入一般的研究，结果还是如堕烟海，找不出解决矛盾的方法。[1]

---

[1] 李瑞环：《学哲学用哲学》，中国人民大学出版社2005年版，第196页。

第五节　工作要点的写法

在《××工作要点》中，共包括六大块：一、加强理论武装……。二、加强领导班子和干部队伍建设……。三、加强干部管理监督……。四、加强基层党的建设……。五、推进人才工作改革发展……。六、加强自身建设……。

写法线

这篇《讲话》采取的是"递减"顺序，即：根据以往安排习惯，先说"加强理论武装……"，之后，依次叙述其他各项工作。具体写法图如下：

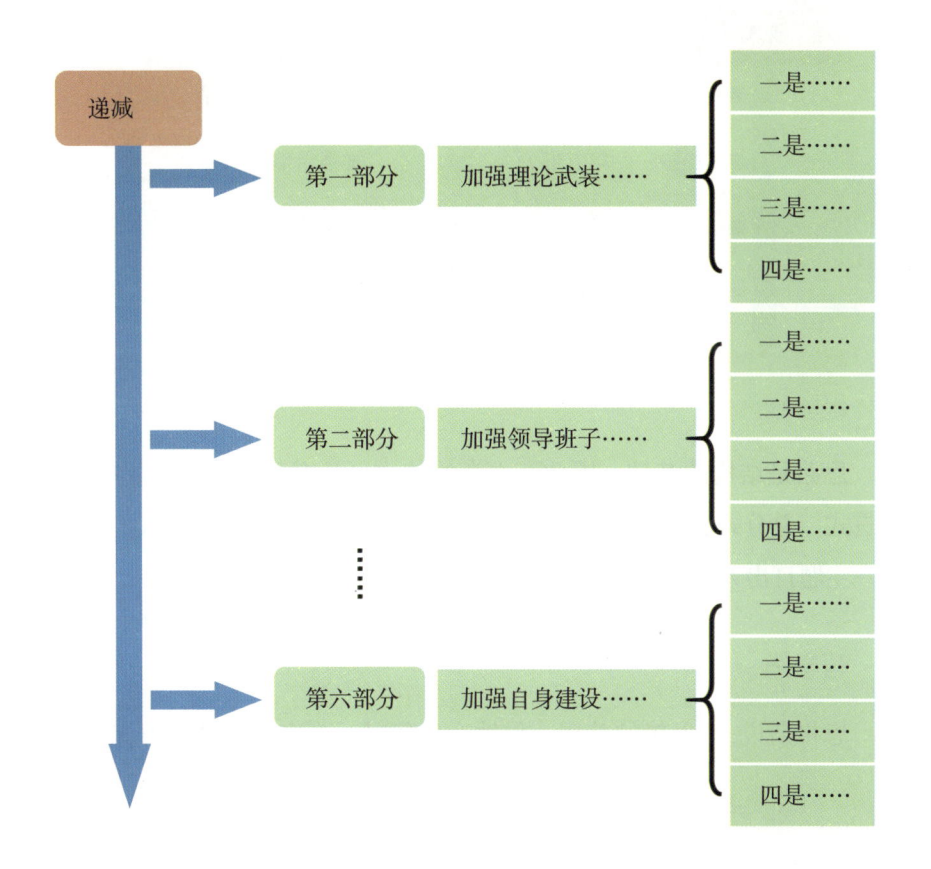

```
递减
 │
 ├──▶ 第一部分 ── 加强理论武装…… ┤ 一是……
 │                                  │ 二是……
 │                                  │ 三是……
 │                                  └ 四是……
 │
 ├──▶ 第二部分 ── 加强领导班子…… ┤ 一是……
 │                                  │ 二是……
 │                                  │ 三是……
 │                                  └ 四是……
 │        ⋮
 │
 └──▶ 第六部分 ── 加强自身建设…… ┤ 一是……
                                    │ 二是……
                                    │ 三是……
                                    └ 四是……
```

第一大块的写法

《工作要点》的第一大块"加强理论武装……"中,共说了四个部分:一、学习××重要讲话。二、加强干部培训。三、深化"两学一做"。四、严肃党内政治生活。

写法线

第一大块中按照程度上的"递减"顺序,对"加强理论武装……"进行了详细论述,即:先说最重要的"学习××重要讲话",之后,依次列出"加强干部培训"、"深化'两学一做'"和"严肃党内政治生活"等内容。具体写法图如下:

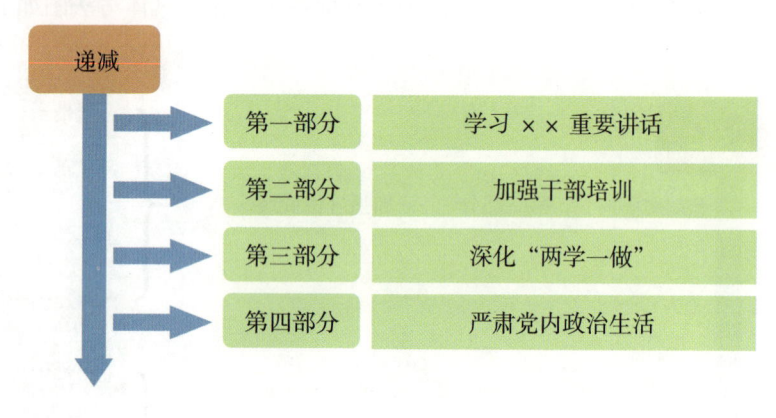

```
递减
  ├──▶ 第一部分   学习××重要讲话
  ├──▶ 第二部分   加强干部培训
  ├──▶ 第三部分   深化"两学一做"
  └──▶ 第四部分   严肃党内政治生活
```

经验线

思路是结构的基础。因此,文章的结构也是多种多样的。如递进式、连贯式、总分式、并列式、因果式、对比式、综合式等。总之人们可以用同一主题订出无数的布局。[1]

哲学线

恩格斯说:"思想的首尾一贯性在任何时候都应当帮助还不充分的知

---

[1] 赵宗庆:《应用写作的思路与层次观点》,河南大学出版社1992年版,第11页。

识继续前进。"首尾一贯性就是要坚持普遍的原则、定律，运用演绎法来认识未知的东西。

第二大块的写法

《工作要点》的第二大块"加强领导班子和干部队伍建设……"中，共说了四大部分：一、加强各级领导班子建设。二、加强干部队伍建设。三、加强后备干部队伍建设。四、加强挂职干部队伍建设。

写法线

第二大块围绕"加强领导班子和干部队伍建设……"，采用程度上的"递减"顺序逐级进行论述，即：先说最重要的"加强各级领导班子建设"，之后，依次列出"加强干部队伍建设"、"加强后备干部队伍建设"和"加强挂职干部队伍建设"等内容。具体写法图如下：

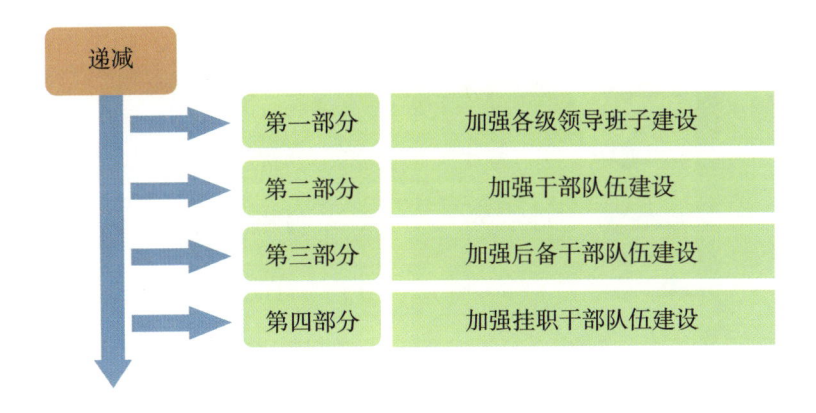

```
递减
  ├──→ 第一部分    加强各级领导班子建设
  ├──→ 第二部分    加强干部队伍建设
  ├──→ 第三部分    加强后备干部队伍建设
  └──→ 第四部分    加强挂职干部队伍建设
```

经验线

写信息或政研文章，标题不要口子太大，口子太大，就很难把文章写深写透。

哲学线

在一切实际工作中，只有善于抓住主要矛盾，工作才有中心，才有重点，才有明确的主攻方向。[1]

第三大块的写法

《工作要点》的第三大块"加强干部管理监督……"中，共说了四大部分：一、干部日常监督管理。二、开展专项整治。三、加强宏观管理。四、对干部选拔任用全过程监督。

写法线

第三大块针对"加强干部管理监督……"提出了四方面内容，并按照程度上的"递减"顺序依次列出，即：先说最重要的"干部日常监督管理"，之后，依次列出"开展专项整治"、"加强宏观管理"和"对干部选拔任用全过程监督"等内容。具体写法图如下：

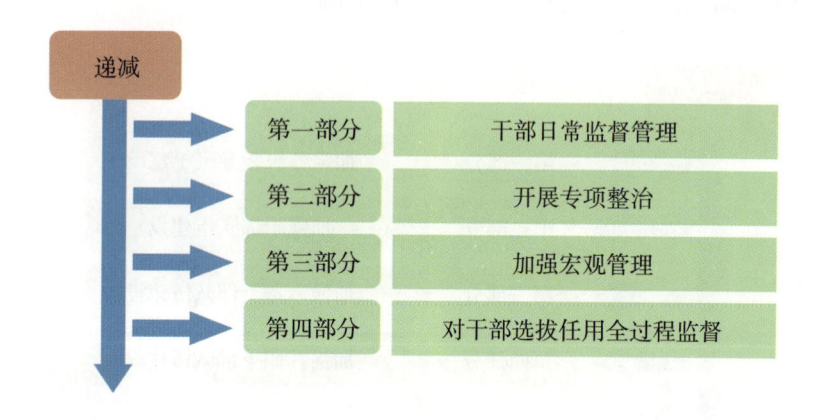

```
递减
  → 第一部分   干部日常监督管理
  → 第二部分   开展专项整治
  → 第三部分   加强宏观管理
  → 第四部分   对干部选拔任用全过程监督
```

经验线

写文章必须要学会思考，特别是要学会辩证地思考，这是写好文章的根本。要想写好一篇文章，要有科学的构思、布局，还要有好的内容、语言。然而这些从何而来，都是靠思考而来。一个不会思考的人，是写不好文章的。

---

[1] 韩树英等：《学习毛泽东哲学思想》，北京出版社1982年版，第52页。

哲学线

琢磨事是研究、探索客观规律的过程，也是理论联系实际的过程。琢磨事，必须下真功夫，花大心血，熬夜、吃苦。[①]

第四大块的写法

《工作要点》的第四大块"加强基层党的建设……"中，共说了五大部分：一、开展村"两委"换届。二、提升基层党组织组织力。三、开展基层干部示范培训。四、加强党员教育管理。五、落实党建责任制。

写法线

在第四大块中，就如何加强基层党的建设部署了五项工作，并根据程度轻重，以"递减"顺序逐项列出，即：先说最重要的"开展村'两委'换届"，之后，依次列出"提升基层党组织组织力"、"开展基层干部示范培训"、"加强党员教育管理"和"落实党建责任制"等内容。具体写法图如下：

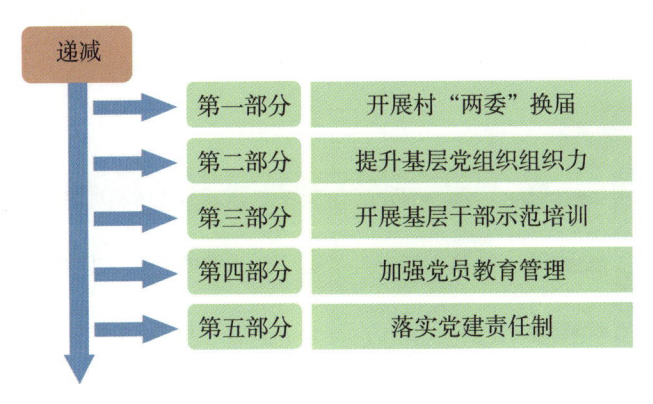

递减		
→	第一部分	开展村"两委"换届
→	第二部分	提升基层党组织组织力
→	第三部分	开展基层干部示范培训
→	第四部分	加强党员教育管理
→	第五部分	落实党建责任制

经验线

文章不在长短，关键是观点鲜明，论证充分，层次分明。把每一句写好了，就可以写成一整段。把一小段写好了，就可以写一大部分。大的文章，无非是由若干个小段组成的。因此，练习写作时一定不要急于求成，而要一

[①] 李瑞环：《学哲学用哲学》，中国人民大学出版社2005年版，第71页。

句话一句话地去写,注意把每一句话写深、写透,把每一段写全、写好。

哲学线

马克思早在160多年前就说过,理论一旦掌握群众,就会变成物质的力量。[①]

第五大块的写法

《工作要点》的第五大块"推进人才工作改革发展……"中,共说了三大部分:一、创新人才体制机制。二、深入推进"千人计划"。三、引导人才干事创业。

写法线

在第五大块中,"推进人才工作改革发展"三个方面是按照程度上"递减"的顺序进行谋篇布局的,即:先说最重要的"创新人才体制机制",之后,依次列出"深入推进'千人计划'"和"引导人才干事创业"等内容。具体写法图如下:

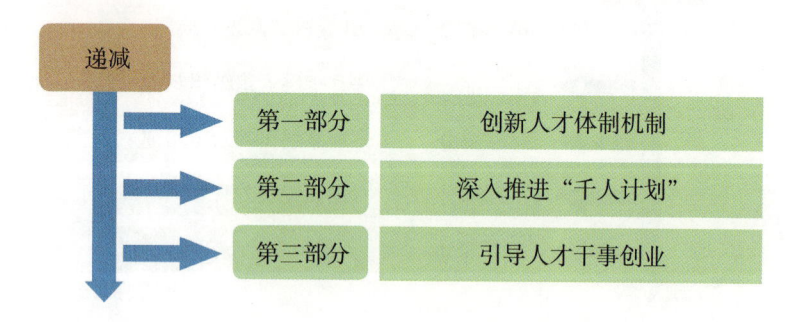

递减		
→	第一部分	创新人才体制机制
→	第二部分	深入推进"千人计划"
→	第三部分	引导人才干事创业

经验线

一些成语、谚语、诗词、典故等,结构紧凑、语言简洁,往往蕴蓄着深刻的哲理、深邃的智慧和丰满的感情,若能恰当地运用,就会文约意

[①] 中国辩证唯物主义研究会:《马克思主义哲学论丛》(2010年春季号总第1辑),社会科学文献出版社2010年版,第23页。

丰……有经验的作者不仅善于引用名言警句，而且特别注重在节骨眼上锤炼妙语警策。秦牧说：在文章的点睛之处，"往往放慢速度，特别细心地写。有时甚至另纸起稿，以一两小时来写那刻意求工的三五百字"。①

哲学线

写文章七分想三分写，在写作之前深思熟虑，把文章的思想、观点、内容和结构想清楚，做到胸有成竹，文章才会不跑题、不偏题，才能高质量、高水准。②

第六大块的写法

《工作要点》的第六大块"加强自身建设……"中，共说了四大部分：一、加强组织部门政治建设。二、推进组工干部能力建设。三、深化组织部门作风建设。四、狠抓组织部门规范化建设。

写法线

在第六大块"加强自身建设……"中，采用程度上的"递减"顺序进行谋篇布局，即：先说最重要的"加强组织部门政治建设"，之后，依次列出"推进组工干部能力建设"、"深化组织部门作风建设"和"狠抓组织部门规范化建设"等内容。具体写法图如下：

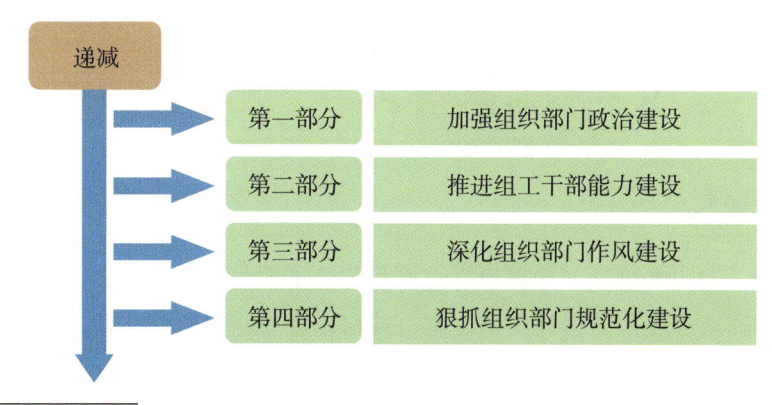

递减		
→	第一部分	加强组织部门政治建设
→	第二部分	推进组工干部能力建设
→	第三部分	深化组织部门作风建设
→	第四部分	狠抓组织部门规范化建设

---

① 张寿康：《文章学概论》，山东教育出版社1983年6月第1版，第229页。
② 杨冰：《办文有技法》，红旗出版社，2020年版，第31页。

经验线

一篇文章或一篇演说，如果是重要的带指导性质的，总得要提出一个什么问题，接着加以分析，然后综合起来，指明问题的性质，给以解决的办法……[1]

哲学线

人们要提高自己认识世界和改造世界的能力，就必须学习哲学。[2]

段落内各句的写法

在《工作要点》中，各段均采取的是"标题+措施"或"标题+方法"的写法，写法图示如下：

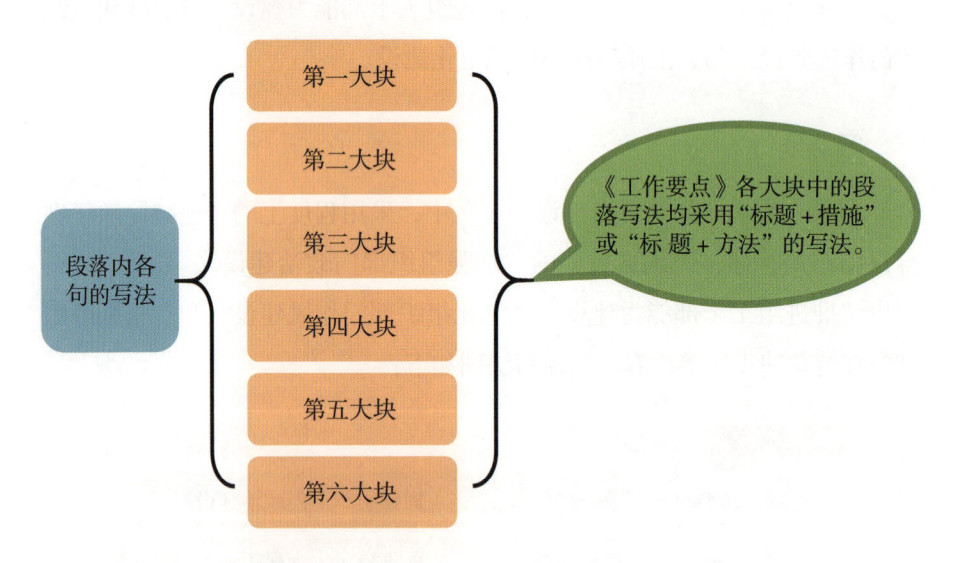

```
                ┌─ 第一大块 ─┐
                │            │
                ├─ 第二大块 ─┤
                │            │
  段落内各      ├─ 第三大块 ─┤   《工作要点》各大块中的段
  句的写法      │            ├── 落写法均采用"标题+措施"
                ├─ 第四大块 ─┤   或"标题+方法"的写法。
                │            │
                ├─ 第五大块 ─┤
                │            │
                └─ 第六大块 ─┘
```

经验线

写文章讲究浓度。所谓浓度，就是指一定的篇幅内所包含的内容，即叙写的详略程度。写得详尽谓之密，或曰密度大；写得简略谓之疏，或曰

---

[1] 《毛泽东选集》第三卷，人民出版社 1991 年版，第 839 页。
[2] 李瑞环：《学哲学用哲学》，中国人民大学出版社 2005 年版，第 2 页。

密度小。文章的疏密，就是在布局谋篇时处理好质料的详略关系，达到"淡妆浓抹总相宜"的境界。[1]

哲学线

思维之道无止境，掌握思维之道有方法。[2]

样例1（第一大块第二部分）：

加强和改进干部教育培训。深入贯彻中央……。研究制定全省……。开展理想信念教育……。加强干部专业化能力……。加强培训基地和师资队伍建设……。

<small>标题　　措施1　　措施2　　措施3　　措施4　　措施5</small>

写法线

本段采用的是"标题＋措施"的写法，针对标题"加强和改进干部教育培训"，制定了"深入贯彻中央……"、"研究制定全省……"、"开展理想信念教育……"、"加强干部专业化能力……"和"加强培训基地和师资队伍建设……"等措施。具体写法图如下：

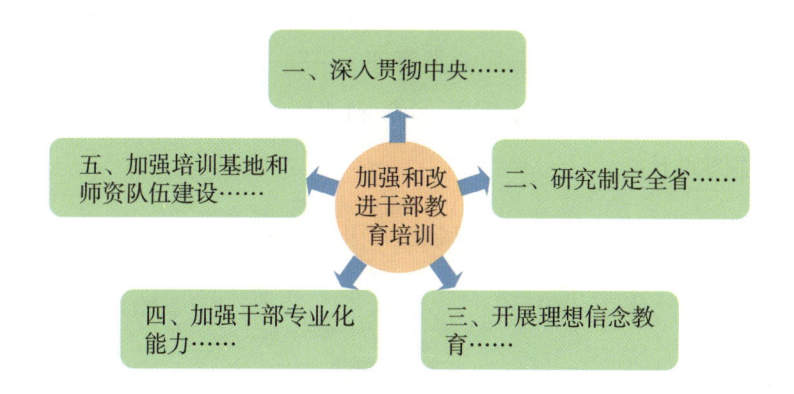

---

[1] 张寿康：《文章学概论》，山东教育出版社1983年版，第185页。
[2] 颜晓峰：《思维之道》，中国言实出版社2021年版，第3页。

经验线

"句子"是段落乃至整篇文章的基础。本书列举的句子类型有很多种,具体在什么情况下用什么句子类型,需要读者根据表达的需要,灵活掌握,千万不要"生搬硬套"。

哲学线

任何一个成功经验的形成,总要经过一个实践过程;任何一个经验的再实践,自始至终都是一个新的认识过程。[①]

样例2（第四大块第一部分）：

加强干部日常管理监督（标题）。制定进一步从严……（措施1）。建立干部日常管理台账……（措施2）。加大分层分类管理……（措施3）。督促抓好《关于××》的落实……（措施4）。畅通日常监督渠道……（措施5）。加大经济责任审计力度……（措施6）。

写法线

本段采用的是"标题+措施"的写法,围绕标题"加强和改进干部教育培训",提出六项措施,分别是:"制定进一步从严……"、"建立干部日常管理台账……"、"加大分层分类管理……"、"督促抓好《关于××》的落实……"、"畅通日常监督渠道……"和"加大经济责任审计力度……"。具体写法图如下：

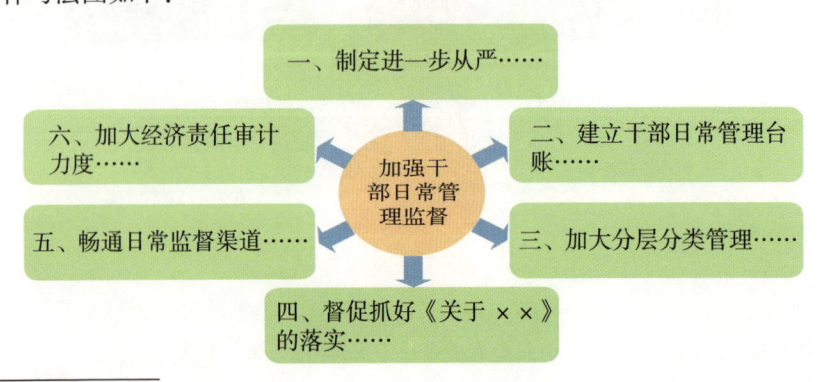

加强干部日常管理监督
- 一、制定进一步从严……
- 二、建立干部日常管理台账……
- 三、加大分层分类管理……
- 四、督促抓好《关于××》的落实……
- 五、畅通日常监督渠道……
- 六、加大经济责任审计力度……

[①] 李瑞环：《学哲学用哲学》,中国人民大学出版社2005年版,第185页。

经验线

作者在写作时要注意把感性的认识理性化,要注意通过自己的总结、分析、研究,找到推进工作的规律性东西来,用以指导工作。这样,你总结出来的这些观点和规律,才是文章的核心观点,才能真正提高公文的指导性。

哲学线

同时还要善于琢磨,学会分析综合,认真把情况搞全了、弄准了,把材料掰开了、揉碎了,把关系理顺了、摆正了,把措施具体了、落实了。[①]

样例3(第五大块第二部分):

<u>加强基层党组织带头人队伍建设</u>。<u>深入实施"领头雁"工程……</u>。<u>抓好村"两委"换届……</u>。<u>加大不称职村书记调整力度……</u>。<u>深化高校"双带头人"培育……</u>。<u>落实"一岗双责"要求……</u>。<u>大力选拔基层党组织书记……</u>。

（标题、措施1、措施2、措施3、措施4、措施5、措施6）

写法线

如何加强基层党组织带头人队伍建设?本段运用"标题+措施"的写法做出了解答,分别提出了"深入实施'领头雁'工程……"、"抓好村'两委'换届……"、"加大不称职村书记调整力度……"、"深化高校'双带头人'培育……"、"落实'一岗双责'要求……"和"大力选拔基层党组织书记……"。具体写法图如下:

---

① 李瑞环:《学哲学用哲学》,中国人民大学出版社2005年版,第71页。

```
                    ┌─────────────────────┐
                    │ 一、深入实施"领头雁" │
                    │ 工程……              │
                    └─────────────────────┘
┌──────────────────┐         ↑         ┌─────────────────┐
│ 六、大力选拔基层党组 │    ╲  │  ╱    │ 二、抓好村"两委"│
│ 织书记……         │  ←  加强基层党  →  │ 换届……          │
└──────────────────┘     组织带头人    └─────────────────┘
┌──────────────────┐     队伍建设    ┌─────────────────┐
│ 五、落实"一岗双责"│  ←  ╱  │  ╲  →  │ 三、加大不称职村支书调│
│ 要求……           │         ↓         │ 整力度……        │
└──────────────────┘                  └─────────────────┘
                    ┌─────────────────────┐
                    │ 四、深化高校"双带头人"│
                    │ 培育……              │
                    └─────────────────────┘
```

经验线

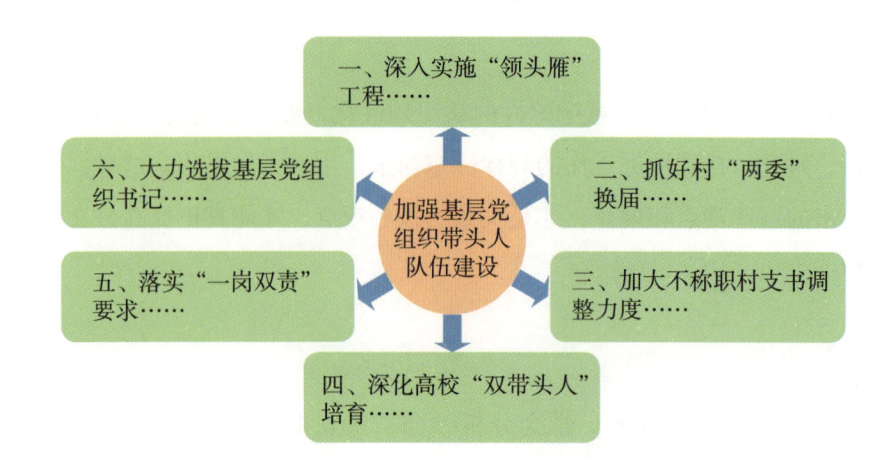

写作能力的培养提高，从模仿到创新是一个必然会经历的过程。在练习的阶段，模仿是十分重要的。在习作中，应该有意识、有计划地进行一些模仿性的练习。经过不断地、细心地模仿，才能领会成功之作的奥秘，才能摸熟门径。[①]

哲学线

科学究其本性而言，是对各种事物和现象内在规律的探索及其结果。[②]

---

① 张寿康：《文章学概论》，山东教育出版社1983年版，第175页。
② 颜晓峰：《思维之道》，中国言实出版社2021年版，第45页。

第六节　简报信息的写法

简报信息《推行×××管理激发争创动力》共包括四个段落，分别是：一、明确争创标准，科学"设"星。二、强化分类指导，激励"争"星。三、严格检查考核，公开"评"星。四、健全配套制度，动态"管"星。

写法线

这篇《信息》是采取"逻辑先后"结构进行谋篇布局的，逐步叙述了星级管理中"设、争、评、管"四步，即：先说"明确争创标准，科学'设'星"，之后，依次叙述"强化分类指导，激励'争'星"、"严格检查考核，公开'评'星"和"健全配套制度，动态'管'星"。具体写法图如下：

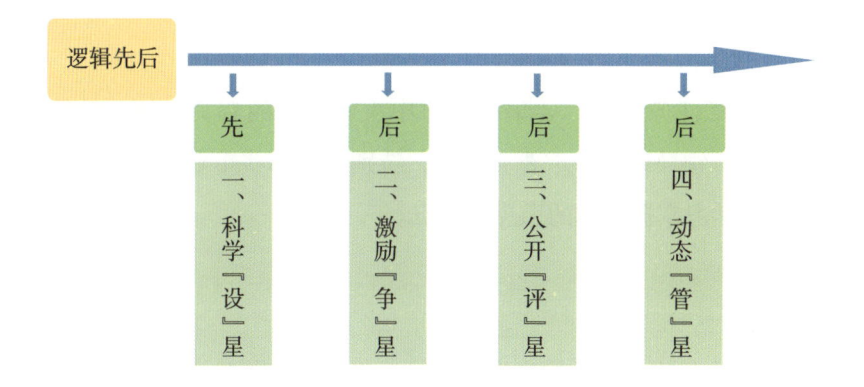

```
逻辑先后 →
  先            后            后            后
一、科学"设"星   二、激励"争"星   三、公开"评"星   四、动态"管"星
```

第一段写法

这篇《信息》的第一段"明确争创标准，科学'设'星"中，共写了六个方面：一、农村党组织设置为……。二、机关党组织设置为……。三、社区党组织设置为……。四、企业党组织设置为……。五、学校党组织设置为……。六、其他领域党组织设置为……。

写法线

第一段采取的是"标题+解释"或"标题+方法"或"标题+措施"的写法，围绕农村、机关、社区、企业、学校、其他领域等六大领域，用六句话从不同角度阐释了如何进行科学"设星"。这六句话之间以"并列"结构依次排列，基本上无先后之分。具体写法图如下：

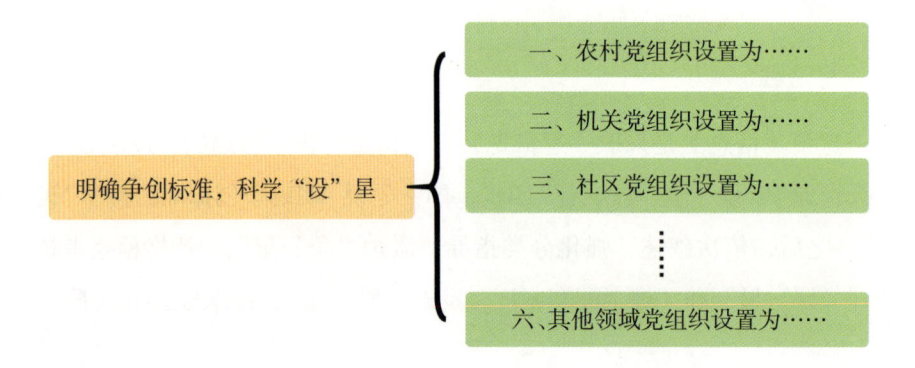

```
                    ┌── 一、农村党组织设置为……
                    │
                    ├── 二、机关党组织设置为……
                    │
明确争创标准，科学"设"星 ┤── 三、社区党组织设置为……
                    │        ⋮
                    │
                    └── 六、其他领域党组织设置为……
```

经验线

一项起草任务下来，要集中学习中央和上级的有关方针、政策，包括有关文件、领导讲话、重要文章等，特别是对那些重要的文件和领导讲话，要反复学习掌握基本的思想、观点。[①]

哲学线

在错综复杂的无数矛盾之中，不可能也不应该不分主次、事无巨细一把抓。[②]

第二段写法

这篇《信息》的第二段"强化分类指导，激励'争'星"中，共写了六个方面：一、成立不同领域指导小组……。二、农村党组织重点围

---

① 刘志信主编：《领导文稿起草工作》，河北人民出版社2004年版，第153页。
② 颜晓峰：《思维之道》，中国言实出版社2021年版，第351页。

绕……。三、社区党组织重点围绕……。四、企业党组织重点围绕……。五、机关党组织重点围绕……。六、其他领域党组织重点围绕……。

写法线

第二段采取的是"标题+方法"的写法，在本段中，总共介绍了六种方法，每种方法单独形成一句，每句话都用"。"隔开，这六句话之间采取"并列"结构展开，基本上无先后之分。具体写法图如下：

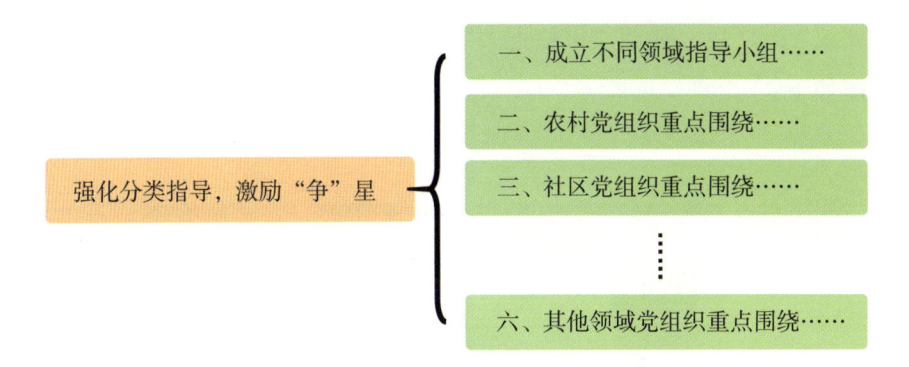

```
                          ┌─ 一、成立不同领域指导小组……
                          │
                          ├─ 二、农村党组织重点围绕……
                          │
强化分类指导，激励"争"星 ──┤── 三、社区党组织重点围绕……
                          │         ……
                          │
                          └─ 六、其他领域党组织重点围绕……
```

经验线

为了方便写作，你可以在自己的电脑里建立一个 Word 文档，把在网上收集到的好文章、好段落以及经典的词句复制进去，分门别类，便于以后查找；你也可以动手制作一个剪报册子，把各大报纸的精华文章、专家观点、政治时评等剪贴收集起来，随用随翻。[①]

哲学线

从某种意义上说，理论创新的过程就是发现问题、筛选问题、研究问题、解决问题的过程。[②]

[①] 程松林：《七步写出好文章》，知识产权出版社 2014 年版，第 7 页。
[②]《习近平谈治国理政》第二卷，外文出版社 2017 年版，第 342 页。

225

第三段写法

这篇《信息》的第三段"严格检查考核,公开'评'星"中,共写了三个方面:一、考核评议。二、审核把关。三、民主公开。

写法线

第三段采取的是"标题+措施"的写法,在本段中,总共写了三个层次,这三个层次之间按照"逻辑先后"顺序依次展开,即:先说"考核评议";之后,强调"审核把关";最后,提出"民主公开"。具体写法图如下:

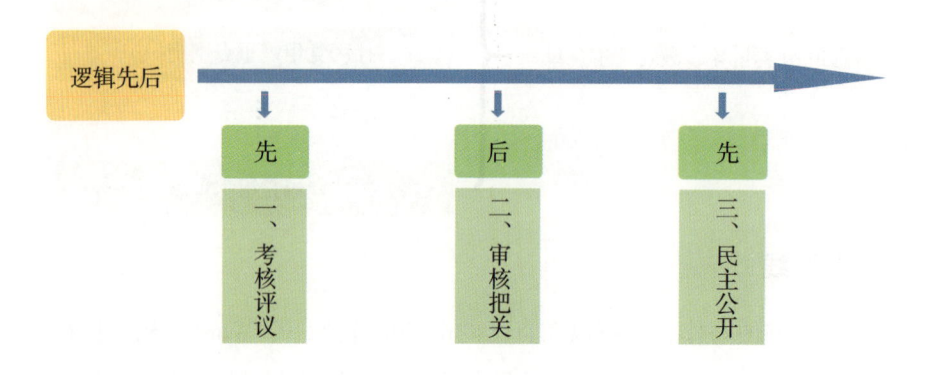

```
逻辑先后 ──────────────────────────────────▶
           ↓              ↓              ↓
          先              后              先
       一、考核评议    二、审核把关    三、民主公开
```

经验线

在撰写信息之前,要对所要写的基本内容、结构等进行全面考虑和总体设计,形成基本的蓝图。不少从事信息工作的新手都有这样的体会,收集到一个好的信息素材后,自己感到很有东西可写,但急匆匆地坐下来想写时,却又觉得无从下手,或者下笔后写写停停,时断时续,有时甚至"卡壳"写不下去。其中很重要的原因,便是没有很好地进行整体构思设计。[1]

---

[1] 中共中央组织部办公厅编著:《组工信息概论》(修订本),党建读物出版社2014年版,第46—47页。

哲学线

文学作品是以形象思维为主导的，……；而公文写作则是以抽象的逻辑思维为主导的，它通过逻辑形式、逻辑方法和逻辑规律的运用去阐述法定作者的思想主张。因此写公文必须讲逻辑。[①]

第四段写法

这个《信息》的第四段"健全配套制度，动态'管'星"中，共写了四个方面：一、建立星级管理信息库……。二、对五星以下的……。三、对四星以下的……。四、对连续两年三星以下的……。

写法线

此段采取的是"标题+做法"的写法，在本段中，用"。"隔开四句话，各句之间按照"逻辑先后"结构依次排列。具体写法图如下：

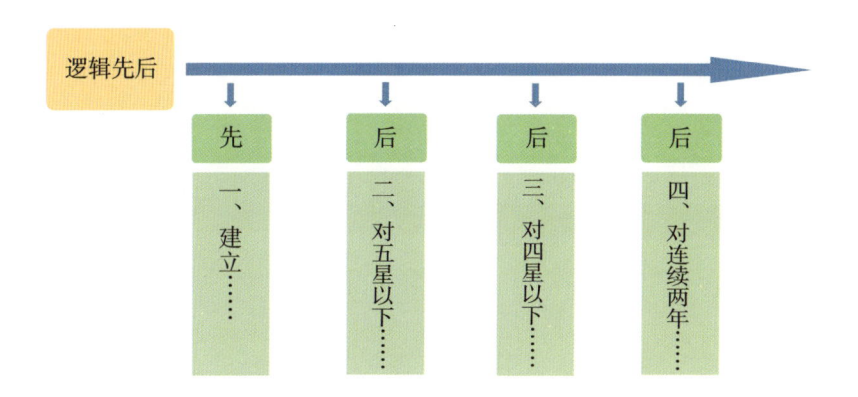

经验线

使用语文是一种技能，跟游泳、打乒乓球等等技能没有什么不同的性质，不过语文活动的生理机制比游泳、打乒乓球等活动更加复杂罢了。任何技能都必须具备两个特点，一是正确，二是熟练。层次是文稿逻辑思

[①] 刘志信主编：《领导文稿起草工作》，河北人民出版社 2004 年版，第 91 页。

维顺序的反映。人们通常所说的先写什么，后写什么，指的就是公文层次。……公文层次的安排有以下几种方式：并列式……递进式……因果式……总分式……。[1]

哲学线

要获得正确的认识，必须要有正确的立场、观点和方法。[2]

---

[1] 姬瑞环：《常用公文写作方法与技巧》，中国人事出版社2009年版，第49页。
[2] 艾思奇：《大众哲学》，民主与法制出版社2016年版，第143页。

第五章

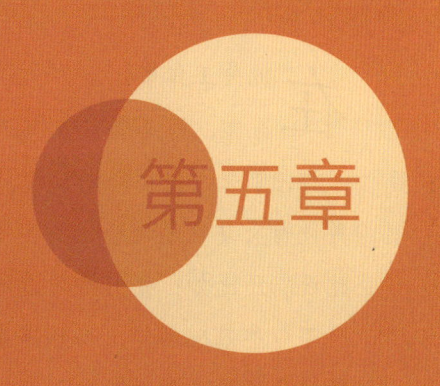

公文材料写作的一般流程

在机关工作中，当你受领了写作任务后，并不是马上就开始写作，而是要首先做一定的准备工作，就像建筑商盖房子一样，首先要进行规划设计，准备各种基础材料，画好施工图纸，并进行反复规划论证，待各项准备工作一切就绪后，才择机开工建设。还比如：我们学习游泳，首先要在陆地上练习手、脚、呼吸等一些基础动作，待熟练掌握后，再入水实践，这样才能游得又快又省劲，如果违反训练规律，就会适得其反，达不到预期的效果。公文写作也同样，只有按照科学的流程来写作，才能迅速完成写作任务，否则，就会像碰到"刺猬"一样，不知道从哪里下手，或者即使完成了任务，也是绕了很大弯子，费了九牛二虎之力，才写完了领导交给的任务。因此，掌握写作流程，是公文写作中至关重要的一环。与众多一线写作实践者交流，大家普遍认为，写作流程一般遵循"六步法"，即：准备素材、搭设框架、写好句子、核查校对、润色修饰、呈报领导。如果作为一名公务员，在每次写作时都按照这个固定的流程去写作，就会养成科学的写作习惯，大大提高写作效率。

第一步：准备素材——全面掌握情况

这是写作前最基础的一项工作，就像厨师做饭，要先准备好米、面、油、肉、菜和调料等各种食材一样，公务员在受领写作任务后，首先就是要准备与写作主题有关的各种素材，包括：中央、省、市、县、乡和本部门、本单位与本次写作有关的各个方面素材，都要尽可能找到。

- 外地有关经验做法
- 主要问题和原因
- 上级有关文件规定
- 本级实际情况
- 上级有关领导讲话

经验线

有的人写文章不重视写作的准备工作，得到一点材料或者刚有一点粗浅的认识就急于动笔，在写作中一边写，一边设计，边想边写，甚至写了上句不知下句写什么，写了上段不知下段写什么，这样是不可能把文章写好的。如同盖房子，材料还没有备齐，甚至连个蓝图也没弄好就急于动工，这样怎么会把房子盖得结构合理、美观实用呢？[1]

哲学线

要素作为系统的组成部分，并不是孤立地存在于系统之中，由于其与系统的其他要素存在着相互联系、相互作用，这就使得要素的性能与脱离

---

[1] 王凯符、孙移山：《写作概论》，光明日报出版社1986年版，第175页。

这种联系时具有质上的不同。[1]

第二步：搭设框架——设计写作蓝图

设计写作蓝图，就是要紧紧围绕本次写作的主题，对文章的行文结构进行设计布局，主要包括：采取什么样的结构、写几大块、每一大块大概都写什么内容、先写什么、后写什么、哪个地方详写、哪个地方简写、哪个地方正面论述、哪个地方反面论述、哪个地方举例、哪个地方引用等等。通过对占有资料的综合分析和判断，制定好本次写作的框架，根据文章表达的需要和写作习惯决定采取总分、先后，还是并列、递减。

经验线

从许多"笔杆子"的实际经验来看，要想真正写好公文，达到写什么像什么，写什么都能一稿通过，必须掌握哲学辩证法，并有一定的文字基础，特别是要掌握哲学这一思想武器。

---

[1] 虞云耀、杨春贵主编：《中共中央党校讲稿选·关于马克思主义基本问题》，中共中央党校出版社 2002 年版，第 488 页。

哲学线

在马克思看来，辩证法是关于外部世界运动和人类思维的运动一般规律的科学。①

第三步：写好句子——充实公文内容

句子，是组成文章的"血肉"，正如细胞是组成人体的最小单元一样。实际工作中，要想写好公文，必须研究单个句子的结构，这是写好公文最基础的一项基本功。然而，句子的类型又是各式各样的，因而写法也各有不同，但基本上都是像一列小火车一样，遵循"首句+……"的形式。句子的数目是无穷的，句子的具体样式是千变万化、不能尽举的。人们学习一种语言，不可能把这些已经出现或可能出现的句子，都一个一个地学一遍。但是，一个人却完全有可能在比较短的时间内，基本上掌握一种语言的句子……总之，人们学习句子的结构，不是一句一句学的，而是一类一类学的。为使广大读者掌握单个句子的写作方法，我们遴选了几种有代表性的句子类型进行重点讲解。希望读者借鉴这种思路，去分析其他各种不同句子的写作方法。句子的写法图示如下：

首句 + ① + ② + ③ + ④ …… + N

经验线

单个句子的特点是：第一句一般是整句的"首句"，用以统领整个句子，后面依次排列的是若干个"方法"、"强调"、"解释"、"效果"、"措施"、"结果"、"做法"等，分别用"，"隔开，依次排列。也可能是几种方法的综合运用，如："首句+方法+效果"、"首句+条件+结果"、"首句+解释+强调+效果"或"首句+概念+解释+效果"等等。

---

① 《列宁全集》第二十一卷，人民出版社1990年版，第35页。

哲学线

离开具体的分析，就不能认识任何矛盾的特性。我们必须时刻记得列宁的话：对于具体的事物作具体的分析。①

第四步：核查校对——确保准确严谨

一篇公文形成初稿后，要根据文章的写作要求和主题进行全面查找漏洞，重点要做到"五查"：一是检查上级要求的内容有没有遗漏情况。二是检查领导明确提出的思路有没有写进去。三是检查各部分内容有没有交叉重复。四是检查各种数据、提法是否准确，能否经得住检验。五是检查有没有丢字、落字和错别字情况。

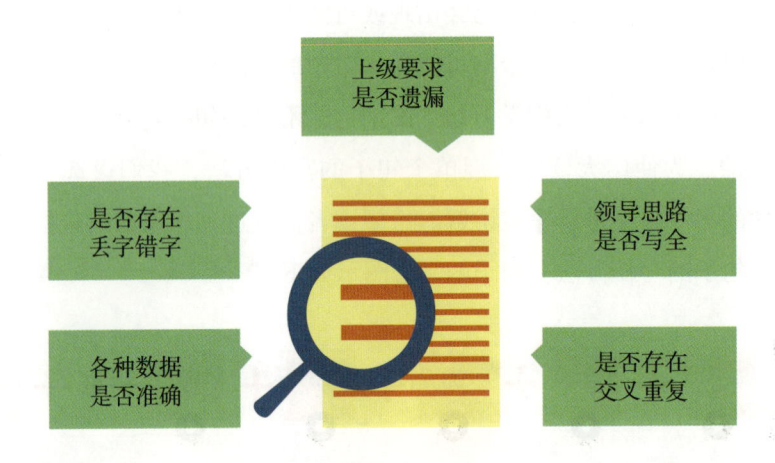

经验线

鲁迅说"至少看两遍"，至多呢？他没有说，我看重要的文章不妨看它十多遍，认真地加以删改，然后发表。文章是客观事物的反映，而事物是曲折复杂的，必须反复研究，才能反映恰当；在这里粗心大意，就是不懂得做文章的起码知识。②

---

① 《毛泽东选集》第一卷，人民出版社1991年版，第317页。
② 《毛泽东选集》第三卷，人民出版社1991年版，第844页。

哲学线

要透过现象看本质，从零乱的现象中发现事物内部存在的必然联系，从客观事物存在和发展的规律出发，在实践中按照客观规律办事。[①]

第五步：润色修饰——增强公文文采

公文初步写好后，还有很重要的一环，就是进行"润色修饰"，就好比画家画完一幅画后，要进行"上色"、"修改"、"调整"、"整饰"等一样，要紧紧围绕公文主题，重点进行八个方面的润色修饰：一是用词是否规范精准。二是标题是否简洁鲜明。三是句与句之间的逻辑关系是否正确。四是段落和部分之间布局是否合理。五是归纳概括是否符合实际。六是引用名言是否切合观点。七是事例选择是否生动准确。八是标点符号使用是否恰当。

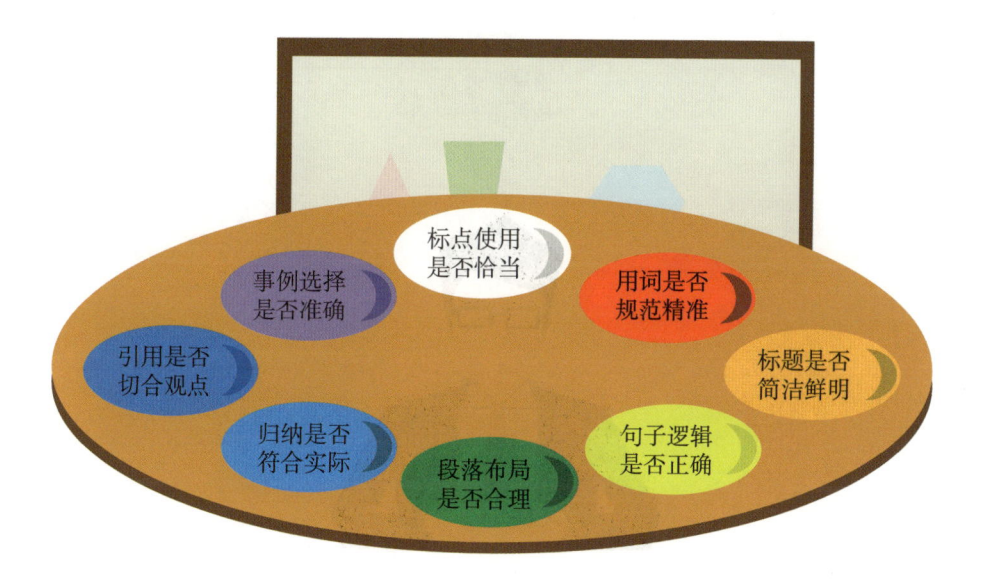

经验线

茅盾曾说过："选择材料要像苛刻的税务官一样，要横挑鼻子竖挑眼，别让它轻易过关。"

[①]《习近平谈治国理政》，外文出版社 2014 年版，第 25—26 页。

哲学线

先分析、后综合，在分析过程中综合，这是认识事物也是总结经验的基本方法。①

第六步：呈报领导——形成工作成果

公文最终写好后，呈报给领导，是检验工作成果的最后一个环节。呈报领导前，要注意把握以下五个方面：一是再从头至尾检查一下受领任务时领导提的要求是否落实到位。二是查看一级标题、二级标题、三级标题等是否正确。三是查看各级标题和正文字体是否符合文种要求。四是检查各种提法或目标是否有依据，以备领导询问时答对。五是严格按照时间节点要求呈报给领导。

---

① 李瑞环：《学哲学用哲学》，中国人民大学出版社2005年版，第181页。

经验线

研究领导角色很重要的就是紧紧跟上党委和领导的意图和思路。这里就引出了个机关干部要和领导同步思维的问题，没有这种思维的同步性，写出的应用材料就会和领导的意图和思路出现"两张皮"。所谓同步思维，就是机关干部要围绕领导的意图，站到领导的角度去思考问题，在思维的广度、深度等几个方面要把握和领导的思维吻合一致。[①]

哲学线

哲学，是基本理论、基础理论。哲学，是最高智慧，是最大理论，也是最高层次的理论。[②]

[①] 赵宗庆：《党政机关应用材料写作要领》，应用写作培训中心1997年，第43页。
[②] 刘志信主编：《领导文稿起草工作》，河北人民出版社2004年版，第480页。

第六章

写好公文材料必备的几种思维

公文写作是一种复杂的高级思维活动，从众多的写作实践来看，要想写好一篇公文，写作者必须具有综合的、多方面的思维，通过与众多从事机关公文写作的同事研究，我们认为至少应该具备以下6种思维方式，按照重要程度分别是：发散思维、系统思维、归纳思维、逻辑思维、演绎思维、美学思维。这就好比得了感冒一样，光靠吃一种药是治不好病的，而必须消炎、止咳等多种药同时吃，也就是要采取"复方疗法"，即：对一种病同时下多种药，才能把病症祛除。本章所要解决的问题，就是通过有针对性的6种思维训练，以"复方疗法""多管齐下"，彻底解决多年来困扰公文写作的根本性问题。为了便于读者掌握，本章对每类思维举5个实例来分析，同时，组织读者对每类思维进行5次训练，相信通过这样的一种"复方疗法"，读者就能很快掌握公文写作的基本思维方法。

第1种：发散思维

这种思维是公文写作必须掌握的基本功，也就是说，要学会从多个角度去看问题，要学会把观点"掰开"。如果一个写作者不具备发散思维，往往在实际工作中看问题就比较单一，写作时就感觉无从下手，或者让人感到写出来的文章"太单薄"、"不全面"，或者让人感觉"思维没有打开"。发散思维的最大特点就是：善于从多个角度、多个层面去分析问题，就像数学里面的"微分"一样，把一个事物微分成若干个，或者像切面包一样，把面包切成若干片。

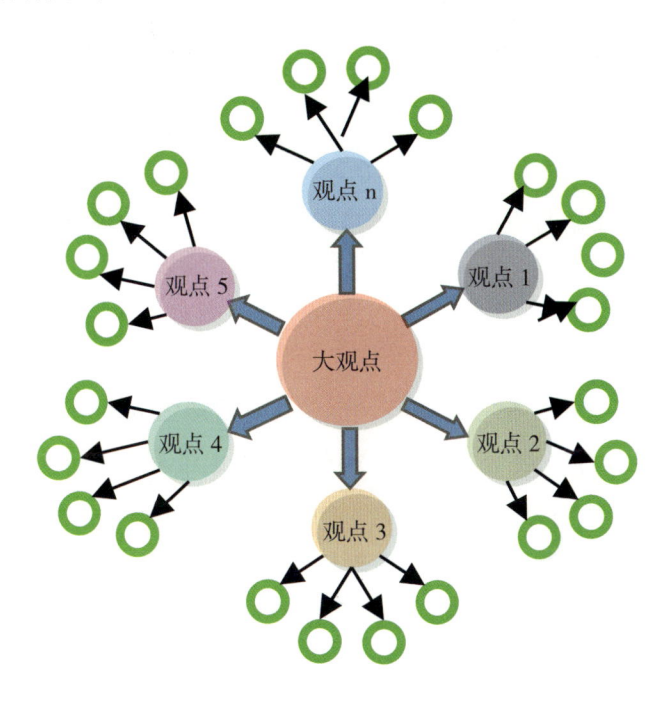

例1

在某篇公文中，有一段内容，标题是：要加强组织领导。段落内的具体内容把"加强组织领导"这个观点"掰"成了五个方面，分别是：一要成立领导机构……。二要认真履行第一责任人责任……。三要召开专门会议……。四要实行台账式管理……。五要建立工作例会制度……。

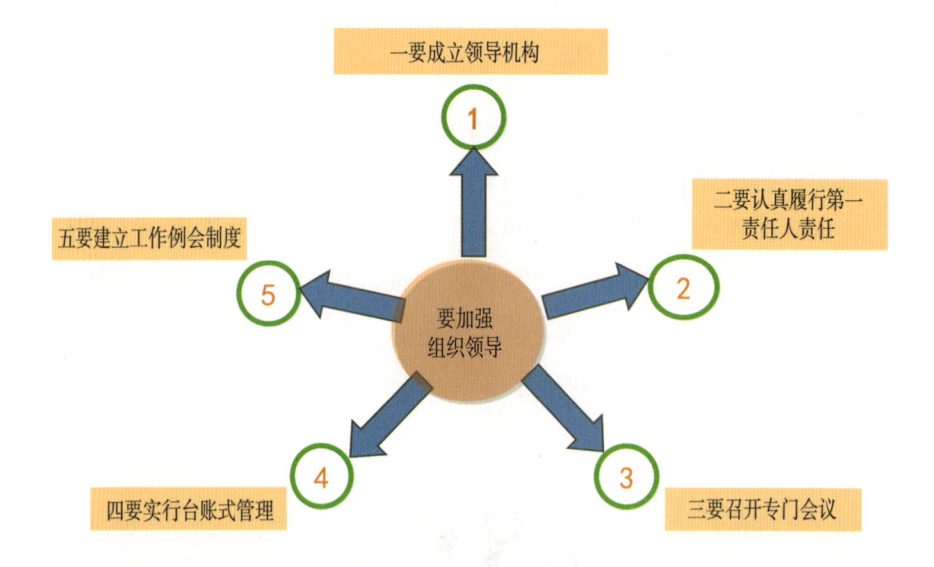

```
          一要成立领导机构
                ①
                ↑
五要建立工作例会制度        二要认真履行第一
                            责任人责任
        ⑤         ②
           要加强
           组织领导
        ④         ③
  四要实行台账式管理      三要召开专门会议
```

哲学线

怎样才能了解每一事物的具体情况，正确认识它的规律呢？这就不是马马虎虎随便看一看，心血来潮地偶然想一想，就能达到目的。[①]

例 2

在某篇公文中，有一段内容，标题是：要加强分类指导。段落内的具体内容把"加强分类指导"这个观点"掰"成了五个方面，分别是：一是分类制定方案，……。二是根据不同单位特点，……。三是市以上单位要……。四是县乡要……。五是行业系统要……。

这样的正确的哲学思想，就是辩证法唯物论，我们学懂了它，那我们对于世界就有了正确的根本认识或根本看法，就可以有了正确的世界观和思想方法，就能够在研究问题解决问题的时候掌握到有力的方法武器。[②]

---

① 艾思奇：《大众哲学》，民主与建设出版社 2016 年版，第 70 页。
② 艾思奇：《大众哲学》，民主与建设出版社 2016 年版，第 19 页。

一是分类制定方案……

二是根据不同单位特点……

五是行业系统要……

要加强分类领导

三是市以上单位要……

四是县乡要……

例 3

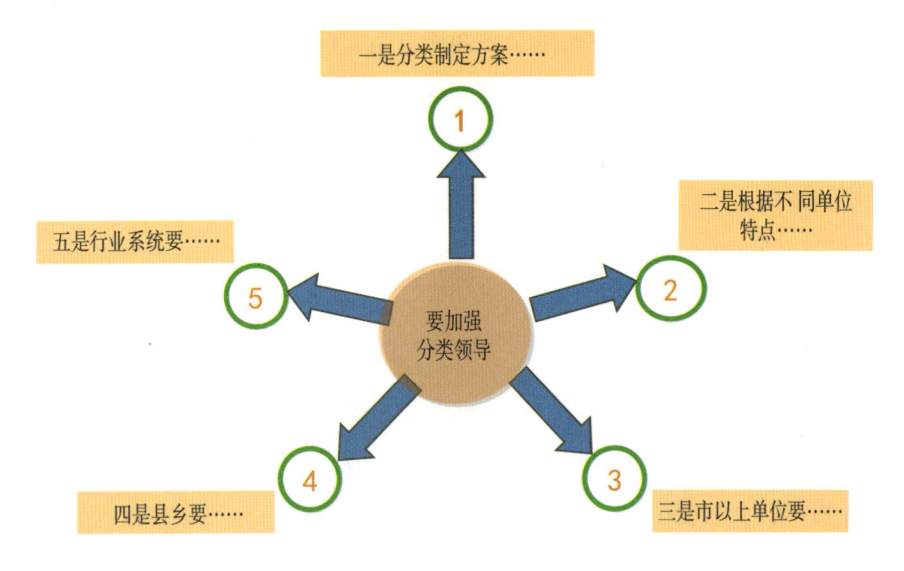

在某篇公文中，有一段内容，标题是：要优化队伍结构。段落内的具体内容把"优化队伍结构"这个观点"掰"成了五个方面，分别是：一是坚持好干部标准……。二是落实有关配备要求……。三是扩大选人用人视野……。四是改进选拔方式……。五是加强后备队伍建设……。

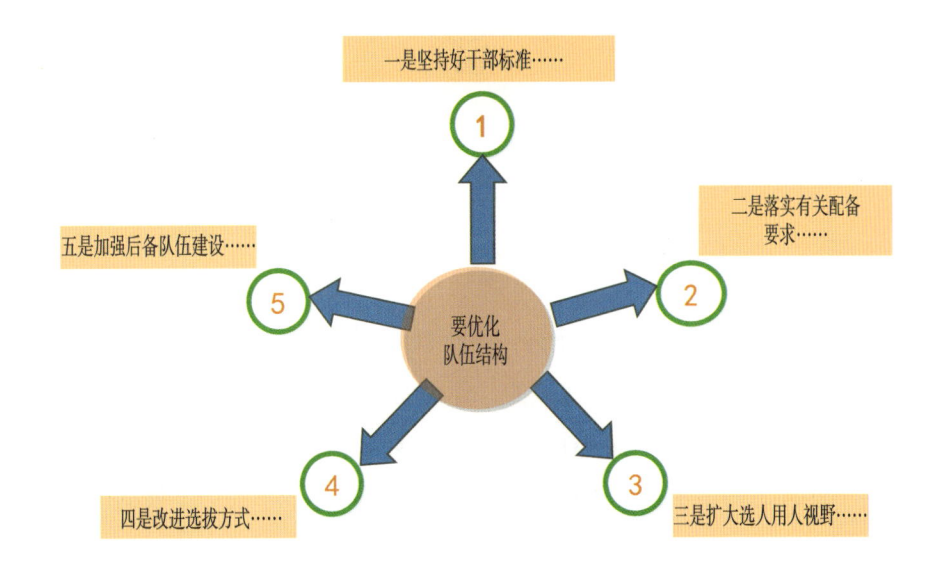

一是坚持好干部标准……

二是落实有关配备要求……

五是加强后备队伍建设……

要优化队伍结构

三是扩大选人用人视野……

四是改进选拔方式……

243

法国启蒙运动时期自然科学家和作家布封称思路为"一个绵续不断的链条"。他说:"为了写得好,必须充分地掌握题材;必须对题材加以充分的思索,以便清楚地看出思想的层次,把思想构成一个联贯体,一个绵续不断的链条,每一个环节代表一个概念;并且,拿起了笔,还要使它遵循着这最初的链条,陆续前进。"①

例 4

在某篇公文中,有一段内容,标题是:要坚持多法并举。段落内的具体内容把"坚持多法并举"这个观点"掰"成了五个方面,分别是:一要坚持领导联系制度……。二要完善定期检查机制……。三要实施台账式管理……。四要坚持月例会制度……。五要建立定期通报机制……。

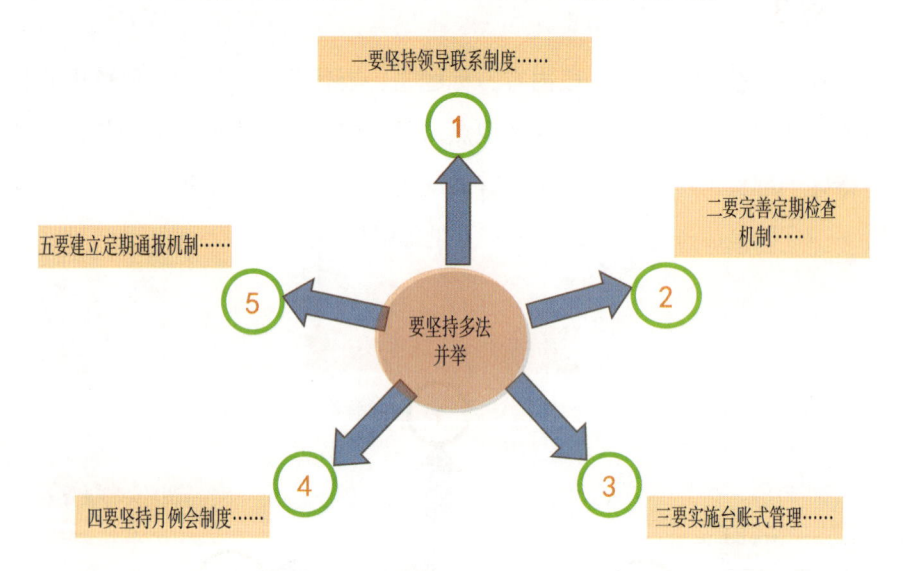

在实际写作工作中,为什么一些同志几易其稿也通不过?为什么有的同志却"一稿成"?道理是浅显的,你写的文章适应了领导要求的场合和身份,体现了事物的一般规律,因而就能少走弯路,自然就容易通过。而另外一些同志写的稿子,不符合逻辑要求,不能体现事物的本质的内在的

---

① 《写作格言轶事集锦》,重庆出版社 1982 年版,第 27 页。

规律性，因此要几易其稿。

例 5

在某篇公文中，有一段内容，标题是：宣传声势要大。段落内的具体内容把"宣传声势要大"这个观点"掰"成了五个方面，分别是：一要制定详细宣传方案……。二要主流媒体要开辟专栏……。三要加大动态宣传报道力度……。四要加强典型宣传报道……。五要营造浓厚社会氛围……。

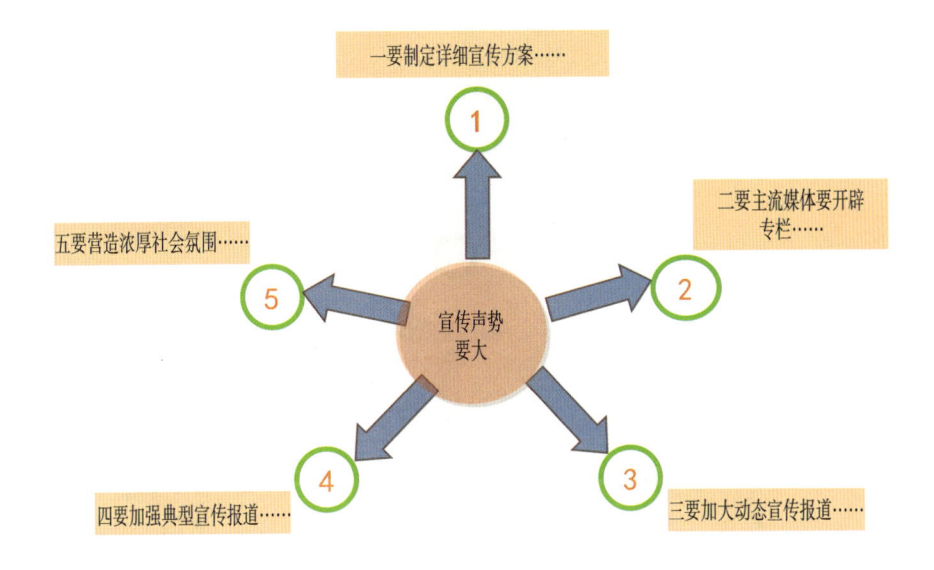

一篇文章，一般要分成至少 3 大部分，有的 4 部分、5 部分，也有 6 部分、7 部分等等，根据文章表达的需要而定。实际工作中，一般在 3 大部分至 5 大部分之间。这几大部分之间的关系如何确定？要根据不同的场合，具体问题具体分析，总体上看，并列的偏多，即，几大部分之间是平行展开的。

第 2 种：系统思维

这种思维是公文写作中必须掌握的基本功，其特点是要素要全，即每一句话或每一个段落乃至整篇文章，都要写完整、写全面，不能"丢三落四",从小的方面来说,在一句话当中存在系统思维的问题,在一段话当中也存在系统思维的问题;从大的方面来说,在一篇文章当中仍然存在系统思维的问题。比如:写一句话,要把时间、地点、参加人、干什么、干到什么程度等等内容都说到位。再如:写一段文字,要围绕这一段的观点,把所涉及的方方面面的内容都表述清楚,否则就会出现要素不全的问题。正如在写作实践中,有的领导看到某篇材料时会说"你这篇文章没写透",他这话的意思就是说:你写的内容有丢三落四的现象,还有其他内容没有写进来。因此,系统思维所要解决的问题,就是把一篇文章写完整、把各种要素写全面、把涉及这个观点的内容的方方面面尽可能多地都想到,这样写出来的文章才能照顾好各方面的关系,达到所要表达的意思。

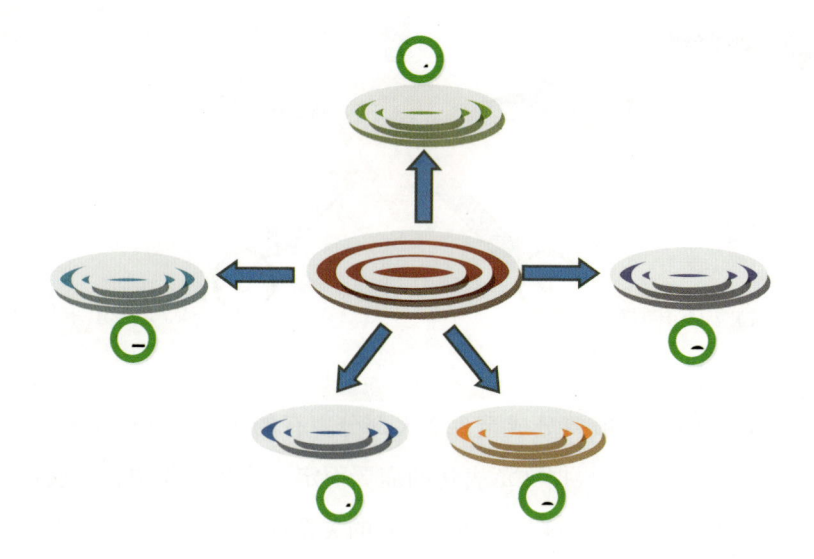

例1

在某篇公文中,有一句话:建立来自基层一线的党政干部培养链,组织安排年轻干部到……,适当安排后备干部……,引导高校毕业生……,注重使用有基层经验的干部……。

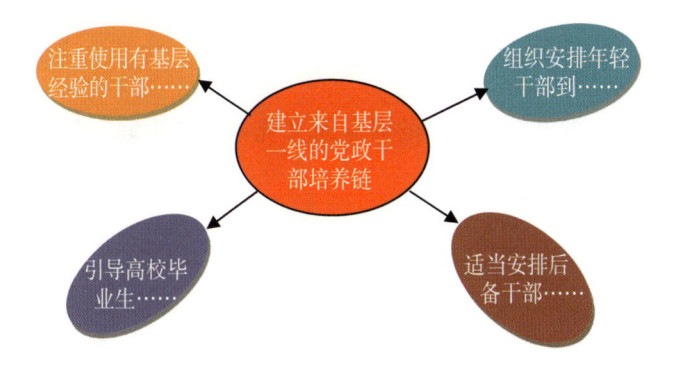

哲学线

认识世界是为了改造世界。[①]

例2

在某篇材料中，有一句话：实行党代会代表任期制，试行县（市、区）党代表大会常任制，完善地方各级全委会、常委会工作制度，颁布《党内监督条例》，推进党务公开，探索扩大党内基层民主多种实现形式。

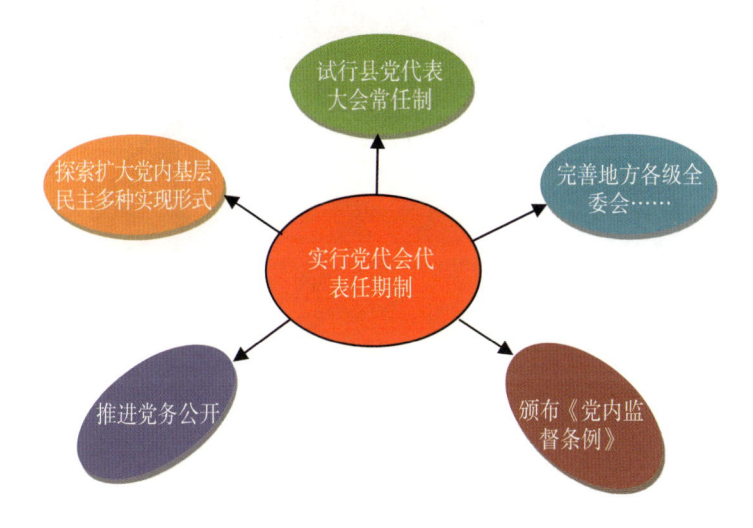

[①] 韩树英等：《学习毛泽东哲学思想》，北京出版社1982年版，第193页。

247

哲学线

唯物辩证法指出，矛盾着的对立面又统一，又斗争，由此推动事物的运动和变化。[①]

例 3

在某篇材料中，有一句话：深入开展中国特色社会主义和中国梦宣传教育，提高农民文明素质和农村文明程度，加强农村思想道德建设，大力培育和弘扬社会主义核心价值观，增强农民的国家意识、法治意识、社会责任意识，倡导契约精神、科学精神。

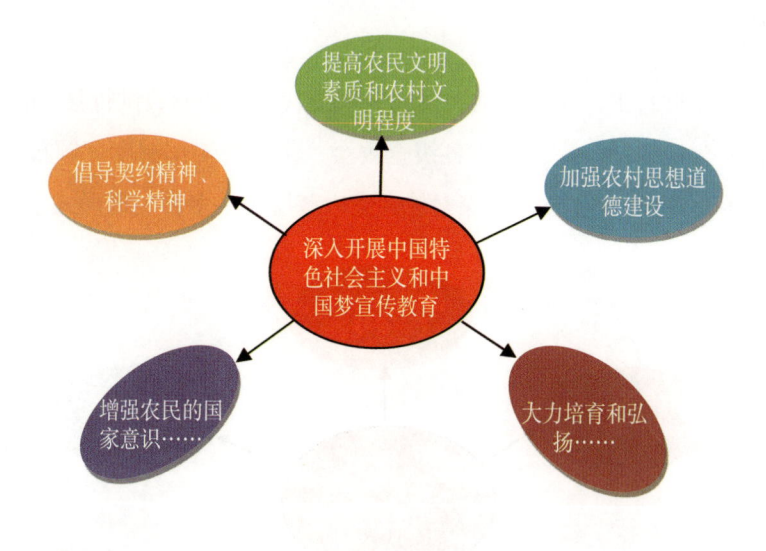

例 4

在某篇材料中，有一句话：土地改革的总路线，依靠贫农，团结中农，有步骤地、有分别地消灭封建剥削制度，发展农业生产。

---

① 韩树英等：《学习毛泽东哲学思想》，北京出版社1982年版，第133页。

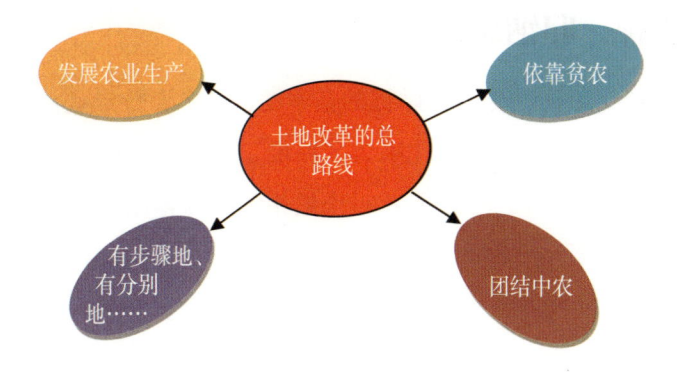

土地改革的总路线
- 发展农业生产
- 依靠贫农
- 有步骤地、有分别地……
- 团结中农

例 5

在某篇材料中，有一句话：落实×××会议精神，必须深入分析新形势新变化，坚持问题导向，紧密结合实际，找准突破口和落脚点。

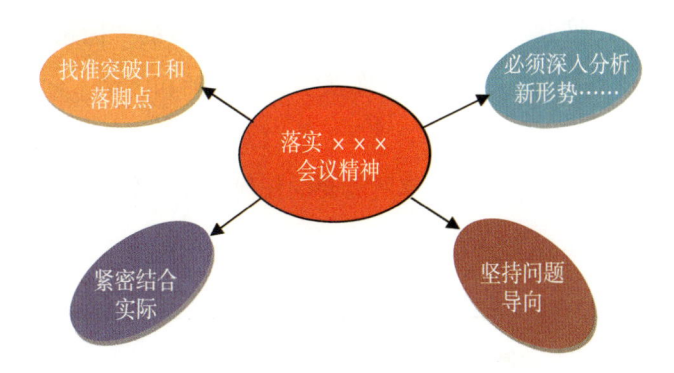

落实×××会议精神
- 找准突破口和落脚点
- 必须深入分析新形势……
- 紧密结合实际
- 坚持问题导向

经验线

我在美国从事科研工作20年，从科研工作中不断积累和认真总结的经验和科研方法，自感是行之有效的一套方法。回国后，学习了有关辩证唯物论和历史唯物论方面的著作以及毛泽东的《实践论》和《矛盾论》，才恍然大悟感到自己总结出来的那套科研方法，在马克思、恩格斯和毛泽东的著作中都已阐述得很清楚了。[1]

---

[1] 奚启新：《钱学森传》，人民出版社2011年版，第506页。

第3种：归纳思维

这种思维是公文写作必须掌握的基本功，其主要特点是：对有关内容进行"归类"，也可以形象地比喻为"抓堆"，就是根据文章表达的需要，对相关的内容进行"归类"，或者叫作把相关的内容抓成一堆一堆的。在写作实践中，主要是在对相关写作素材进行研究、分析、梳理时经常使用这种思维，比如：把加强组织领导、调度检查、动员部署、成立领导小组等相关内容，都归纳为"强化组织领导"，这就是通过归纳形成了本段的"标题"。再如：当你在准备写材料或在写材料的过程中，为了使自己的思路更加清晰，在考虑谋篇布局或每一段都写什么内容时，面对纷繁复杂的大量信息或材料，往往会感到无从下手，不知道写几大块或每一块写什么内容，这个时候就需要把收集到的这些素材进行"抓堆"，一堆一堆都抓好后，再给每一堆起一个名字，这就形成了这一段的"标题"。因此，如果你学会了"归类"或"抓堆"，你就学会了概括和归纳，你就学会了使用各方面的材料形成你所需要的文章，也就是说，你学会了创造，只要一转换角度，你就可以"攒成"你所需要的任何一篇文章，这样，你就离写作大家不远了。

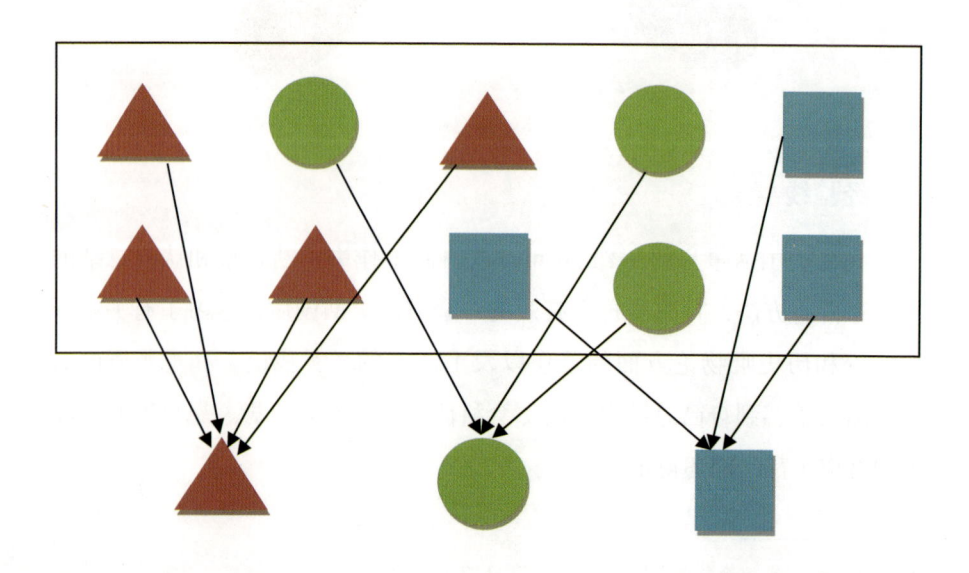

例1

在准备起草一篇公文时，我们收集到了以下方面的素材：①加强督导检查。②成立领导机构。③开展专题研讨。④营造浓厚氛围。⑤分类制定方案。⑥搞好具体指导。⑦明确各级责任。⑧搞好典型宣传。⑨及时启动活动。⑩强化县乡指导。在进行谋篇布局时，需要把上述素材进行合理的"归纳"或"抓堆"，从而使文章每一块的内容都符合表达的需要。经过"抓堆"后的图示为：

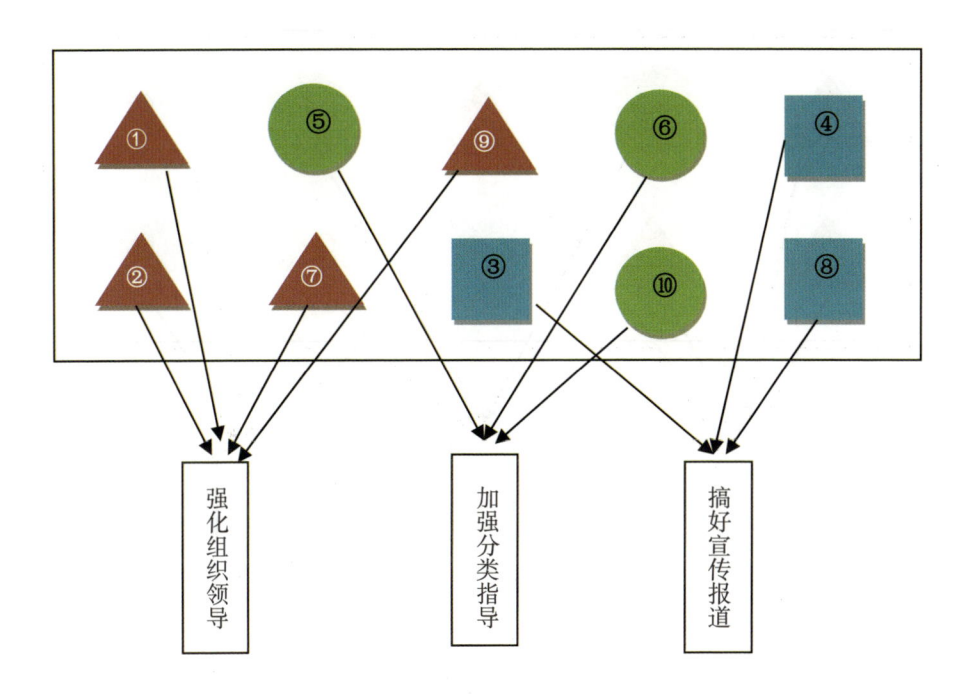

经验线

之所以称之为典型经验材料，就是因为"经验"二字，因此，写作时，一般每段中都要按照"经验观点、经验解说、经验实例"三要素进行布局，通过理性分解，揭示事物的本质和规律。

251

例 2

在准备起草一篇公文时，我们收集到了以下方面的素材：①提高思想觉悟。②健全安全体系。③开展理想信念教育。④严防各种破坏活动。⑤下派驻村工作组。⑥加强国家安全教育。⑦实施公民道德建设工程。⑧全党动员抓扶贫。⑨实施东西部扶贫协作。⑩开展移风易俗。在进行谋篇布局时，需要把上述素材进行合理的"归纳"或"抓堆"，从而使文章每一块的内容都符合表达的需要。经过"抓堆"后的图示为：

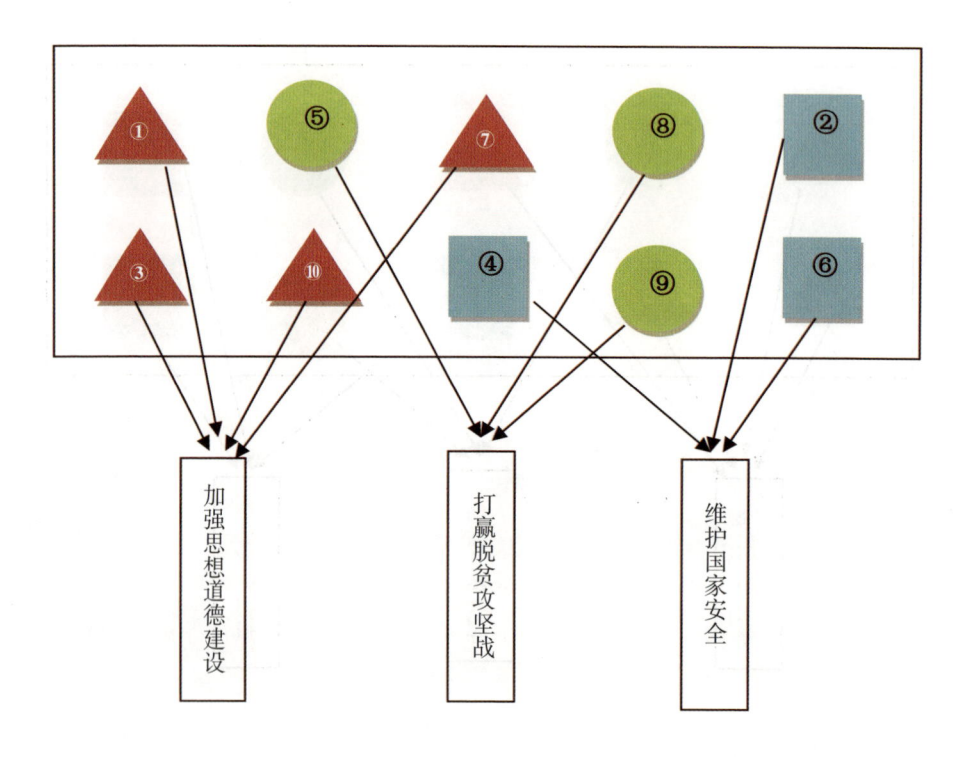

经验线

一些从事写作的同志很能吃苦，经常挑灯夜战，加班加点，但写出的文章总是不尽如人意，这里也应该有个方法问题，写作也同哲学一样，要得法才能质量好、效率高。

例 3

在准备起草一篇公文时，我们收集到了以下方面的素材：①各项惠农政策全面落实。②依法推进村民自治。③制定出台旅游发展规划。④农业总产值增长 8.2%。⑤政府机构改革任务基本完成。⑥节能减排扎实推进。⑦农业产业化经营率明显提高。⑧削减一大批行政审批项目。⑨全市生产总值能耗大幅下降。⑩深入实施节能减排工程。在进行谋篇布局时，需要对上述素材进行合理的"归纳"或"抓堆"，从而使文章每一块的内容都符合表达的需要。经过"抓堆"后的图示为：产业结构调整迈出新步伐。

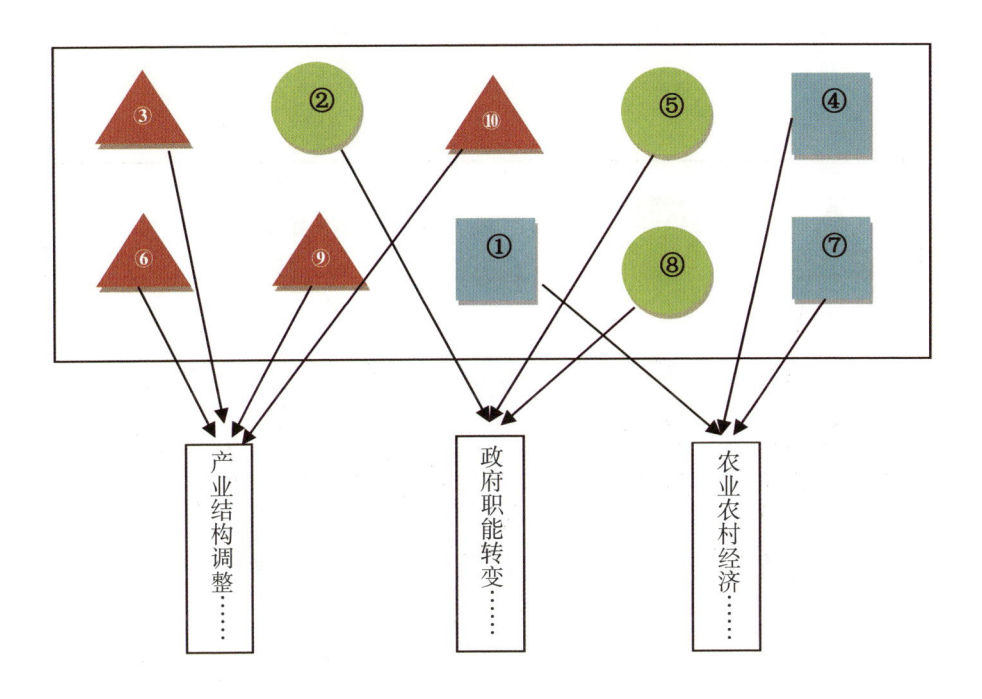

经验线

实际工作中，每一个机关工作人员，都要争当"研究型"机关干部，对自己负责的工作，要深入地而不是肤浅地，具体地而不是笼统地，全面地而不是片面地，系统地而不是简单地研究。这样，才能写出深入浅出、

253

观点独到、内容丰满的文章来。

例 4

在准备起草一篇公文时，我们收集到了以下方面的素材：①对村"两委"班子运行状态进行逐个摸排。②提早物色村书记后备人选。③县乡党委书记要亲自抓。④建立隐患村专门台账。⑤拓宽选人用人视野。⑥实行乡镇党委书记签字背书制度。⑦鼓励村干部交叉任职。⑧落实督导连带责任。⑨对问题村进行三堂会诊。⑩分片进行明查暗访换届准备情况。在进行谋篇布局时，需要对上述素材进行合理的"归纳"或"抓堆"，从而使文章每一块的内容都符合表达的需要。经过"抓堆"后的图示为：

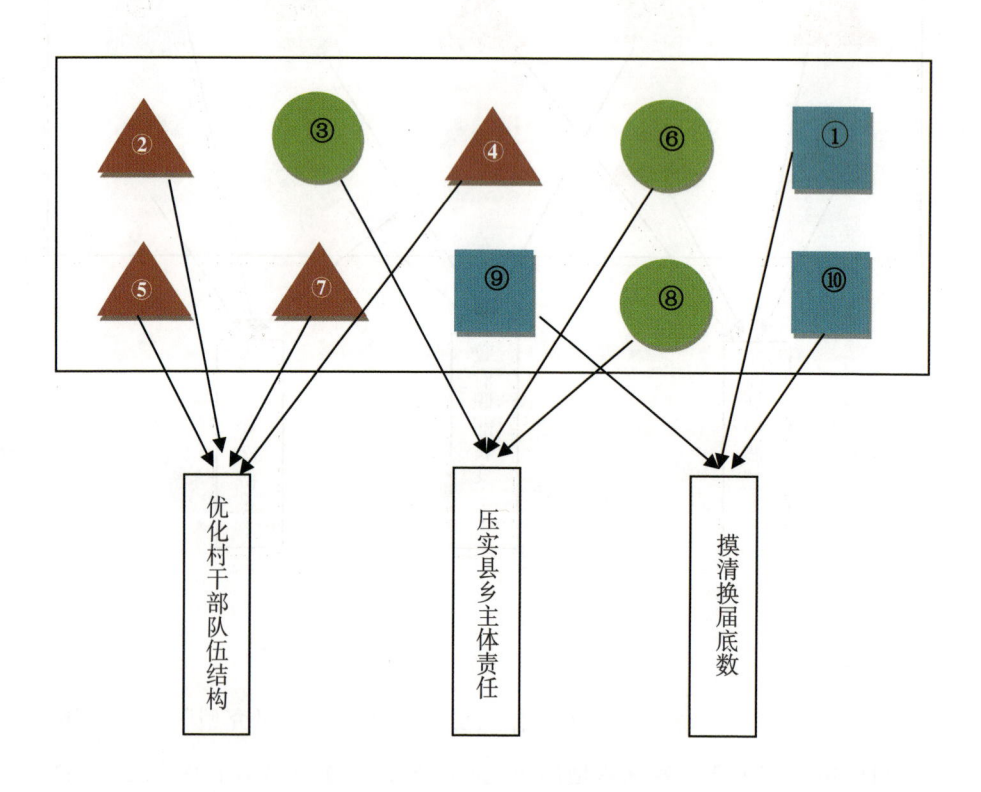

经验线

典型经验材料最大特点就是本单位开展这项工作的做法值得别人学习借鉴，让人一看就能学会，或让人照着你们的经验去做就行。因此，一定要把做法写出来，把规律总结出来。

例5

在准备起草一篇公文时，我们收集到了以下方面的素材：①拓宽融资渠道。②对人才实行绩效考核。③增加群众代表人数。④组织干部群众测评推荐。⑤建立政府创业引导基金。⑥实行优秀人才个性化考核。⑦适当扩大群众评价权重。⑧对重大创新项目给予资助。⑨建立创新人才遴选考核机制。⑩将各类考核结果适当公开。在进行谋篇布局时，需要对上述素材进行合理的"归纳"或"抓堆"，从而使文章每一块的内容都符合表达的需要。经过"抓堆"后的图示为：

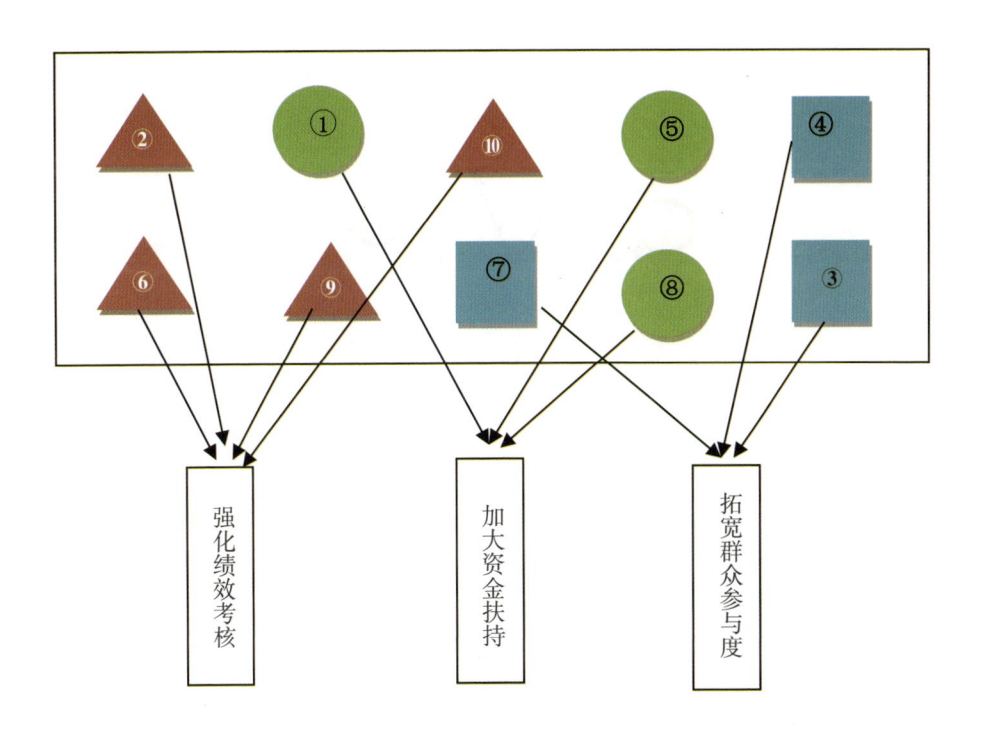

经验线

领导讲话，要"讲道理"，即：把上级的有关要求讲清楚、弄明白，把下步要抓的工作分析透彻，把原因和道理讲清楚。

第4种：逻辑思维

这种思维在公文写作中是必须掌握的基本功，其主要特点是：按照一定的顺序去描述，或可称为"一环套一环"。按照逻辑思维的要求，在写作过程中，一般按照以下顺序进行描述：内外、主次、正反、上下、远近、左右、新旧、先扬后抑、大小、主观到客观、高低、深浅、冷热、前后、总分、递减、递增、先后、并列、一般到特殊、好坏，等等。同样，也可以按照反过来的顺序进行描述：外内、次主、反正、下上、近远、右左、旧新、先抑后扬、小大、客观到主观、低高、浅深、热冷、后前、分总、后先、特殊到一般、坏好，等等。总之，只要是按照一定的顺序去描述，那么，就符合逻辑思维的特点，写出来的文章就能达到"一环套一环"的要求，就让读者感到比较"顺"。否则，如果不按照顺序去描述，东说

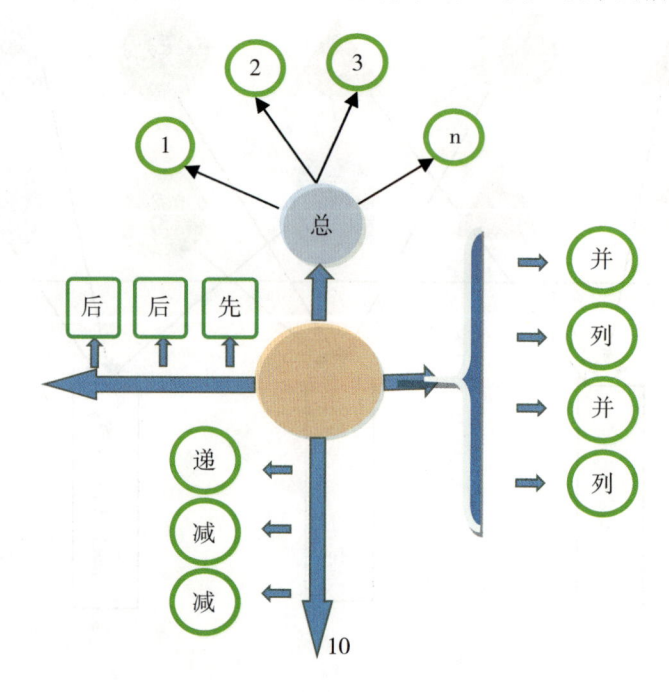

一句、西说一句，那么，写出来的东西就会造成"逻辑混乱"，让读者感到"思维混乱"，写出来的东西就没办法用，就比如：刚说了"加强组织领导"，接着下一句就说"营造浓厚氛围"、"加强队伍建设"，这样，就让人感觉很乱，写出来的东西就没有头绪。在实际写作过程当中，往往都是上述众多描写方法的综合运用，即：有的段落按照先后的顺序，有的句子按照递减的顺序，还有的段落按照总分的顺序，等等，具体采取什么样的描写顺序，要根据文章表达的需要来进行。

例 1

按照先后顺序展开的一个材料，如：《强化市县乡三级主体责任从严从实推进农村基层党建工作》中，共写了 3 个方面，均按先后顺序展开，分别是：一、聚焦重点、规范内容……。二、以上率下、强力推动……。三、加强提醒、严格问责……。

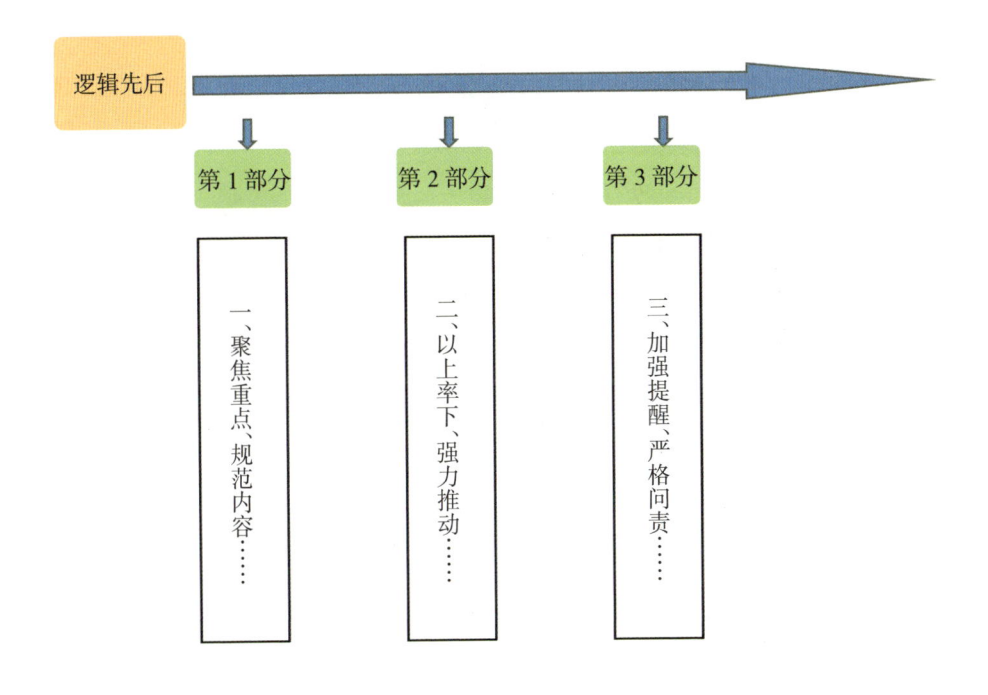

经验线

工作总结性公文,着重点在于对以往工作突出的经验和问题进行分析、概括、集中、提炼,并把它提升到理论的高度加以认识,作为今后工作的借鉴。

例 2

按照总分顺序展开的一个材料,如:《××实施"×××"党建联盟工程打造多条基层党建示范带》信息中,首先"点题":为了……,××大力实施了"×××"党建联盟工程,助推基层党建示范区创建。之后,具体解释"×××"的具体内容:一、×××党建示范带……。二、×××高速党建示范带……。三、×××高速党建示范带……。四、×××沿线党建示范带……。五、×××沿线党建示范带……。

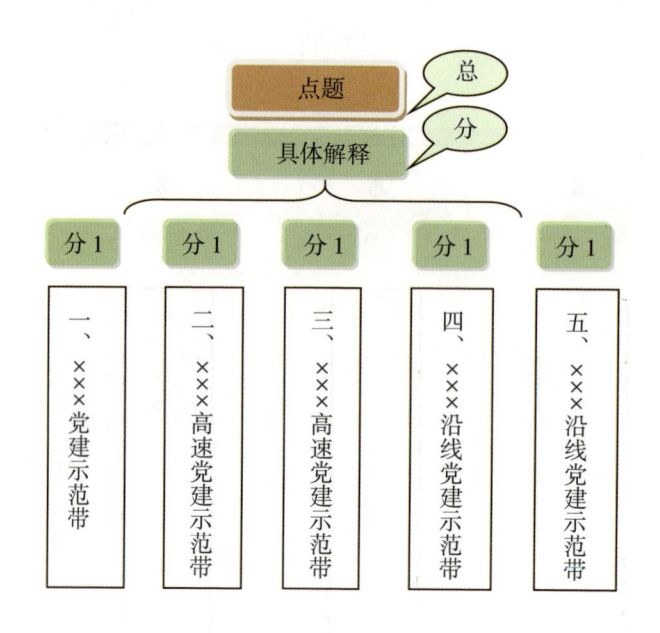

经验线

领导讲话材料要"丰满",意即:信息量要大,要善于从不同角度、运用不同材料去加以分析和说明。要想达到"丰满厚实",就要在讲话材料中加入"典型例证",正反论证,还要旁征博引。

例 3

按照递减顺序展开的一个材料,如:《领导干部转四风要做到"四管齐下"》中,按照重要程度递减展开,共写了4大部分,分别是:一、要务思想之"实"。二、要务工作之"实"。三、要务方法之"实"。四、要务作风之"实"。

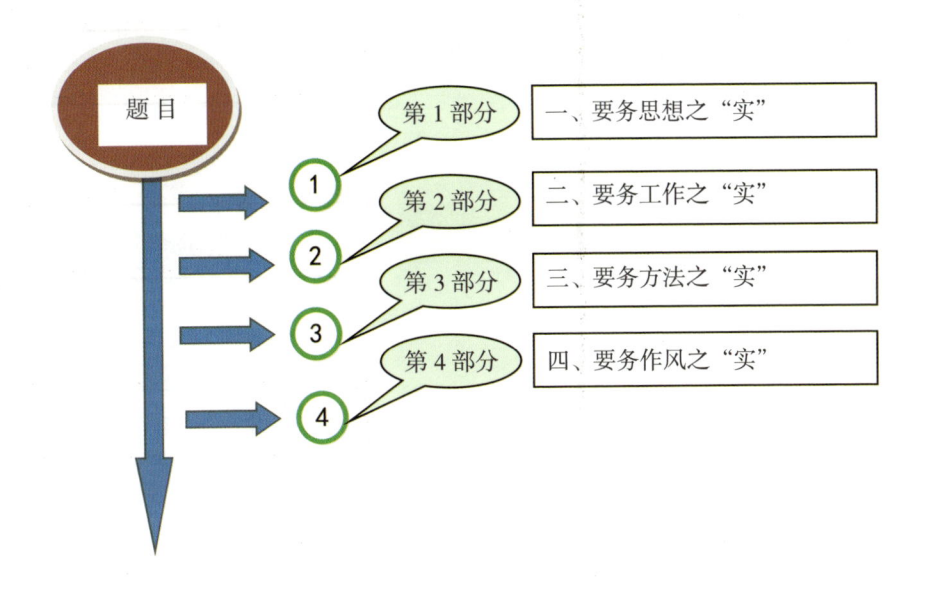

经验线

钱学森对马克思主义哲学有着深刻的认识,……他在一篇文章中,曾充满感情地写道:应用马克思主义哲学指导我们的工作,这在我国是得天独厚的。从我个人的经历中,我的确深有体会:马克思主义哲学确实是一件宝贝,是一件锐利的武器。我们在搞科学研究时(当然包括交叉学科),

如若丢弃这件宝贝不用，实在是太傻瓜了！[1]

例 4

按照并列顺序展开的一个材料，如：《××市坚持"四个常态化"推进全面从严治党向基层延伸》中，首先"点题"，简要解释"四个常态化"的概念。之后，并列详细解释具体内容：一、提示提醒常态化。二、互查互评常态化。三、工作例会常态化。四、督导检查常态化。

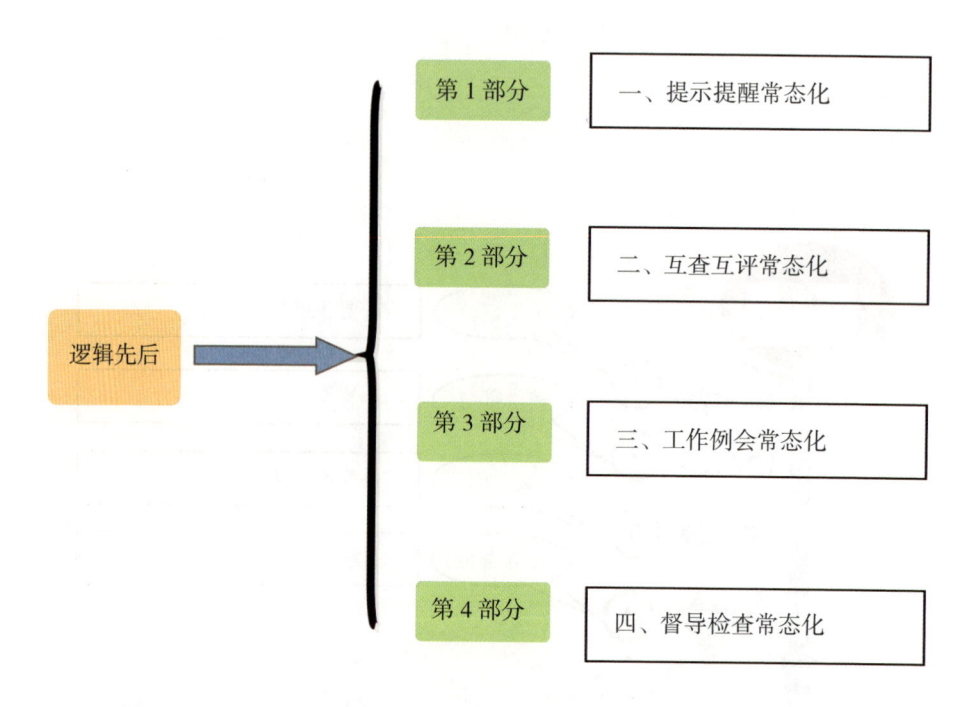

```
逻辑先后 → ┬─ 第1部分 —— 一、提示提醒常态化
           ├─ 第2部分 —— 二、互查互评常态化
           ├─ 第3部分 —— 三、工作例会常态化
           └─ 第4部分 —— 四、督导检查常态化
```

经验线

领导讲话不仅要有一定的深度，而且要有一定的广度，要丰满厚实。以帮助听众开阔工作思路，拓宽思维空间。

---

[1] 奚启新：《钱学森传》，人民出版社2011年版，第505页。

例 5

按照先后顺序展开的一个材料，如：《××市筑牢"四道防线"严防干部带病提拔》中，共写了4个方面，分别是：一、"审"细干部档案。二、"核"准个人事项。三、"筛"严负面清单。四、"询"清信访线索。

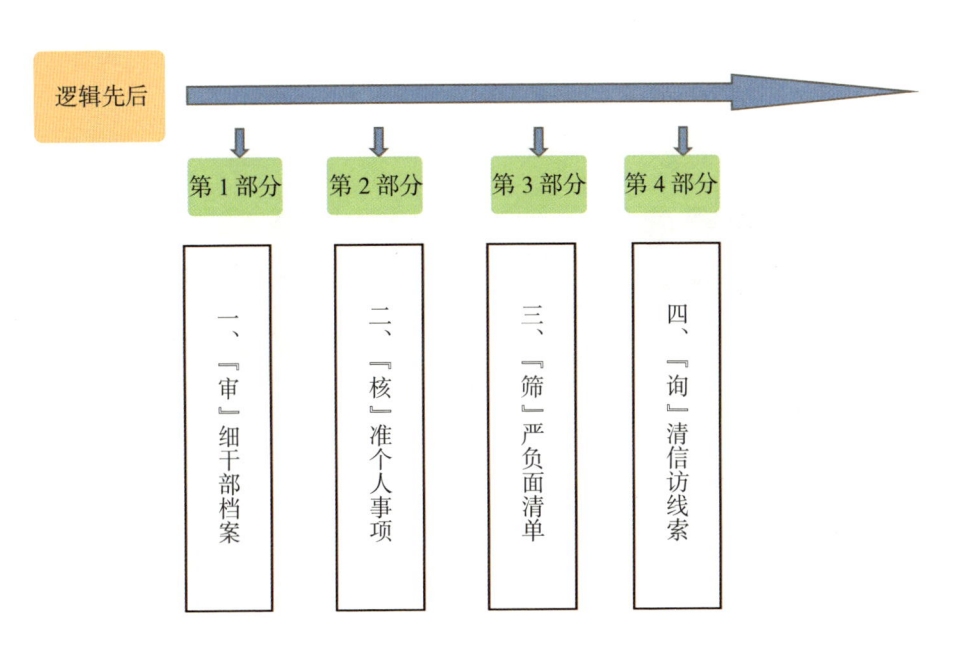

```
逻辑先后  ──────────────────────▶

  ↓          ↓          ↓          ↓
第1部分    第2部分    第3部分    第4部分

一、        二、        三、        四、
『审』      『核』      『筛』      『询』
细干        准个        严负        清信
部档        人事        面清        访线
案          项          单          索
```

经验线

使讲话达到丰满厚实的主要手法有：回顾追溯，就是讲述事物的来龙去脉，增强纵深感。概括全局，就是对总体情况进行综合分析，给人以总揽全局的感受。典型例证，就是通过实际生活，工作中的典型事例来说明问题，引起深思。广征博引，就是适当引用古今中外一些经典语言和典故。

第 5 种：演绎思维

这种思维是公文写作必须掌握的基本功，其主要特点是：从 A 推出 B，也就是说从一种情况，按照一定的逻辑进行推理或类推，从而推导出另外一种情况。从实际写作实践看，演绎思维主要有俗语演绎、名言演绎、事例演绎、引用演绎、强调演绎等 5 种。演绎思维是公文写作中非常常用的一种思维方法，特别是在写作领导讲话、报告、言论文章、政研文章等材料的时候。因为，公文除了要准确、鲜明外，还需要有"说服力"，而要达到有"说服力"这个目标，就需要通过层层的演绎、推理或类推，推导出或者叫论证出让读者信服的观点来。通过使用"演绎思维"，不仅让读者感觉文章条理清晰、逻辑性强，而且因为是通过推导得出来的结论，因而具有无可辩驳的真理性。

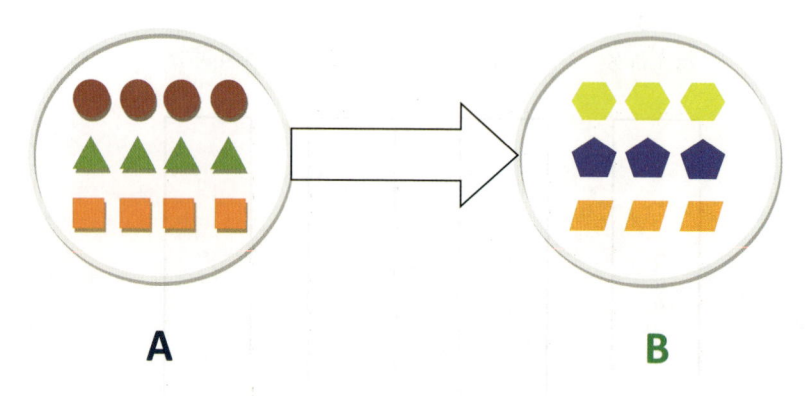

A → B

例 1

在某篇材料中，有一个段落，标题是：要务方法之"实"。毛泽东同志曾经指出：没有调查就没有发言权。中央明确指出，要坚持问政于民、问需于民……。抓好这次教育实践活动，每一名领导干部都要下基层、接地气……。要大兴调查研究之风，……。要善于总结基层创造的好经验……。

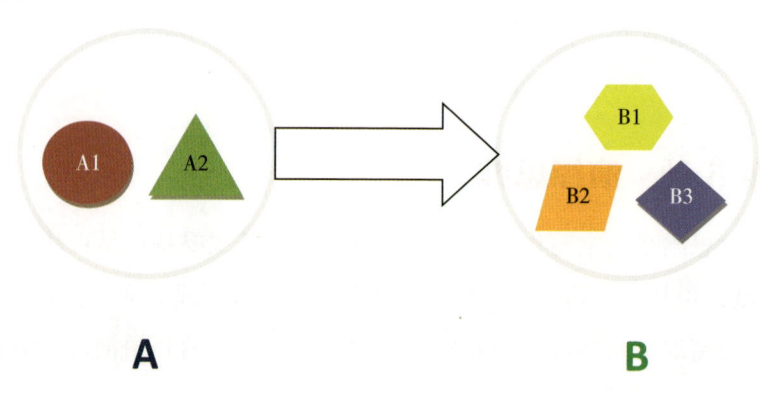

（A1：没有调查就没有发言权；A2：要坚持问政于民、问需于民；B1：抓好这次教育实践活动，每一名领导干部都要下基层、接地气；B2：要大兴调查研究之风；B3：要善于总结基层创造的好经验）

A → B

经验线

要能够运用马克思主义的基本立场、观点和方法观摩分析问题,这是写好材料必须要掌握的思想武器。

例 2

在某篇材料中,有一个段落,标题是:敬民,就是要真诚拜群众为师。<u>毛泽东同志在1943年发表的《向群众学习,与群众结合》这篇文章中指出……</u>。<u>习总书记当年在正定工作期间……</u>。作为一名党员领导干部,都要自觉拜人民群众为师,……。<u>要真正体察群众疾苦,……</u>。<u>要始终弘扬党的优良传统,……</u>。

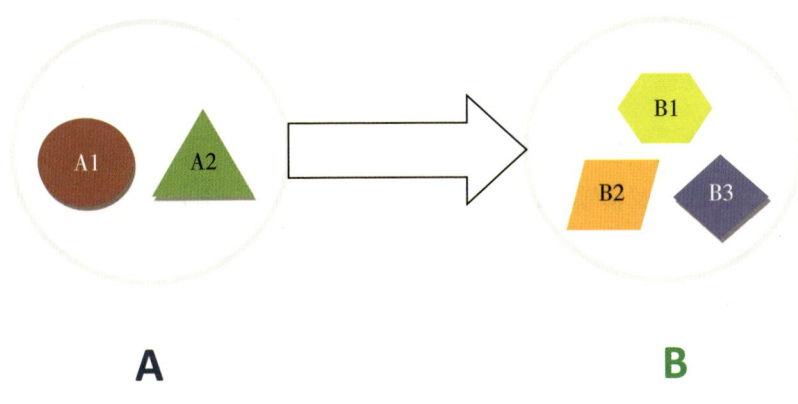

A1 A2 B1 B2 B3

A   B

经验线

任何一篇文章的结构都必须完整,不能残缺不全、支离破碎。文章安排结构,必须从宏观上考虑各部分之间的和谐统一,不能让局部破坏整体功能的发挥。①

例 3

在某篇材料中,有一个段落,标题是:强化督导检查。加强督导检查

---

① 赵宗庆:《应用写作的思路与层次观点》,河南大学出版社1992年版,第33页。

263

是我们党长期以来……。做好督导检查工作，中央和省市委都很重视，明确要求……。因此，这次督导检查一定要坚持原则，……。要加强分类指导，……。要注重把握督导节奏……。对工作不到位、存在问题的要……。

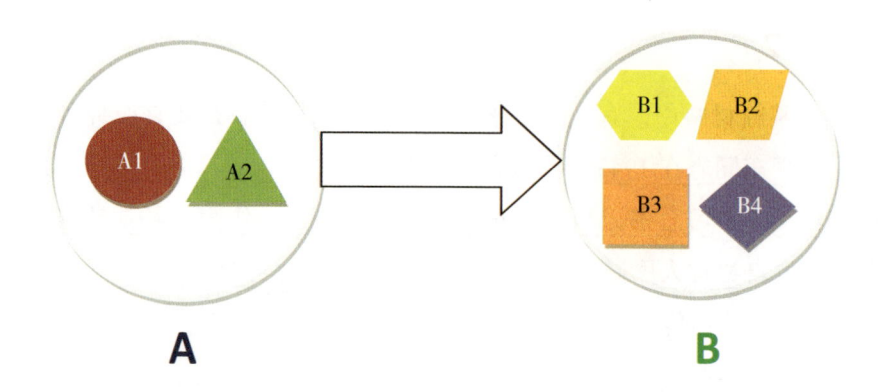

A1 A2 B1 B2 B3 B4

经验线

条理清晰、言之有序是写文章的基本要求。……或用时间顺序，或用空间顺序，或用逻辑顺序，还可以以一种顺序为主，兼用其他顺序。[①]

例 4

在某篇材料中，有一段，标题是：爱民，就是要真心把群众当亲人。古语说，"求木之长者，必先固其根本"。人民群众是我们党的力量、血脉和根基，是……。总书记到正定看望干部群众时指出：……。群众路线是我们党的生命线……。这些都说明爱民就是要，……；就要……。

[①] 《义务教育课程标准实验教科书语文八年级下册》，人民教育出版社2008年版，第119页。

A   B

经验线

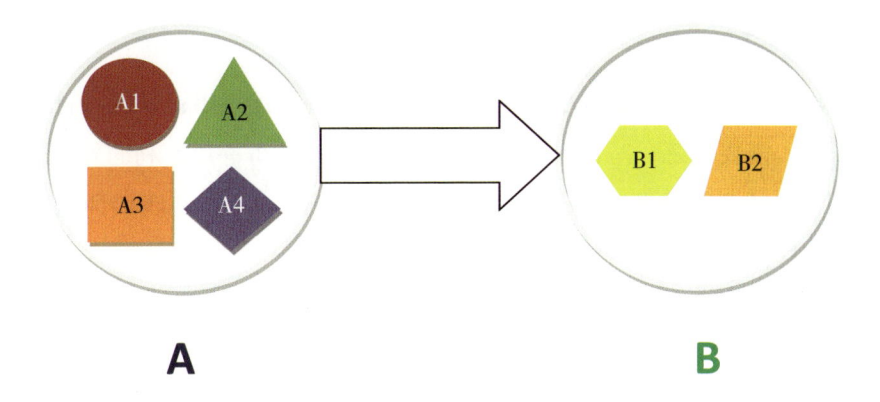

在这段写作中，就使用了"俗语推理"、"强调推理"、"引言推理""等3种演绎推理思维。其实，在实际写作中，往往都是多种写法的综合运用，大家要注意这点，善于多种写法的综合。

例5

在某篇公文中，有一个段落，标题是：要优化教育发展环境。国运兴衰，系于教育。教育振兴，全民有责。各级各部门要关心支持教育发展，……。要自觉把教育融入到……。发改、人社等相关部门要结合各自职责，……。各级新闻媒体要加强舆论引导，营造全社会……。

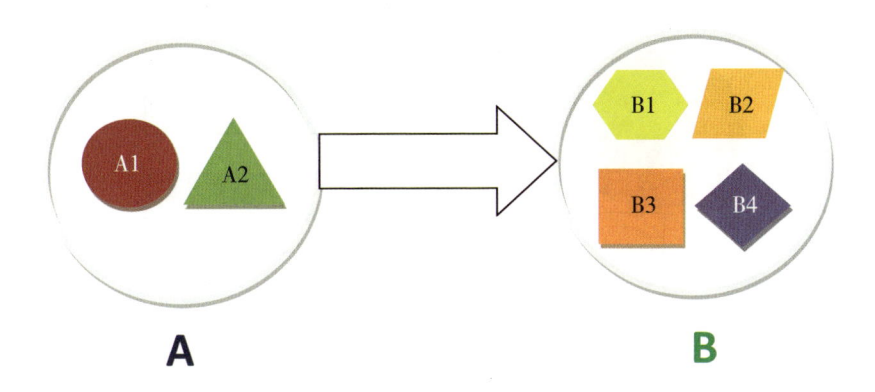

A   B

265

经验线

《杰出青少年的思维力训练》一书的作者吴光远指出：弹奏一首动听的乐曲，需要训练；写得一笔好字，需要训练；说得一口流利的外语，需要训练；成为一个优秀的职业运动员，需要训练……提高我们的思维能力，同样需要训练。

第6种：美学思维

这种思维在公文写作中是必须掌握的一个基本功，其特点是：既讲求公文的形式美、对仗美，也强调公文内容的内在美、思想美，也就是说，一方面，每一段论述的篇幅大体相当，各段的内容比较匀称，而不是"头重脚轻"；另一方面，公文的标题尽量工整、对仗，讲求"文章要美、标题要巧"；同时，文章的语言形象生动、朗朗上口、富有哲理、给人启发、思想性强。为了便于读者掌握这种思维，我们采取"取样"的办法进行研究，即：随机从一篇文章中截取某一个大部分，研究这一大部分内的各个段落如何体现美学思维。其实，我们并不强求整篇文章中的每个自然段的篇幅都大体一样，我们所强调的是某一大部分中所属的各自然段的篇幅尽量做到差不多。

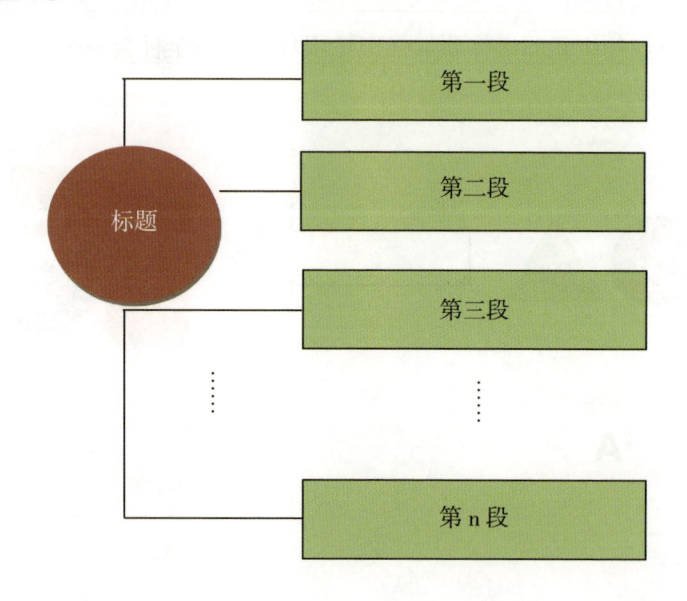

例1

在《在×××开学典礼上的讲话》中,我们随机截取第一大部分中的四个段落来分析,分别是:一要爱民,就是要真心把群众当亲人。二要敬民,就是要真诚拜群众为师。三要知民,就是要真切体察群众疾苦。四要惠民,就是要真情为群众谋利益。

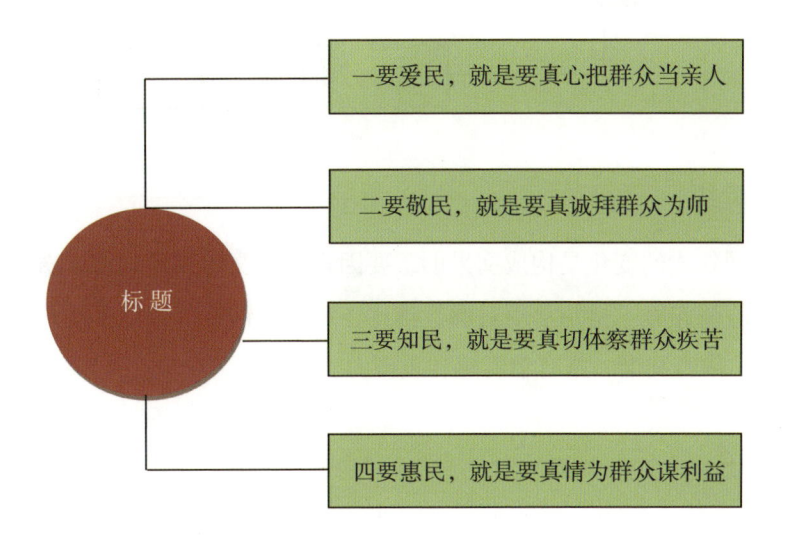

```
                  ┌── 一要爱民,就是要真心把群众当亲人
                  │
                  ├── 二要敬民,就是要真诚拜群众为师
      标 题 ──────┤
                  ├── 三要知民,就是要真切体察群众疾苦
                  │
                  └── 四要惠民,就是要真情为群众谋利益
```

经验线

领导文稿有其特点和规律,要认真研究、总结和掌握。[①]

例2

在《在×××开学典礼上的讲话》中,我们随机截取第二大部分中的四个段落来分析,分别是:一要务思想之"实"。二要务工作之"实"。三要务方法之"实"。四要务作风之"实"。

---

① 刘志信主编:《领导文稿起草工作》,河北人民出版社2004年版,第225页。

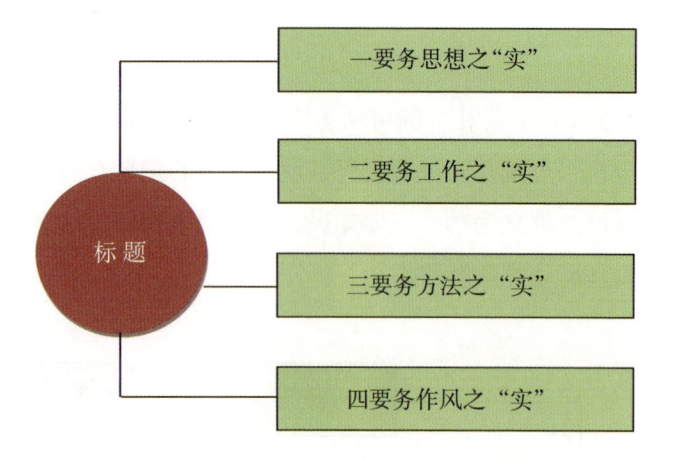

```
                    ┌──────────────────────┐
                    │   一要务思想之"实"    │
                    └──────────────────────┘
                    ┌──────────────────────┐
                    │   二要务工作之"实"    │
          ┌─────┐   └──────────────────────┘
          │标 题│
          └─────┘   ┌──────────────────────┐
                    │   三要务方法之"实"    │
                    └──────────────────────┘
                    ┌──────────────────────┐
                    │   四要务作风之"实"    │
                    └──────────────────────┘
```

经验线

不同句式的变化是构成文采的重要因素。行文中用整句可以造成视觉和听觉的整齐美。整句常用对偶、排比、反复、铺排等修辞手法构成,形式整齐、声音和谐,富有节奏感和表现力。[①]

例 3

在《在×××党校开学典礼上的讲话》中,我们随机截取第三大部分中的三个段落来分析,分别是:一是要打牢"信念桩子"。二是要打牢"思想桩子"。三是要打牢"纪律桩子"。

```
                    ┌──────────────────────────┐
                    │   一是要打牢"信念桩子"   │
                    └──────────────────────────┘
          ┌─────┐   ┌──────────────────────────┐
          │标 题│───│   二是要打牢"思想桩子"   │
          └─────┘   └──────────────────────────┘
                    ┌──────────────────────────┐
                    │   三是要打牢"纪律桩子"   │
                    └──────────────────────────┘
```

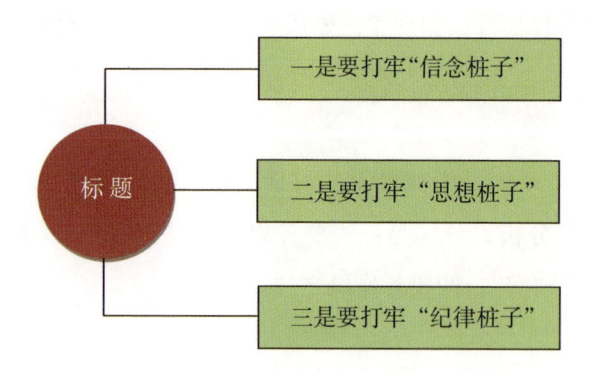

① 葛桂斌:《写作突破》,安徽人民出版社 2007 年版,第 75 页。

经验线

有的同志认为，把层次标题搞好就行了，总想走捷径，出现了先搞标题，后填内容，甚至出现了在标题上搞文字游戏的现象。这种不注意从实际生活和材料内容中提炼观点的作法，对提高材料写作质量是非常有害的。①

例 4

在《在×××专题培训班开班典礼上的讲话》中，我们随机截取第二大部分中的四个段落来分析，分别是：一是科学"供"，在满足需求上下功夫。二是自主"选"，在激发内生动力上下功夫。三是精心"教"，在提高培训质量上下功夫。四是从严"管"，在组织管理上下功夫。

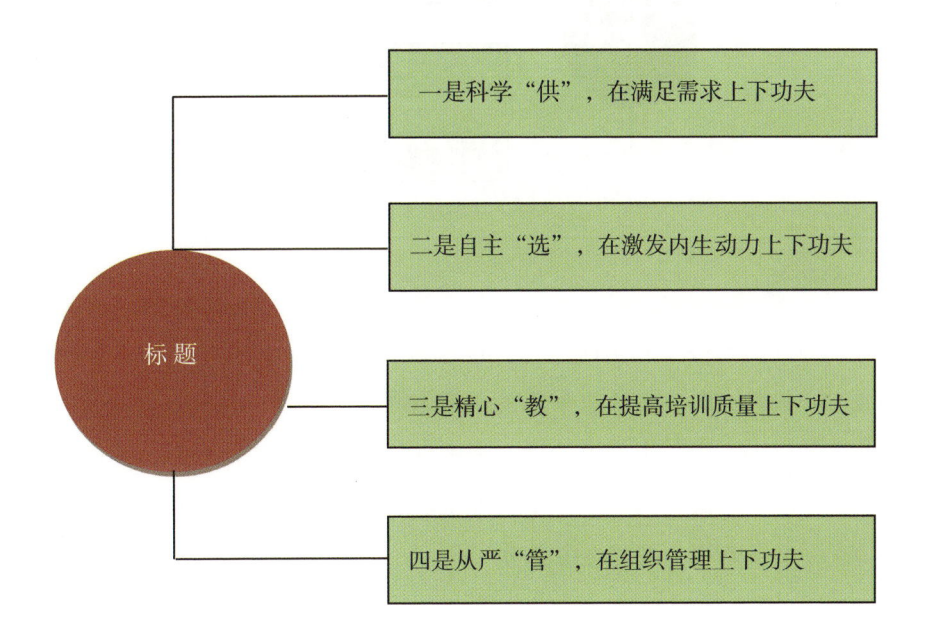

标题
- 一是科学"供"，在满足需求上下功夫
- 二是自主"选"，在激发内生动力上下功夫
- 三是精心"教"，在提高培训质量上下功夫
- 四是从严"管"，在组织管理上下功夫

---

① 赵宗庆：《应用写作的思路与层次观点》，河南大学出版社 1992 年版，第 38 页。

经验线

古人写文章，很讲究"言有序""章有法"，用今天的话来说，就是指文章要有条理。条理清楚是写好文章的一个基本要求。[①]

例 5

在《抓基层要保持"四股劲"》中，共写了 4 个方面，分别是：一、要心存一股"诚劲"。二、要保持一股"实劲"。三、要弘扬一股"韧劲"。四、要彰显一股"争劲"。

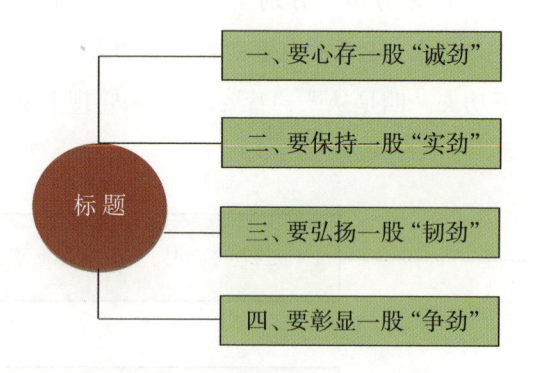

```
                  ┌── 一、要心存一股"诚劲"
                  │
                  ├── 二、要保持一股"实劲"
        标 题 ────┤
                  ├── 三、要弘扬一股"韧劲"
                  │
                  └── 四、要彰显一股"争劲"
```

经验线

对写作的内容要有整体构思。看到题目，可能许多想法、材料一下子都涌上心头。这时，不要急于落笔，先想清楚文章要写的中心是什么，并据此取舍材料。若是不加以选择，不舍得放弃，想到的都写上，会使得文章混乱不堪。各部分内容的重要程度也不一样，哪些为主，准备详写，哪些为次，准备略写，都要心中有数。[②]

[①]《义务教育课程标准实验教科书语文七年级上册》，人民教育出版社 2013 年版，第 142 页。
[②]《义务教育课程标准实验教科书语文七年级上册》，人民教育出版社 2013 年版，第 143 页。

第七章

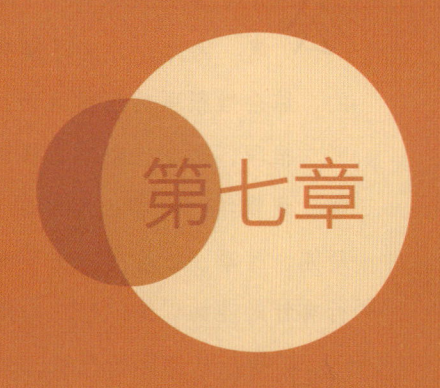

公文写作思维拓展训练

公文写作需要训练吗？答案是肯定的，必须进行一定的训练。因为，公文写作有它自身的内在规律，它是一项高级的、综合性很强的思维活动，需要进行一系列的分析、研究、判断、推理，需掌握语言、修辞、句读等基本知识，还需要了解哲学、逻辑学、美学、经济学、心理学，以及诗词、内政、外交、新闻、时事、社会等方方面面的内容，所以，公文也同样需要进行有针对性的训练。

但是，从实际情况看，从小学、初中、高中到大学，及至参加工作、成为一名公务员、一名机关干部，大部分同志都没有经过真正意义上的公文写作专业训练，因而就导致了许多同志在进入机关工作后，不知道如何去撰写一篇让领导满意的公文，导致出现"就能干一些接打电话等事务性工作，一提到写点东西就头痛"这种尴尬的情况。

其实，公文写作并没有那么难，它也和打乒乓球、游泳、画画、驾驶汽车等技能一样，只要经过一定时间的训练，就能够掌握其内在的规律。本章重点组织读者对发散思维、系统思维、归纳思维、逻辑思维、演绎思维等5种思维进行有针对性的训练，相信大家通过训练，能够获得意想不到的收获。

第 1 种：发散思维训练

发散思维的核心是：把观点"掰开"。为了使读者掌握发散思维，本节重点训练从多个角度、多个层面去观察和分析问题，从而在大脑中构建起开阔的发散思维模式和视角，彻底摒弃只能从一个或几个角度观察和思考问题的惯性思维。

把观点"掰开"的示意图：

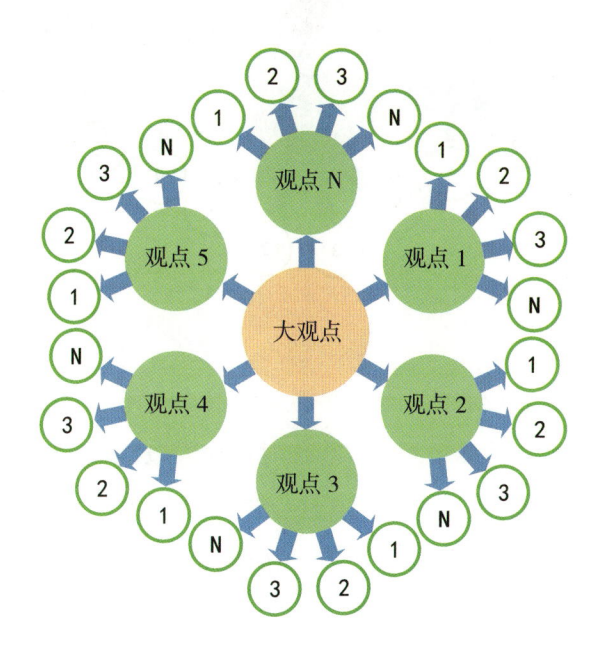

样例 1

我们来描写一个"苹果",训练从不同角度观察分析事物的发散思维。

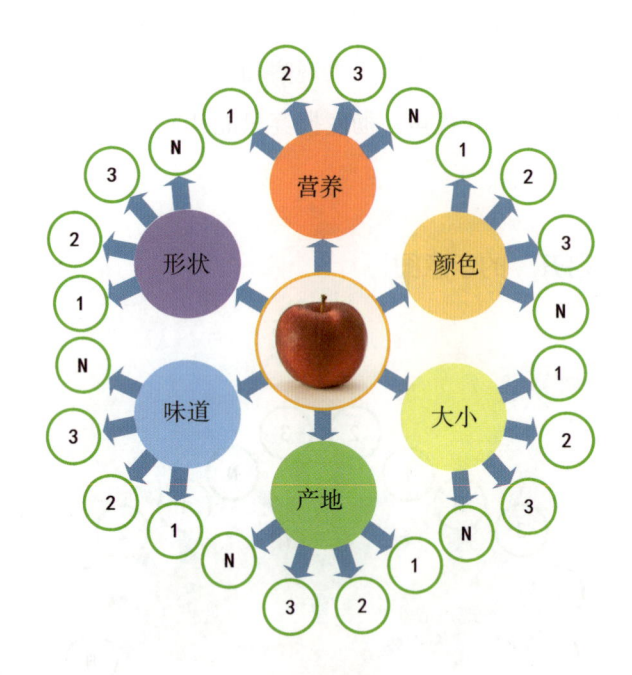

经验线

《传奇》这首歌中有几句经典的歌词,其中也不乏发散思维,歌中唱道:"……从此我开始孤单思念,想你时你在天边,想你时你在眼前,想你时你在脑海,想你时你在心田……"把这种思念,"掰"成了在天边、在眼前、在脑海、在心田四个方面,从而把思念之情表达得淋漓尽致、如临其境。

哲学线

马克思主义哲学为我们提供了科学的思想方法,提供了科学的革命方法、研究方法、领导方法、工作方法的一般原则。[①]

[①] 韩树英等:《学习毛泽东哲学思想》,北京出版社1982年版,第5页。

样例 2

我们来写一篇描写"雨"的文章，训练如何把一种客观事物描写得鲜活、丰满、厚实、有创意，从而体会发散思维给你带来的乐趣。

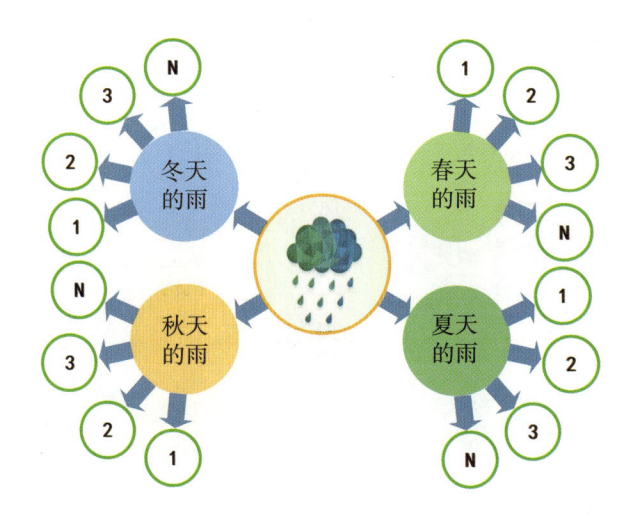

经验线

《雨的四季》是著名诗人、翻译家、评论家刘湛秋写的一篇散文，被收入中学《语文》课本，作者把看似很平常的雨，从四个季节进行描述，春天的雨，美丽、娇媚；夏天的雨，热烈、粗犷；秋天的雨，端庄、沉寂；冬天的雨，自然、平静。通过这四个角度的描写，活灵活现地展现了雨的不同形态，表达了作者对雨的感悟，赋予了雨不同季节的不同表现。大家都听说过这么一个故事，一个人第一次看到大海，因为脑子里没有更多的词汇描述，就会说一句"大海啊，太大了"，别的什么话都不会说。而如果一个人真正掌握了写作思路，就不会出现这种词穷的情况，而是会达到像写《雨的四季》这样，把任何一个客观事物都能写得非常形象、生动、丰满、感人。

哲学线

列宁指出：每一概念都处在和其余一切概念的一定关系中，一定联系中。

样例 3

我们来描写一个概念"加强组织领导",训练如何把一个概念"掰开"成不同的层次内容。

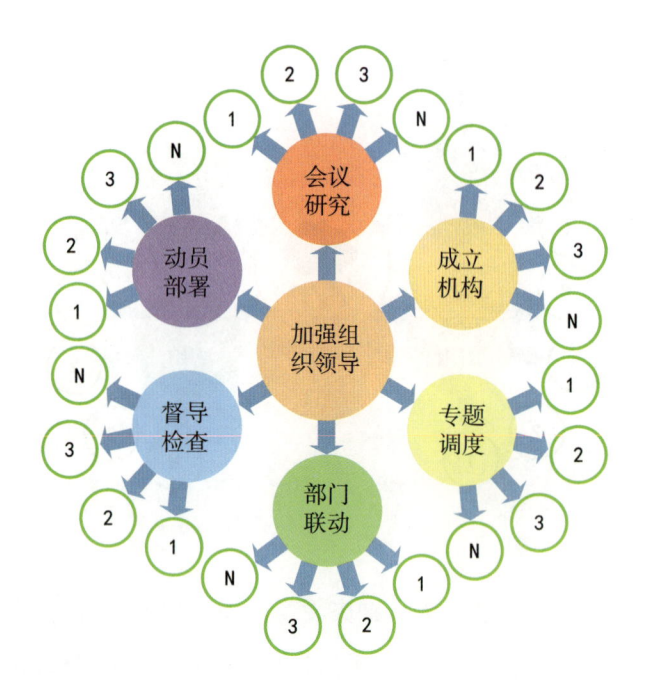

经验线

有一首歌《美美哒》,从 8 个方面唱出了对美好生活的感悟:"清晨起来打开窗,阳光美美哒;看着蝴蝶闻花香,风景美美哒;你在远处看着我,笑容美美哒;我的心就像朵花儿,开得美美哒;我爱你你爱我,感情美美哒;爸爸妈妈身体好,亲情美美哒;朋友都肝胆相照,友情美美哒;想有什么就有什么,生活美美哒。"这种紧扣主题,把一个概念"掰"成多个方面的思维能力,值得我们公文写作者学习借鉴。

哲学线

一个事物的特点是这一事物本身固有的，分析则是我们主观对客观事物的分析。[①]

第2种：系统思维训练

系统思维的核心是：要素"完整"。为了使读者掌握"系统思维"，我们画了一个系统图，以帮助读者掌握系统思维。需要明确的是：每一个系统都是由若干个小系统组成的，系统也是无限可分的。虽然系统里的要素尽量要求完整，但是，每一个系统内都是有主、次之分的。其实，对于公文写作来说，我们强调系统思维，重要的就是要抓住主要矛盾，即：尽量不要把主要的要素丢了。否则，就会让人感觉你的材料没有写透，还有落项，或者让人感觉你的文章写得不丰满、太干巴。

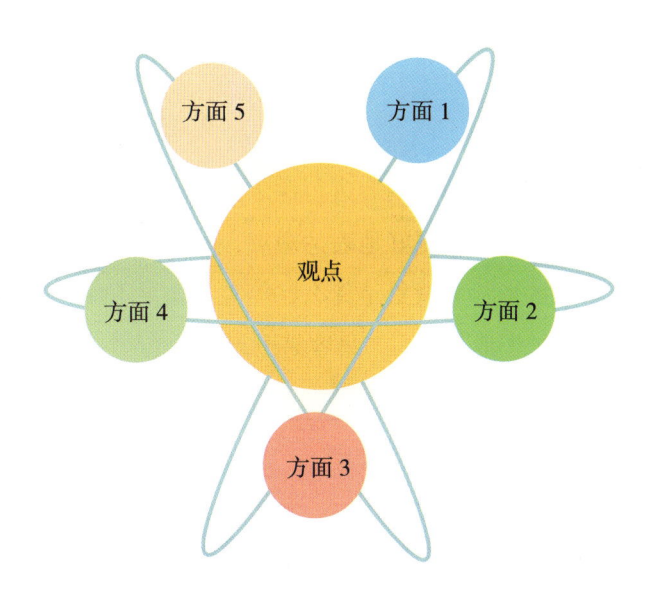

[①] 李瑞环：《学哲学用哲学》，中国人民大学出版社2005年版，第193页。

样例 1

我们来分析汽车的系统构成,训练体会系统思维。

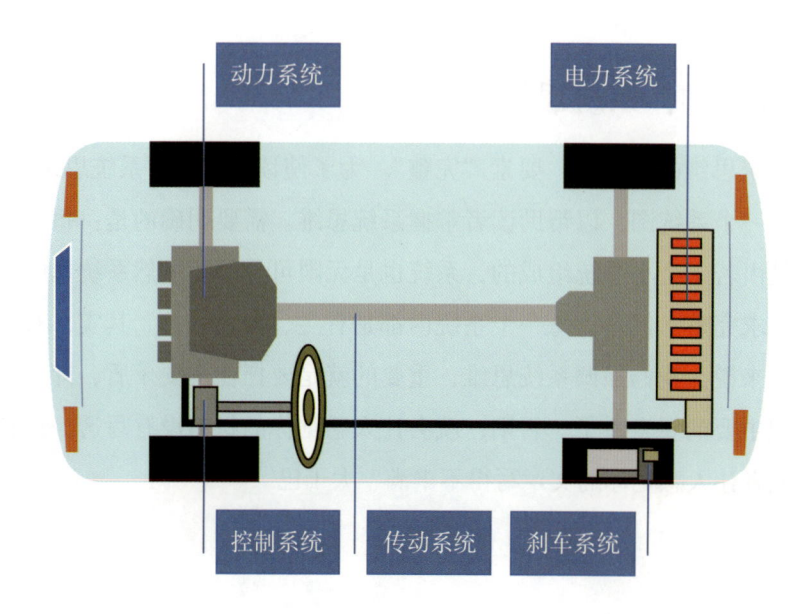

（图示：汽车系统构成，标注有动力系统、电力系统、控制系统、传动系统、刹车系统）

经验线

写一篇文章,要对所写的内容进行深入的研究,先不要过分地考虑语言,而是首先看结构能不能更好地表达观点,是否符合作者的身份,面对的听众是谁,目前的形势和背景是什么,等等。如果不加考虑,接到任务就不假思索、急急忙忙地开始写,很容易出现"返工"。

哲学线

《实践论》注意到这样一种情况:"感觉到了的东西,我们不能立刻理解它,只有理解了的东西才更深刻地感觉它。"指出:"感觉只解决现象问题,理论才解决本质问题。"[1]

---

[1] 韩树英等:《学习毛泽东哲学思想》,北京出版社 1982 年版,第 23 页。

样例 2

我们来看太阳系的构成，训练体会系统思维。

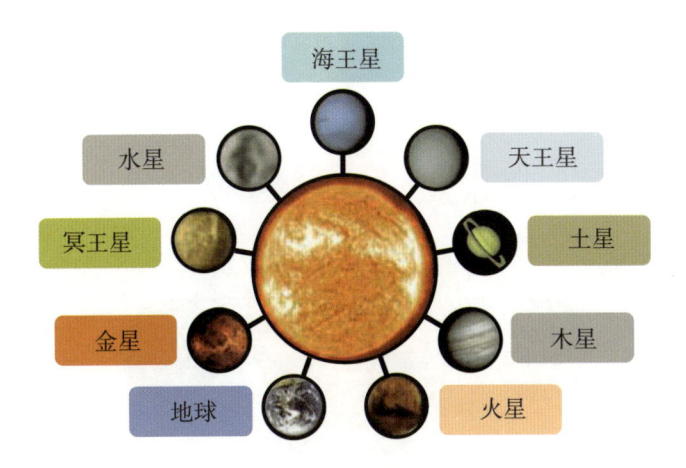

经验线

写作就是不断打磨自己思考能力的过程。我们的身体需要锻炼，我们的大脑同样需要锻炼。[1]

哲学线

大量的事实使我们体会到，研究和掌握事物矛盾的特殊性，是认识事物的基础。不在这个问题上下功夫，就像是螃蟹吃豆腐，吃得不多，抓得很乱，不可避免地要犯片面性的错误。[2]

---

[1] 弘丹：《精进写作：如何成为一名写作高手》，电子工业出版社 2020 年版，第 8 页。

[2] 李瑞环：《学哲学用哲学》，中国人民大学出版社 2005 年版，第 190 页。

样例 3

我们来起草一篇领导讲话,来训练起草这篇讲话所需要的系统思维,看看都有哪些必需的"要素"。

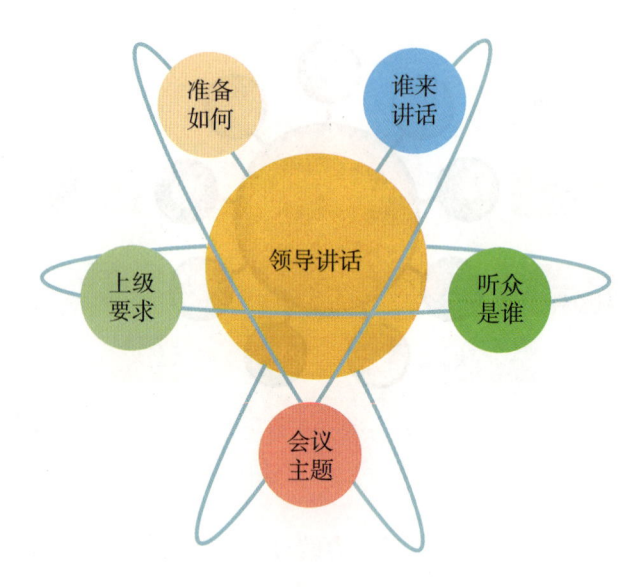

图中要素:准备如何、谁来讲话、上级要求、领导讲话、听众是谁、会议主题

经验线

写作能力是一项实践性极强的技能,归根结底要靠实践来训练培养。因此仅有理论知识的修养是远远不够的,理论知识能够让你具有判断力,告诉你一篇文章该写什么不该写什么,该怎么写,不该怎么写,但最终动笔写却要靠真本领来解决。譬如游泳,你可以通过教练的示范、讲解或者通过电影、电视、书籍等途径学习了解游泳的道理、要求等……谁锻炼的方法好,谁锻炼的效果大,谁锻炼的时间长,谁获得的本领就可能更大。[①]

哲学线

尤其是对那些当前比较突出的问题,更要舍得花时间、花精力,深

---

① 葛桂斌:《写作突破》,安徽人民出版社 2007 年版,第 246 页。

入研究，找出其内在联系和深层次原因，这样才能正确认识问题和解决问题。[1]

第3种：归纳思维训练

为了使读者掌握"归纳思维"，我们创造了一个"思维超市"，在这个超市中，随机放入了多种互不相关的事物，让读者拎着一个篮子，按照给定的条件，每次进入超市取一类物品，通过3次进入"思维超市"，把几种不同的物品归纳在一起，起一个名字，从而训练如何把同一类别的物品进行"抓堆"的技巧。

样例1

给定条件：请从以下这个"思维超市"中，选出所有"绿色"的物品。

---

[1] 李瑞环：《学哲学用哲学》，中国人民大学出版社2005年版，第46页。

经验线

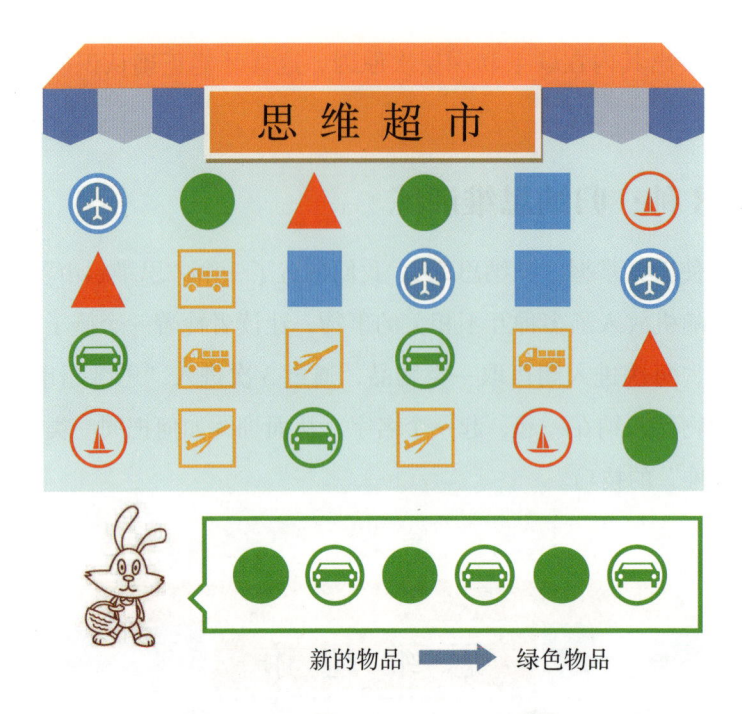

许多写作高手都非常重视写作前的准备工作，有"七分准备，三分写作"之说，这样，才能"厚积薄发"。茅盾指出：积累材料要像奸商一样，不厌其多。

哲学线

只有多思、广思、深思，才能不断提高。[①]

样例 2

给定条件：请从以下这个"思维超市"中，选出所有"飞行工具"。

---

① 刘志信主编：《领导文稿起草工作》，河北人民出版社 2004 年版，第 304 页。

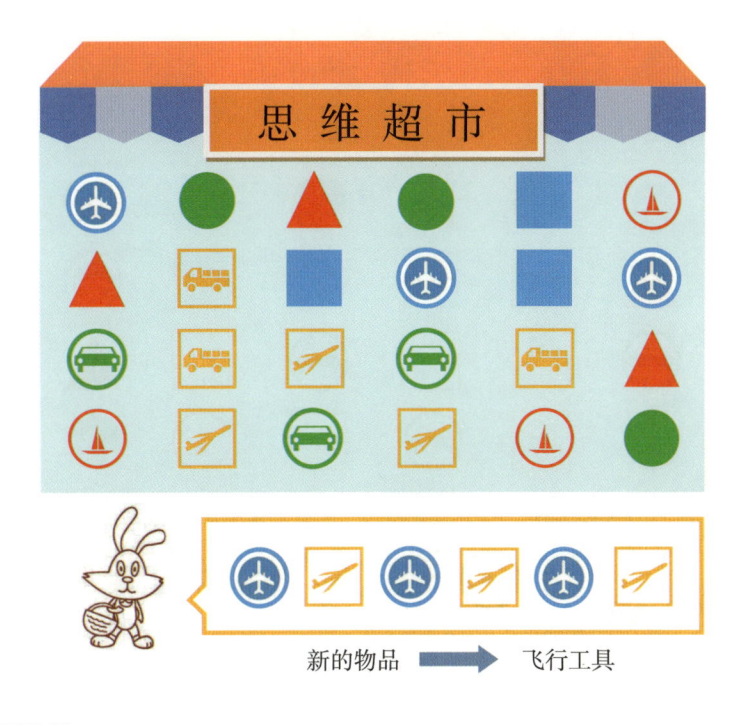

经验线

写作过程是一个分析、综合、取舍的过程。作者要根据材料的要求,进行一个全面的分析、比较、综合、取舍,从而判断哪些是主要的特点、主要矛盾、次要矛盾,从而才能进行科学的谋篇布局,这是写作前必须注意的一件事。如果不是这样,那结果往往是失败的,有的材料被领导"枪毙"或责其"重写"。

哲学线

要善于从不同的角度,多方面、多层次、全方位地辩证思考问题,全面客观地反映问题,实事求是地提出见解。[①]

样例 3

给定条件:请从以下这个"思维超市"中,选出所有"车辆工具"。

---

① 刘志信主编:《领导文稿起草工作》,河北人民出版社 2004 年版,第 301 页。

新的物品 ➡ 车辆工具

经验线

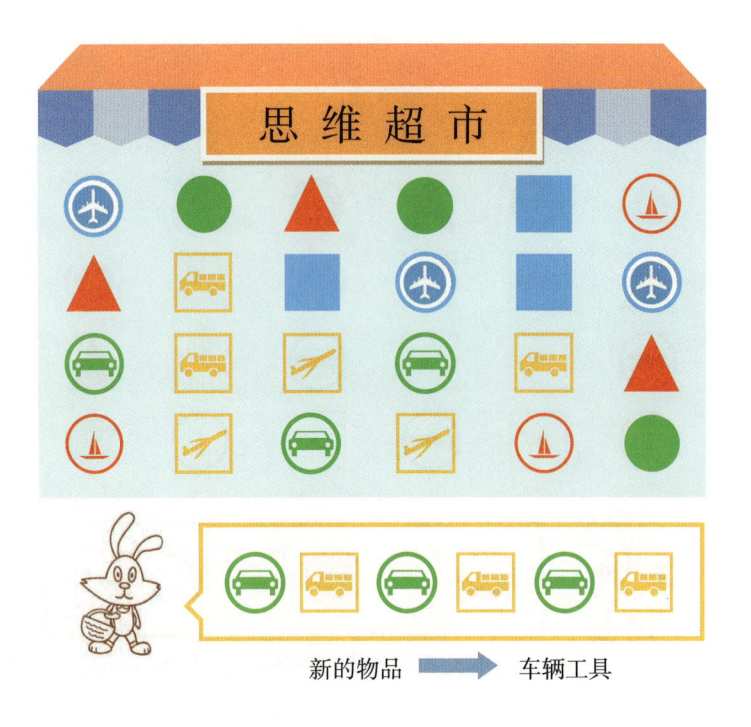

在安排文章结构中有很多要素需要考虑，如安排层次、划分段落，考虑开头、结尾和过渡照应。但是，层次是结构的基本单位，它在结构的诸要素中居于核心地位。[①]

哲学线

一个事物的特点是这一事物本身固有的，分析则是我们主观对客观事物的分析。[②]

第 4 种：逻辑思维训练

这种思维是公文写作必须掌握的一个基本功，其主要特点是：按照一定的顺序去描述，而且这种描述是"可逆的"，但是中间不能跳跃到别的顺

---

① 赵宗庆：《应用写作的思路与层次观点》，河南大学出版社 1992 年版，第 27 页。
② 李瑞环：《学哲学用哲学》，中国人民大学出版社 2005 年版，第 193 页。

序里。按照逻辑思维的要求，在写作过程中，一般按照以下顺序进行描述：内外、主次、正反、上下、远近、左右、新旧、先扬后抑、大小、主观到客观、高低、深浅、冷热、前后、总分、递减、递增、先后、并列、一般到特殊、好坏，等等。同样，也可以按照反过来的顺序进行描述。

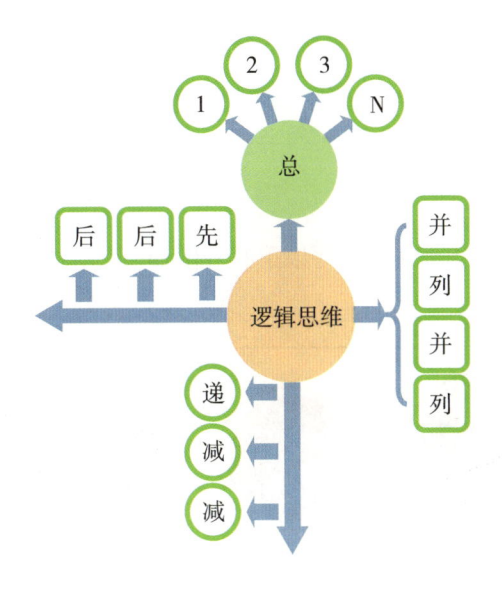

样例 1

给定条件：请从远到近描述图中的景象。

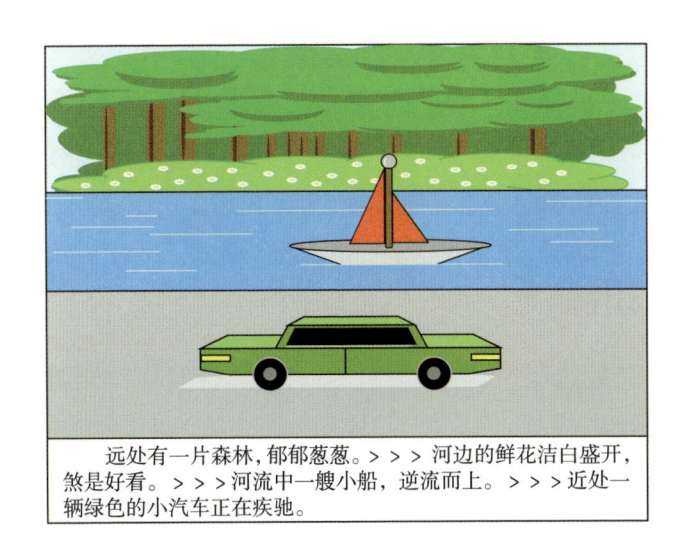

远处有一片森林，郁郁葱葱。＞＞＞河边的鲜花洁白盛开，煞是好看。＞＞＞河流中一艘小船，逆流而上。＞＞＞近处一辆绿色的小汽车正在疾驰。

经验线

接受拟稿任务后,不能扭头就走。要拖住领导几分钟,讨教怎样写。首先,要认真领会领导意图……其次,要确定使用什么文件。①

哲学线

而哲学是马克思主义的理论基础,它教人以方法。②

样例 2

给定条件:请从小到大描写以下几种图形。

> 一只小蚂蚁正在地上慢慢地爬行。＞＞＞前边,一枚硬币平躺在地上。＞＞＞再往前,一个金黄的橘子很是诱人。＞＞＞而排在第一位的,是一个大篮球。

经验线

捕捉值得注意的倾向性问题。毛泽东同志很多讲话文稿中都是把人们思想中有模糊认识的观点直接原始地列举出来。……这方面最为突出的是《在延安文艺座谈会上的讲话》这篇文章。据说,他为了准备这篇讲话,花费了一个多月的时间。③

---

① 姬瑞环:《常用公文写作方法与技巧》,中国人事出版社 2009 年版,第 30 页。
② 刘志信主编:《领导文稿起草工作》,河北人民出版社 2004 年版,第 489 页。
③ 赵宗庆:《党政机关应用材料写作要领》,应用写作培训中心 1997 年,第 65 页。

哲学线

毛泽东同志说："有比较才能鉴别。"有了比较才能知长短、见优劣、辨方向。比较，不仅要纵比，而且要横比；不仅要经常比、反复比，而且要多方面比、多角度比。①

样例 3

给定条件：按照递减的顺序，描写实施"乡村振兴战略"。

①加强农村基层基础工作。
②促进农村三产融合发展。
③坚持农业农村优先发展。
④构建现代农业体系。
⑤壮大集体经济。
⑥保持土地承包关系长久不变。
⑦深化农村土地制度改革。
⑧把"三农"工作作为重中之重。
⑨培养"三农"工作队伍。

按递减顺序描述的结果为：⑧③⑦⑥⑤④②①⑨

经验线

关于实施"乡村振兴战略"的写法，基本上是按照递减的顺序进行阐述的，即：先说最重要的，之后，按照重要程度依次进行排列。在实际写作过程中，到底哪一项内容在先、哪一项内容在后，是由写作者站位的不同而各有不同，这一点，需要紧密结合形势、背景等多方面的因素来确定。

哲学线

总结经验主要不应是文字上搬来搬去，而应是脑子里想来想去。我们

---

① 李瑞环：《学哲学用哲学》，中国人民大学出版社 2005 年版，第 206 页。

现在有些总结搞得不好，或只有材料没有观点，或只有观点没有材料，或观点和材料不统一，一个重要原因就是缺乏思索。[①]

第5种：演绎思维训练

这种思维是公文写作必须掌握的基本功，其主要特点是：从A推出B，也就是说从一种情况，按照一定的逻辑进行推理或类推，从而推导出另外一种情况。从实际写作实践看，演绎思维主要有俗语演绎、名言演绎、事例演绎、引用演绎、强调演绎等5种。在公文写作中，演绎思维是常用的一种思维方法，几乎在每种公文中都在大量使用，特别是在领导讲话、报告、言论文章、政研文章等公文中。因为，公文除了要准确、鲜明外，还需要有"说服力"，而要达到有"说服力"这个目标，就需要通过层层的演绎、推理或类推，推导出或者叫论证出让读者信服的观点来。这时，"演绎思维"在公文写作中就发挥了巨大的作用，通过使用"演绎思维"，不仅让读者感觉文章条理清晰、逻辑性强，而且因为是通过推导而得出来的结论，因而具有不可驳辩的真理性。

样例1

在某篇公文中，有一个段落，标题是：**要务方法之"实"**。毛泽东同志曾经指出：没有调查就没有发言权。中央明确指出，要坚持问政于民、问需于民……。抓好这次教育实践活动，每一名领导干部都要下基层、接地气……。要大兴调查研究之风，……。要善于总结基层创造的好经验……。

[①] 李瑞环：《学哲学用哲学》，中国人民大学出版社2005年版，第186页。

写法线

在本段落中,"毛泽东同志曾经指出:……"为"引用演绎","中央明确指出"为"强调演绎",由此两项推出"抓好……"、"要大兴……"和"要善于……"三方面内容。具体写法图如下:

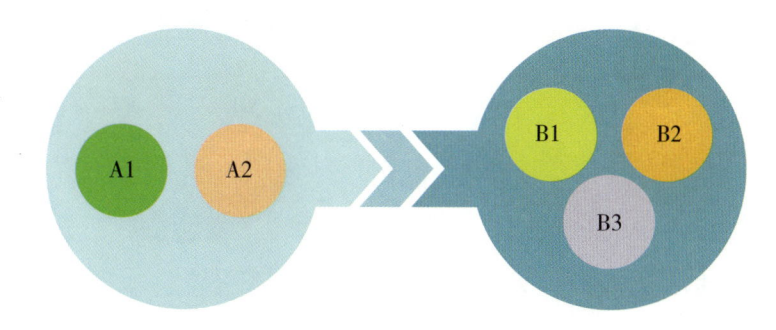

经验线

将别人的一句话变成三句话,等于学会了深化和转化;将别人的三句话变成一句话,等于学会了提炼和综合。

哲学线

读书是学习,使用也是学习,而且是更重要的学习。[①]

样例 2

在某篇公文中,有一段,标题是:**爱民,就是要真心把群众当亲人**。古语说,"求木之长者,必先固其根本"。人民群众是我们党的力量、血脉和根基,是……。总书记到正定看望干部群众时指出:……。群众路线是我们党的生命线……。这些都说明爱民就是要……;就要……。

写法线

在本段落中,"古语说,……"为"俗语演绎","总书记到正定看望

[①]《毛泽东选集》第一卷,人民出版社1991年版,第181页。

干部群众时指出：……"为"引言演绎"，"人民群众是……"和"群众路线是……"是"强调演绎"，由此四项推出"爱民就是要……"和"就要……"两方面内容。具体写法图如下：

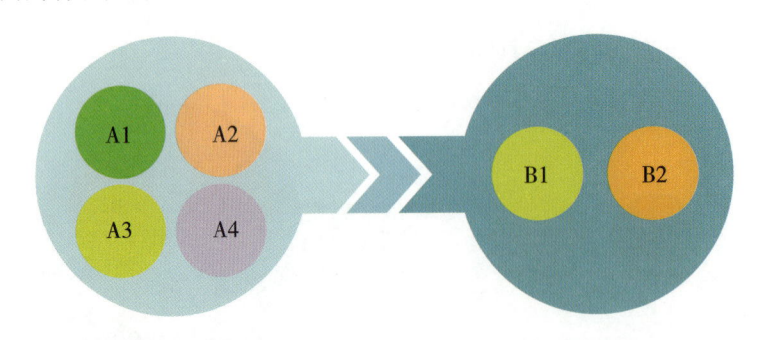

经验线

在这段写作中，就使用了"俗语演绎"、"引言演绎"、"强调演绎"等3种演绎推理思维。其实，在实际写作中，往往都是多种写法的综合运用，大家要注意这点，善于多种写法的综合。

哲学线

坚持以马克思主义的认识论指导公文写作，必须以实践作为检验真理的标准，如实地反映客观事物。[①]

样例3

在某篇公文中，有一个段落，标题是：**强化督导检查**。加强督导检查是我们党长期以来……。做好督导检查工作，中央和省市委都很重视，明确……。因此，这次督导检查一定要坚持原则……。要加强分类指导……。要注重把握督导节奏……。对工作不到位、存在问题的要……。

写法线

在本段落中，"加强督导检查……"和"做好督导检查……"是"强

[①] 刘志信：《领导文稿起草工作》，河北人民出版社2004年版，第90页。

调演绎",再由此两项推出"这次督导检查……"、"要……"、"要……"和"对工作不到位……"两方面内容。具体写法图如下：

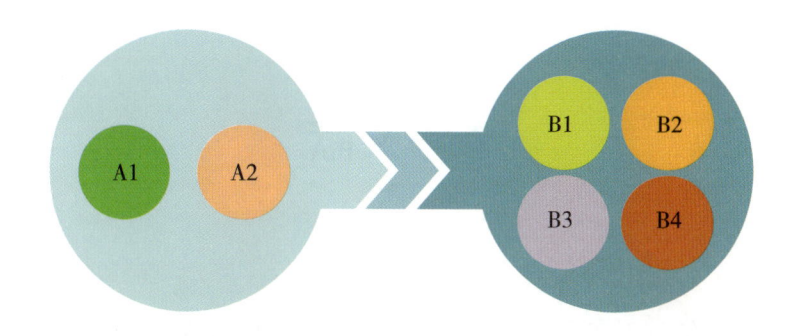

经验线

要适当地运用多种表现手法，具体描写事物，写出它的特征，并融入自己的感情。例如鲁迅的《雪》，描绘了色调截然不同的两种雪：江南的雪，"滋润美艳之至"；朔方的雪，却"如粉，如沙"……作者抓住景物的特征，展开具体生动的描写，将复杂的情感巧妙地表达了出来。[1]

哲学线

事物的矛盾法则，即对立统一的法则，是唯物辩证法的最根本的法则。[2]

---

[1]《义务教育课程标准实验教科书语文八年级下册》，人民教育出版社2008年版，第75页。
[2]《毛泽东选集》第一卷，人民出版社1991年版，第299页。

附：

参考文献

1. 徐向东：《政工写作学》，解放军出版社 1996 年版。

2. 奚启新：《钱学森传》，人民出版社 2011 年版。

3. 杨英健：《跟毛泽东学写作》，中央文献出版社 2002 年版。

4. 赵宗庆：《应用写作的思路与层次观点》，河南大学出版社 1992 年版。

5. 赵宗庆：《党政机关应用材料写作要领》，应用写作培训中心 1997 年版。

6. 叶永烈：《胡乔木》，广西人民出版社 2007 年版。

7. 艾思奇：《大众哲学》，民主与建设出版社 2016 年版。

8. 本丛书编写组：《经验材料写作》，黄河出版社 2004 年版。

9. 李瑞环：《学哲学用哲学》，中国人民大学出版社 2005 年版。

10. 中共中央组织部办公厅编著：《组工信息概论》（修订本），党建读物出版社 2014 年版。

11. 韩树英等：《学习毛泽东哲学思想》，北京出版社 1982 年版。

12. 《习近平谈治国理政》第二卷，外文出版社 2017 年版。

13. 吴光远：《杰出青少年的思维力训练》，海潮出版社 2008 年版。

14. 杨信礼：《重读〈实践论〉〈矛盾论〉》，人民出版社 2014 年版。

15. 张巍：《逻辑表达：高效沟通的金字塔思维》，浙江大学出版社 2020 年版。

16. 葛桂斌：《写作突破》，安徽人民出版社 2007 年版。

17. 叶苍岑主编、黄张恺编著：《现代汉语常用句式》，北京教育出版社 1987 年版。

18.《毛泽东选集》第一卷，人民出版社 1991 年版。

19.《写作格言轶事集锦》，重庆出版社 1982 年版。

20.《邓小平文选》第二卷，人民出版社 1994 年版。

21. 黄长江：《写作构思与技巧》，北京经济学院出版社 1992 年版。

22. 刘锡庆：《基础写作学》，中央广播电视大学出版社 1985 年版。

23.《毛泽东文集》第七卷，人民出版社 1999 年版。

24. 朱伯石：《现代写作学》，人民日报出版社 1986 年版。

25.《毛泽东选集》第三卷，人民出版社 1991 年版。

26. 姬瑞环：《毛泽东的写作艺术》，时事出版社 2004 年版。

27. 谢亦森：《大手笔是怎样炼成的：理论篇》，长江文艺出版社 2013 年版。

28. 岳海翔：《行政公文写作一点通》，中国文史出版社 2011 年版。

29.《义务教育课程标准实验教科书语文八年级下册》，人民教育出版社 2008 年版。

30.《义务教育课程标准实验教科书语文七年级上册教师教学用书》，人民教育出版社 2013 年版。

31. 陈麟辉：《共产党人的看家本领——〈实践论〉〈矛盾论〉及其当代价值》，上海人民出版社 2019 年版。

32. 中国辩证唯物主义研究会：《马克思主义哲学论丛》（2010 年春季号总第 1 辑），社会科学文献出版社 2010 年版。

33. 张寿康主编：《文章学概论》，山东教育出版社 1984 年版。

34. 王凯符、孙移山：《写作概论》，光明日报出版社 1986 年版。

35. 习近平：《之江新语》，浙江人民出版社 2007 年版。

36. 刘志信主编：《领导文稿起草工作》，河北人民出版社 2004 年版。

37.《毛泽东文集》第二卷，人民出版社 2009 年版。

38. 施东向：《义理、考据和辞章》，《红旗》，1959 年第 14 期。

39. 谢亦森:《大手笔是怎样炼成的：实践篇》,长江文艺出版社2013年版。

40. 谢亦森:《愿你成为大手笔》,江西人民出版社2001年版。

41.《习近平谈治国理政》第一卷,外文出版社2014年版。

42.《习近平谈治国理政》第三卷,外文出版社2020年版。

43. 陈先达:《马克思主义哲学原理》(第5版·数字教材版),中国人民大学出版社2019年版。

44. 列·尼·苏沃洛夫:《列宁〈哲学笔记〉中的辩证法问题》,求实出版社1981年版。

45. 胡森林:《公文高手的修炼之道·笔杆子的写作必修课》,人民邮电出版社2018年版。

46. 陈先达:《马克思主义哲学是大智慧》,人民出版社2019年版。

47. 颜晓峰:《思维之道》,中国言实出版社2021年版。

48. 姬瑞环:《常用公文写作方法与技巧》,中国人事出版社2009年版。

49. 路德庆编:《写作教程》,华东师范大学出版社1982年版。

后　记

　　公文写作既然是一门科学，肯定是有规律可循的。为了从根本上攻克公文写作这一难关，我们组织相关专家学者，对国内外各种公文写作方面的教材进行了反复研究、总结和比对，目的就是希望能够为广大从事公文写作的朋友们提供一本科学、实用的写作教材，帮助大家提高公文写作技能，更好地履行职责、开展工作。

　　本书由刘越编著。东方出版社学术编辑部辛春来主任对本书的出版提出了许多重要的指导意见，做了大量工作。在此，表示衷心的感谢！

　　需要说明的是，本书引用了一些公开发表的文章、资料、图片等资源，未能一一列出，在此一并致谢。

　　由于时间和水平有限，本书肯定还有许多不尽如人意之处，一些提法肯定还有不准确、不科学的地方，敬请从事公文研究、写作的专家学者和广大读者批评指正，提出宝贵意见，我们将在再版时进行修改完善。

作　者

2021 年 12 月